Eichenbaum/Orbach · Feministische Psychotherapie

Luise Eichenbaum · Susie Orbach

Feministische Psychotherapie

Auf der Suche nach einem
neuen Selbstverständnis der Frau

Kösel-Verlag München

Übersetzung aus dem Englischen: Gudrun Theusner-Stampa, München.
Die englische Originalausgabe erschien unter dem Titel »Outside in...
Inside out« bei Penguin Books Ltd., Harmondsworth, Middlesex, die erweiterte amerikanische Ausgabe unter dem Titel »Understanding Women« bei Basic Books, Inc., New York.

CIP-Kurztitelaufnahme der Deutschen Bibliothek

Eichenbaum, Luise:
Feministische Psychotherapie: auf d. Suche nach e. neuen Selbstverständnis d. Frau / Luise Eichenbaum; Susie Orbach. [Übers. aus d. Engl.: Gudrun Theusner-Stampa]. – 2. Aufl., 6.–9. Tsd. – München: Kösel, 1985.
   Einheitssacht.: Outside in, inside out ‹dt.›
   ISBN 3-466-34088-8

NE: Orbach, Susie:

2. Auflage 1985, 6.–9. Tausend
Copyright 1982 by Luise Eichenbaum und Susie Orbach
© 1984 für die deutsche Ausgabe by Kösel-Verlag GmbH & Co., München.
Printed in Germany. Alle Rechte vorbehalten.
Gesamtherstellung: Kösel, Kempten.
Umschlag: Günther Oberhauser, München, unter Verwendung eines Fotos von Lothar Nahler, Hillesheim
ISBN 3-466-34088-8

Inhalt

Vorwort

Am 6. April 1976 warfen wir morgens hundert Briefe in den Briefkasten vor der U-Bahnstation Chalk Farm in London. Jeder Umschlag enthielt einen Brief und einen Handzettel, in dem die Eröffnung des Frauentherapiezentrums in Islington am 8. April angekündigt wurde. Sie waren an Frauengruppen, Frauenzentren, Ärzte in der Nachbarschaft, Erziehungsberatungsstellen, psychiatrische Kliniken und nationale und örtliche Medien adressiert. Wir waren nervös und aufgeregt und begierig auf das Echo. Im Lauf desselben Tages nahmen wir das Zentrum in Besitz und richteten mit Tüchern um den Kopf und Farbrollern in der Hand zwei Therapieräume und ein Büro für die Verwaltung her. Freunde kamen, um uns zu helfen, und wir redeten aufgeregt über unsere Pläne für das Zentrum. Wir sagten, wir eröffneten es, weil Frauen psychotherapeutische Hilfe wollten, die den Bedürfnissen von Frauen entspräche, das Erleben von Frauen verstände und die Frauen in ihren Kämpfen unterstützte. Als Frauen, die in den USA als Klientinnen wie auch als Therapeutinnen einen Beitrag zu einer feministisch ausgerichteten Therapiepraxis geleistet hatten, waren wir begierig darauf, mit den Frauen unserer jetzigen Lebenssphäre zusammen zu lernen und unsere Erfahrungen mit ihnen zu teilen. Die Frauen hier sprachen von der absoluten Unzulänglichkeit der therapeutischen Dienste, die ihnen zugänglich waren, und wir hatten den Eindruck, ein Zentrum könnte auf vielfältige Weise dazu beitragen, diese Situation zu bessern. Es könnte Psychotherapie unter feministischem Blickwinkel anbieten; es würde ein Mittelpunkt für jene sein, die sich für die Psychologie der Frau interessierten, und es könnte allein durch seine Existenz schon die für Frauen bestehenden Mängel und die gegen sie vorhandenen Vorurteile in der Behandlungspraxis in Nervenheilanstalten, psychiatrischen Polikliniken, analytischen Einrichtungen, Erziehungsberatungsstellen usw. deutlich hervorheben.

Unsere Ausbildung in Psychotherapie war eine Folge unserer Beteiligung an der Frauenbewegung (Women's Liberation Movement) und des Wunsches gewesen, die Bedingungen unseres Lebens zu verstehen und zu ändern. Durch die Frauenbewegung hatten wir gelernt, daß unsere innere und unsere äußere Existenz miteinander verflochten sind, daß die Außenwelt in uns steckt, und daß wir an allen Fronten kämpfen müssen, um gesellschaftliche Veränderungen zu bewirken.

Im Lauf der nächsten fünf Jahre zog das Zentrum in größere Räume um, bekam öffentliche Gelder und unternahm allerlei. Als die Dienste des Zentrums stärker gebraucht wurden, stießen weitere Frauen zu uns. Das Frauentherapiezentrum hat heute (1982) eine Besetzung von zehn Therapeutinnen, drei Personen für die Verwaltung und eine Praktikantin. Außerdem bietet das Therapiezentrum für Frauen viele Gruppen und Workshops an, von Gruppenleiterinnen geführt, die nicht zu den ständigen Mitarbeiterinnen gehören. Die Erweiterung des Zentrums ist durch die Nachfrage nach seinen Dienstleistungen vorangetrieben worden, und angesichts einer seit 1978 bestehenden Warteliste sowohl für Gruppen- als auch für Einzeltherapie beschlossen wir, einen Teil unserer Mittel dazu zu verwenden, das, was wir ständig lernten, anderen mitzuteilen, die wie wir im Bereich der Psychotherapie arbeiteten.

Mit Hilfe von Mitteln der Equal Opportunities Commission veranstalteten wir ein zehnwöchiges praktisches Fortbildungsseminar für ausübende Psychotherapeutinnen, Sozialarbeiterinnen im psychiatrischen Dienst, Psychologinnen, Psychiaterinnen und Beraterinnen. Bei den Zusammenkünften wurde zunächst ein Vortrag gehalten, dann gab es eine Diskussion, darauf folgte Supervision in kleinen Gruppen, die von uns und unserer Kollegin Sally Berry geleitet wurden. Dieses Buch ist eine verbesserte Auflage der Vorträge, die wir vor den Kursteilnehmerinnen hielten. Durch das Seminar ergab sich eine Supervision der Arbeit vieler Psychotherapeutinnen. Auf diese Weise bekamen wir vom Leben und Seelenleben Hunderter von Frauen zu hören, was zu den Erfahrungen mit unseren Klientinnen hinzukam. In New York wurde 1981 das Women's Therapy Centre Institute gegründet, eine Schwesterorganisation des Women's Therapy Centre in London, um auch ausübenden Therapeutinnen in den USA diese Art der Fortbildung zugänglich zu machen. Auf diese praktische Arbeit gründen wir unsere Analyse der Psyche der Frau.

Als ständige Mitarbeiterinnen des Frauentherapiezentrums waren wir sehr damit beschäftigt, in ganz Europa und in den USA Vorträge zu halten. Überall, wohin wir kamen, haben wir begeisterte Zuhörer gefunden, die für die in diesem Buch vorgelegten Gedanken aufgeschlossen waren. Was wir in unserer klinischen Praxis zu sehen bekamen, wurde uns von Therapeutinnen überall im Lande, die für sich allein arbeiteten, bestätigt.

Im Rahmen unseres Zentrums haben wir auf drei spezifische Arten gelernt. Eine davon war die Supervisionsgruppe der Mitarbeiterinnen des Frauentherapiezentrums. Hier haben wir miteinander besprochen, was wir unter dem Blickwinkel der Praxis und Technik über die Psychologie der Frau erfuhren. Alle Mitglieder unserer Gruppe sind feministisch eingestellt, wenn auch eine jede von uns auf einem eigenen Weg zur feministischen Psychotherapie gekommen ist und obwohl es in unserer Gruppe immer theoretische Meinungsverschiedenheiten gegeben hat. Der zweite Ort gemeinsamen Lernens war die Studiengruppe der Mitarbeiterinnen, wo wir ausführlich, ohne Druck und mit großem Vergnügen über unsere Ansichten zu Themen wie weibliche Sexualität, Depression, psychische Entwicklung, Träume usw. geredet haben; dabei haben wir immer versucht, von unseren persönlichen und klinischen Erfahrungen auszugehen, bevor wir zur Lektüre übergingen. Die dritte Komponente unseres Lernens ergab sich daraus, daß wir durch die Verwaltungsarbeit, die wir machten, am Umgang mit dem »Publikum« beteiligt waren und erlebten, was die Menschen vom Frauentherapiezentrum wollten, daß wir die Hunderte von

Telephonanrufen und Briefen mit beantworteten, die jeden Tag aus dem ganzen Land bei uns ankamen.

Die Frauen, die ins Frauentherapiezentrum gekommen sind, haben uns in ihrer Therapie an einem Teil ihrer selbst ganz aus der Nähe teilhaben lassen. Damit haben sie zur Entstehung eines deutlichen und ins einzelne gehenden Bildes von dem beigetragen, was psychisch in allen Frauen unter den gegenwärtigen Bedingungen vor sich geht. Wir haben festgestellt, daß ein Großteil der heutigen Theorie und Praxis der Psychotherapie in einer konventionellen patriarchalischen Ideologie gefangen ist, und daß den Frauen mit den heute üblichen psychotherapeutischen Methoden und Ansätzen schlecht gedient ist. Die Frauenbewegung hat heute eine Entwicklungsstufe erreicht, auf der man anfangen kann, eine radikal neue Theorie der weiblichen Psyche zu formulieren, die auf feministischen Grundsätzen beruht. Es ist die Aufgabe dieses Buches, ein neues Verständnis vom Gefüge einer Psychologie der Frau und von den Folgerungen, die sich daraus für die Praxis einer feministischen Psychotherapie ergeben, in Umrissen darzustellen.

Wir danken unseren liebevollen Freundinnen und Kolleginnen im Frauentherapiezentrum. Ferner Jo Ann Miller für ihre Hilfe bei der amerikanischen Ausgabe. Die Ermutigung, Liebe, Unterstützung, Kritik und Begeisterung, die uns von Andy Friend, Joseph Schwartz und Jeremy Pikser zuteil wurden, haben wir tief empfunden, sehr gebraucht und zutiefst geschätzt. Dieses Buch hat natürlich auch unseren Müttern Myrna Eichenbaum, Ruth Orbach und Anne Maria Sandler viel zu verdanken. Jede von ihnen ist auf ihre eigene ganz besondere Weise für uns eine sehr wichtige Frau.

Wir beenden dieses Buch mit Freude, aber auch mit Bedauern, denn es bezeichnet das Ende eines einzigartigen Abschnitts in unserem Leben und in unserer Beziehung untereinander. Unsere Freundschaft hat sich durch unsere gemeinsame Zeit im Frauentherapiezentrum und am Schreibtisch beim Verfassen dieses Buches vertieft. Nicht nur unsere klinische Praxis hat uns Unterlagen geliefert, sondern auch unsere Beziehung. Wir haben uns als zwei Frauen bemüht, eine liebevolle, gleichberechtigte Beziehung zu entwickeln. Dieses Buch ist eine Verdichtung sowohl der Arbeit, die wir im Lauf der letzten acht Jahre Hand in Hand entwickelt haben, als auch der Liebe, die wir füreinander empfinden.

New York und London
Sommer 1982

Luise Eichenbaum
Susie Orbach

1 Wo die feministische Psychotherapie steht

Die Frauenbewegung hat uns einen völlig neuen Weg gezeigt, die Psychologie der Frau zu verstehen. Als Millionen von Frauen sich in den sechziger und siebziger Jahren gegen eine unmögliche soziale Rolle auflehnten, zunächst im Zweiergespräch, dann in Selbsterfahrungsgruppen, in denen sich Frauen sehr vieles bewußt machten (sie werden deshalb auch CR-Gruppen, »consciousness-raising groups«, genannt), Organisationen, bei Märschen und Protestaktionen, entstand allmählich ein Begriff von den inneren Dimensionen der sozialen Lage der Frauen. Die Frauen untersuchten miteinander die Erfahrungen ihres Lebens und benannten das System, das sie unterdrückte: das Patriarchat.

Im Gespräch entstand aus den Fäden der landläufigen Erlebnisse in der Familie, in der Schule, mit der Sexualität, bei der Arbeit, im Medizinbetrieb und anderswo allmählich ein Gewebe, das das Leben der Frauen und ihre Unterdrückung zeigte. Die Frauen entdeckten, daß sie alle Gefühle der Ohnmacht und Wut kannten, das Selbstgefühl unvollständiger Menschen hatten, sich frustriert und unterentwickelt fühlten; sie hatten alle die Erfahrung gemacht, daß man sie zu spezifischen Rollen und Tätigkeiten erzogen und veranlaßt hatte, daß man sie benachteiligte, ihnen den Ausdruck ihrer Sexualität beschnitt und sie in vielen Bereichen des Lebens und der Entwicklung einschränkte. In den Selbsterfahrungsgruppen (CR-Gruppen) zeigte sich, was die Frauen gut gelernt hatten: Zuhören, Miteinander-Reden, Einfühlung und emotionale Unterstützung.

Je mehr die Frauenbewegung wuchs, desto mehr nahm ihre Wirkung auf die Gesellschaft zu. Als Feministinnen in die

Schulen und Krankenhäuser gingen, um die Erziehung und die Politik des Gesundheitswesens zu verändern, taten sie sich mit Sympathisanten innerhalb dieser Einrichtungen zusammen, die Fragen im Zusammenhang mit dem Erleben von Frauen anschnitten. Psychologie, Psychiatrie und Psychoanalyse wurden vom Feminismus nicht weniger in Frage gestellt als andere Institutionen patriarchalischer Macht. Angeführt von Phyllis Cheslers aufschlußreicher Studie über Frauen und etablierte Anstaltspsychiatrie,[1] von der Mental Patients Liberation Front, dem Radical Therapy Collective in Cambridge in Massachusetts[2] und durch die Kampfansagen von Fachleuten, die sich um eine Herausnahme der Homosexualität aus der Kategorie der Psychopathie bemühten, wurde der gesamte Bereich der Behandlung von psychischen Krankheiten und der Psychotherapie revolutioniert. Zwei häufig zitierte Untersuchungen, Pauline Barts Arbeit über Depression bei Frauen mittleren Alters[3] und die Untersuchung von Broverman und anderen über Stereotype der Geschlechtsrolle bei der klinischen Beurteilung von psychischer Gesundheit[4] konzentrieren sich auf zwei grundlegende Probleme in bezug auf Frauen und psychische Gesundheit. In der Bart-Studie wurde erläutert, daß die Definition psychischer Gesundheit auf »Gefühlen des Wohlbefindens auf Grund einer positiven Selbsteinschätzung« beruht, und daß die Verinnerlichung der weiblichen Rolle den Frauen die Möglichkeit einer positiven Selbsteinschätzung versagt. In der Broverman-Studie wurde veranschaulicht, daß die Psychologie als Disziplin und als Therapiemethode bei der klinischen Behandlung von Frauen sexistische Einstellungen einführt und beibehält. Unterdessen führten auf dem 29. Internationalen Psychoanalytischen Kongreß im Juli 1975 in London die Freudianer ein Gespräch über Freud und die weibliche Sexualität, was selbst schon die Wirkung der Frauenbewegung demonstrierte.[5]

Die Frauenbewegung rückte die Psychologie der Frau in den Mittelpunkt und lieferte die Basis für die Entwicklung einer feministischen Theorie der Psychologie der Frau. Die Selbsterfahrungsgruppen (CR-Gruppen) waren der Entwicklungshintergrund, auf den sich die Versuche, eine feministische Psychotherapie zu betreiben, beriefen. Dieses Überdenken vom feministischen Standpunkt aus entstand aus der Untersuchung der psychosozialen Rolle der Frau. Welcher Art ist diese soziale Rolle, die zu einer so massiven Fragestellung führte?

Frauen, die heute erwachsen sind, wurden alle in einer Welt erzogen, in der ihre soziale Rolle als die der Ehefrau und Mutter festgelegt war, während die Rolle des Mannes in erster Linie die des Ernährers der Familie war. Die junge Frau wuchs in dem Bewußtsein auf, sie werde einmal einen Mann kennenlernen, der ihr Lebenspartner sein und sich bemühen würde, sie wirtschaftlich zu versorgen, während sie die Kinder zur Welt bringen und den Hausstand besorgen würde. Diese Merkmale der Frauenrolle erfordern eine umfangreiche soziale Vorbereitung. Sie sind keine unvermeidliche Folge der biologischen Voraussetzungen der Frau. Um einen Mann zu finden, muß eine Frau sich auf bestimmte Weise präsentieren. Sie muß ihre Sexualität in besonderer Richtung entwickeln; sie muß sich so darstellen, daß ein Mann sie anziehend findet. Dies ist eine vielschichtige soziale Angelegenheit und keineswegs ein schlicht »natürlicher« Vorgang.

Während ein Mädchen heranwächst, betrachtet es alle Frauen in seiner Umgebung – die Mutter, die Großmutter, Tanten, Lehrerinnen, Schwestern, Filmstars, Bilder in Büchern und Illustrierten –, nimmt all dies bewußt und unbewußt auf und versucht, sich ein Zukunftsbild von sich selbst als Frau zu machen. Auch bei der Entwicklung seiner eigenen Sexualität orientiert sich das Mädchen an ihnen. Wie es mit ihr umgeht, ist sehr wichtig, denn durch diesen Aspekt seiner selbst findet es seinen Platz in der Welt. Die weibliche Sexualität wird von der Frau nicht einfach als ein Aspekt ihrer selbst erlebt, den sie genießen und mitteilen kann; sie ist wegen ihrer sozialen Lage sowohl für sie selber ein Produkt als auch ihr Produkt in der Welt. Die Sexualität der Frau war ohne Rücksicht auf Schicht- und Volkszugehörigkeit immer ein Mittel, durch das sie ihren Platz zu finden pflegte.

Die Aufgaben der Ehefrau sind wie ein Beruf, aber die Ausbil-

15

dung für diesen Beruf geschieht nicht ausdrücklich, und der Beruf selbst wird nicht hoch bewertet. Die Vorbereitung dafür ist so mit dem Heranwachsen eines Mädchens verwoben, daß es tatsächlich das *Gefühl* bekommen kann, als sei diese Arbeit ganz natürlich. Das weibliche Wesen hat sich als Person zunächst als Mädchen, dann als Frau kennengelernt. Zum Mädchen- und Frausein, wie wir es heute kennen, gehört die Fähigkeit, Ehefrau und Mutter zu sein.

Bald nach der Heirat wird die Frau unter Druck gesetzt, sie müsse ein Kind bekommen. Ehefrau sein und Mutter werden hängen so eng zusammen, daß eine seit mehreren Jahren verheiratete kinderlose Frau sich etwas seltsam vorkommt und die Neugier und Besorgnis anderer in bezug auf ihre Kinderlosigkeit zu spüren beginnt.

Die Frau als Mutter muß *lernen,* wie man Babys versorgt, ihnen die Windeln wechselt, sie füttert, wie man emotional auf sie reagiert und ihnen hilft, sich als gut angepaßte Kinder in dieselben sozialen Geschlechtsrollen zu schicken, mit denen sie aufgewachsen ist. In den ersten Lebensabschnitten ist sie dafür verantwortlich, für ihre Kinder passende Beschäftigungen zu organisieren und das Leben der ganzen Familie zu strukturieren. Man erwartet von ihr, daß sie sich mit den emotionalen Bereichen des Familienlebens befaßt und den Kontakt mit den verschiedenen Zweigen ihrer eigenen Familie und der ihres Mannes pflegt und über alles Bescheid weiß, was dort vor sich geht.

Frauen, die in der Frauenbewegung aktiv waren, konnten erkennen, daß das Leben der Frau eine deutliche ausgeprägte Form hat. Sie sahen manche Aspekte ihrer Alltagserfahrungen unter einem ganz neuen Blickwinkel. Infolge der Erkenntnisse, die in den CR-Gruppen gesammelt wurden, wurde deutlich, daß Frauen eine soziale Existenz haben. Frauen begriffen, daß man versuchen muß, die Psychologie der Frau auf Grund ihrer Erfahrungen in der Gesellschaft zu verstehen und nicht, wie gewöhnlich gelehrt wird, andersherum, also so, daß man die soziale Rolle der Frau als ein natürliches Ergebnis ihrer Psyche betrachtet, von der man stets glaubte, sie sei durch die Biologie determiniert. Die feministische Analyse zeigt, wieviel von unserem Handeln und Fühlen durch den Versuch beansprucht war, mit den Regeln der Gesellschaft darüber zurechtzukommen, wie und was Frauen sein sollten. Die Entwicklung eines neuen Verständnisses für das Erleben und die Psyche der Frau beruht also darauf, daß genau herausgearbeitet wird, was diese Regeln eigentlich besagen.

Die erste Forderung an die Psyche der Frau, die sich aus ihrer sozialen Rolle ergibt, besagt, sie müsse anderen gegenüber *nachgeben*, ihnen die Führung überlassen und ihre Bedürfnisse nur im Verhältnis zu denen anderer geltend machen. Im Kern heißt das, sie solle in ihrem eigenen Leben nicht die Hauptperson sein. Infolge dieser sozialen Forderung gelangen Frauen zu der Überzeugung, sie seien an sich selbst für sich selbst nicht wichtig. Sie bekommen das Gefühl, sie seien wertlos, unwürdig und rechtlos. Frauen unterschätzen sich in bezug auf ihre Initiativen oft selbst und zögern, sie ins Werk zu setzen. Es widerstrebt ihnen, in eigener Sache zu sprechen, ihre eigenen Gedanken und Ideen zu äußern, in ihrem eigenen Interesse zu handeln. Da man sie drängt, anderen gegenüber nachzugeben, bewerten sie sich selbst zu niedrig und sind unsicher, was ihre Wünsche und Meinungen anbelangt. Es kann daher für eine Frau kompliziert sein, ihre eigenen Bedürfnisse zu erkennen, und es kommt dazu, daß *Frauen allmählich ihre eigenen Wünsche vor sich selbst verbergen.*

Diese soziale Forderung, nachzugeben, kann einer Frau das Gefühl vermitteln, sie sei ein Schatten. Ein tragischer Aspekt dieser individuell erlebten Benachteiligung der Frau ist der, daß sie mit ihren Gefühlen der Unzulänglichkeit und ihrem Mangel an Selbstvertrauen allein steht. Sie kann sich nicht vorstellen, daß andere Frauen ähnlich empfinden. Dieser peinliche Vergleich isoliert sie noch mehr und verursacht ihr ein ungutes Gefühl im Hinblick auf sich selbst. Vielleicht stellt sie sich vor, daß andere Frauen ein erfüllteres Leben führen und fragt sich, wie sie es nur schaffen.

Die zweite Forderung der sozialen Rolle der Frau besagt, sie müsse immer mit anderen *verbunden* sein und ihr Leben im

Einklang mit einem Mann gestalten. Der Status einer Frau ist von dem ihres Partners abhängig. Tatsächlich kann ihr Selbstgefühl und ihr Wohlbefinden von ihrer Verbindung abhängig sein. Eine Frau kann von einem Mann erwarten, ihr Leben vollständig zu machen, ihr Identität und Zielrichtung zu verschaffen. Frauen fühlen sich leicht merkwürdig, nicht richtig, so, wie sie sind, vielleicht ein wenig haltlos, wenn sie nicht mit einem Mann verbunden sind. In unserer Kultur hat man von einer alleinstehenden Frau keine positive Vorstellung. Ihr Alleinsein wird niemals als etwas angesehen, was sie sich erwählt hat. Es erscheint immer als etwas, das ihr zustößt und Mitleid erzeugt. Eine alleinstehende Frau wird als »alte Jungfer« bezeichnet. Dieser Begriff beschwört schauderhafte Vorstellungen von Kälte, Traurigkeit und Mangel herauf. (»Junggeselle« ist voller Erregung und Freiheit.) Selbstgenügsamkeit und Ungeselligkeit werden bei einer Frau als selbstsüchtig, egozentrisch, ja sogar aggressiv empfunden. Sie sind ungewöhnlich und etwas furchterregend. Da die Verbindung zu anderen aufrechterhalten werden muß, muß eine Frau jemanden aus sich machen, der anderen gefällt; wenn sie sich aber nach dem Bild der anderen formt, wird sie am Ende vielleicht nicht wissen, wer sie ist. *Sie verliert sich selber.*

Die Forderung, die Frau müsse auf die von uns beschriebene Weise mit anderen verbunden sein und ihnen gegenüber nachgeben, führt zu einer weiteren Begleiterscheinung der sozialen Rolle der Frau: Sie muß *emotionale Antennen* haben. Eine Frau muß lernen, die Bedürfnisse anderer vorauszuahnen. Der verletzliche und hilflose Säugling, der noch keine Sprache hat, braucht eine Wärterin, die seine unausgesprochenen Botschaften und Mitteilungen entziffern und intuitiv erfassen kann. Das Leben eines Mädchens schließt die Vorbereitung auf diese Fähigkeit in sich ein; wenn es sie erst einmal erworben hat, gehört sie zu seiner psychischen Ausstattung, und es bringt sie in alle Beziehungen mit ein. Die Frau hat die Zügel der Gefühle in der Hand. Das gilt nicht weniger in einer Arbeitssituation, wo ihre Gefühlsstärke oft gefordert wird. Sie muß für andere sorgen und ihnen helfen, ihre Bedürfnisse, besonders auf emotionalem Gebiet, zu äußern. Sobald sie begriffen hat, was andere brauchen, muß sie ihnen helfen, diese Bedürfnisse zu befriedigen. Ein Teil ihrer sozialen Rolle als Wärterin und Pflegerin anderer bringt es mit sich, daß sie ihre eigenen Bedürfnisse hintanstellt. Aber diese bleiben nicht nur nachgeordnet, sie werden oft versteckt, weil die Frau keine emotionale Pflegerin hat, an die sie sich wenden kann. Das Geben ist ungleich verteilt. *Eine Frau trägt dann tiefsitzende Gefühle der Bedürftigkeit in sich.*

Die Vielschichtigkeit der psychosozialen Rolle der Frau ist durch die Beziehungen, die die eindringlichste Wirkung auf ihre psychische Entwicklung haben, mit der Familie verwoben. Das Mädchen lernt seine soziale Rolle von seiner Mutter, wie diese sie von ihrer Mutter gelernt hat, usw. Die Persönlichkeit, die Psyche des Mädchens formt sich in seiner Beziehung zur Mutter. Diese ist die für die Kinderaufzucht verantwortliche Person, und die Tochter verbringt den größten Teil ihrer Kindheit mit der Mutter, deren Identifizierung mit der Geschlechtsrolle und der sozialen Rolle sie teilt.

Die Bedeutung der Mutter für die Psyche der Tochter ist in den letzten Jahren stark hervorgetreten. Neue Entwicklungslinien entstehen nicht für sich allein. Autorinnen wie Nancy Chodorow, Nancy Friday, Adrienne Rich, Signe Hammer, Luce Irigay und Elena Gianini Belotti[6] haben begonnen, Bedeutung und Einfluß der Mutter-Tochter-Beziehung zu untersuchen. Immer mehr Gruppen, die an dieser Beziehung arbeiten, sind entstanden. Diese Erforschung hat es uns ermöglicht, den entscheidenden Einfluß dieser Beziehung auf das Selbstgefühl des heranwachsenden Mädchens, besonders in den ersten Lebensjahren, zu entdecken.

Der Vater ist zwar in der Welt des Mädchens eine sehr wichtige Person, aber in den ersten beiden Lebensjahren selten das Zentrum. Tatsächlich ist der Vater auffallend wenig da. Die Zeit mit dem Vater beschränkt sich vielleicht auf eine Stunde am Abend, fünf Minuten am Morgen. Unter diesen Umständen mag die Zeit mit dem Vater als vergnüglich, aufregend oder vielleicht ein wenig erschreckend erlebt werden. Der Vater wird vielleicht angebetet oder gefürchtet oder beides ein wenig. Aber wie die Tochter ihn auch erlebt – er ist etwas Besonderes, er ist kein regelrechter Mitbewohner in der Welt des Mädchens, er ist exotisch. Vielleicht ist es für die psychische Entwicklung aller Mädchen wichtig, *daß der Vater immer wieder weggeht;* er bleibt nicht da und teilt mit Mutter und Kind dessen Welt. Das Mädchen wächst mit einem vorbewußten Wissen davon auf, wie begrenzt Zeit und Kontakt mit einem Mann sein werden.

In der Kindheit eines kleinen Mädchens steht der Vater außerhalb der Beziehung und der Welt, in denen es mit der Mutter lebt. Wenn er in ihren Bereich eintritt, verändern sich die Nuancen der primären Kommunikation, denn er stellt etwas dar, was von außen kommt. Er bringt seine Erfahrungen von der Welt außerhalb und die Atmosphäre dieser Welt mit; er ist ein Symbol der Männlichkeit, der Weltläufigkeit und der Abgesondertheit. (Geschwister, die außerhalb des Primärbereichs stehen, gehören trotzdem zur häuslichen Welt.)

Als uns die ungeheure Wirkung von Familienstruktur und -beziehungen auf die Entwicklung des Mädchens deutlich wurde, suchten wir wie viele andere Frauen bei Psychotherapie und Psychologie eine eingehende Methode des Nachdenkens über den Aufbau der Weiblichkeit und eine Erweiterung des Bewußtmachungsprozesses. Nach den ersten Jahren der Teilnahme an CR-Gruppen und politischer Tätigkeit außerhalb der Gruppen wurden, wegen der tiefgehenden Veränderungen, die stattgefunden hatten, die Grenzen der CR-Gruppen klar. Wir waren in einer Situation, in der sich das Bewußtsein ungeheuer rasch veränderte, ebenso die Struktur des Lebens der Frauen in bezug auf ihre Beziehungen zu Hause, im Beruf und zu Kindern und Angehörigen, in der die Gesellschaft als Ganzes aber nicht mit der Art von Veränderungen Schritt hielt, die die Frauen forderten. Die Frauen hatten das Gefühl, sie hätten viel verändert, aber die Gesellschaft nicht, d. h. den Veränderungen im Bewußtsein entsprachen die materiellen Veränderungen nicht. Die CR-Gruppe war also nur der erste Schritt des Verstehens- und

Veränderungsprozesses. Da sich die Gesellschaft nicht radikal genug änderte, um die Bewußtseinsveränderungen zu festigen, fanden wir, daß viele Aspekte unseres Verhaltens stillzustehen schienen, anstatt ständig in Frage gestellt und umgewandelt zu werden. Änderungen von Verhalten und Gefühlen waren zuweilen qualvoll schwierig. Wir glaubten, alle Frauen sollten nun das Gefühl haben, durchsetzungsfähig und gleichberechtigt zu sein, sie sollten alle selbständig sein, nicht besitzergreifend oder unsicher; aber was wir glaubten, führte nicht zu selbstverständlichen emotionalen Reaktionen.

Eine zweite Schwierigkeit, die wir im Rückblick analysieren können, lag darin, daß – gerade weil die CR-Gruppen so gefühlsgeladen waren, weil alles so neu, aufregend und erschreckend war – die Gefühle unter den Gruppenmitgliedern oft nicht sehr gut bewältigt wurden. Neid, Konkurrenzgefühle, Wut und Liebe kamen zum Vorschein und waren so mächtig, daß die Gruppen sie manchmal weder zügeln noch mit ihnen fertigwerden konnten. Die Frauen in diesen Gruppen mußten sich also fragen: Wie können wir das ändern, was so tief in uns wurzelt? Wie kann ich ändern, was ich empfinde? Wie kann ich Dinge verstehen, die unbewußt ablaufen?

Dadurch, daß wir versuchten, unsere Gesellschaft zu verändern, wurden wir bewußter, und wir bekamen allmählich einen Begriff davon, wie soziale Erwartungen uns psychisch beeinflußten. Wir entdeckten, wie wir den Verpflichtungen und Einschränkungen gegenüber empfanden, die wir alltäglich erlebten. Diese Entdeckung auf der Gefühlsebene stieß uns mit der Nase auf die entscheidenden Zusammenhänge zwischen der sozialen Welt, in der Frauen leben, und der inneren, geheimen Welt, die uns in den tiefsten Tiefen der Persönlichkeit lenkt.[7] Zusammen mit vielen anderen Frauen suchten wir bei der Psychotherapie einen Zugang zu Antworten auf einige dieser Fragen.

Das Studium der Psychoanalyse erwies sich zu dieser Zeit für viele Feministinnen als problematisch, weil in manchen Teilen der Frauenbewegung ein Vorurteil gegen Freud herrschte.[8] Man sah die psychoanalytische Praxis nach Freud in bezug auf ihr

Verständnis von der Psyche der Frau und der Weiblichkeit als ausgesprochen reaktionär an.[9] Einige Feministinnen glaubten, die Psychoanalyse habe etwas zu bieten, aber damals waren sie in der Minderheit.[10] Viele Frauen fühlten sich von der Humanistischen Psychologie, den Psychotherapien des »Growth Movement«, angezogen, die Frauen eine Möglichkeit zu bieten schien, Anteile von sich selber zu entdecken, die verdrängt oder abgespalten waren oder im Gegensatz zu dem stereotypen Bild standen, das sie von sich selber hatten.[11] Die Techniken der Gestalttherapie, des Psychodramas, des Selbstbehauptungstrainings standen zur Verfügung und waren relativ rasch erlernbar. Diese therapeutischen Techniken boten dreierlei: Erstens boten sie dem einzelnen die Möglichkeit, rascher mit seinen Gefühlen in Kontakt zu kommen als durch psychoanalytische Methoden, zweitens unterstützten sie die einzelnen, selbständig zu handeln, und drittens entkleideten sie den Vorgang psychischer Veränderung seines Geheimnisses.

Nach mehreren Jahren der auf diesen Grundsätzen beruhenden Praxis wurden wesentliche Neuerungen eingeführt, meist im Zusammenhang mit Gruppen.[12] Frauen fühlten sich selbstsicherer und setzten sich besser durch, da sie mit einem Bereich von Gefühlen in Berührung kamen, die früher für Frauen tabu waren, und sie fühlten sich und handelten anders. Hartnäckige Hemmnisse der emotionalen Veränderung veranlaßten uns jedoch, unbewußten Prozessen mehr Aufmerksamkeit zu schenken und uns ernsthaft mit dem Studium der psychoanalytischen therapeutischen Praxis zu befassen. Diese Hinwendung zur Psychoanalyse wurde dadurch herbeigeführt, daß wir begriffen, wie entscheidend die Früherfahrung in der Familie für die Bildung unserer Psyche ist. Damals schien die im Hier und Jetzt arbeitende Humanistische Psychologie die befriedigende Erforschung der Familiengeschichte und des Unbewußten einzuschränken. Viele Feministinnen benützten bei ihrer Arbeit bereits bestimmte psychoanalytische Hilfsmittel und bauten sie in die psychotherapeutische Praxis ein. Bei der Besprechung der Familiengeschichte und in bezug auf die therapeutische Beziehung wurden

Übertragungsdeutungen gegeben, außerdem wurden die Klientinnen ermutigt, in der Therapie Träume zu besprechen und zu analysieren. Bei unserer Hinwendung zur Psychoanalyse interessierten uns drei besondere Bereiche. Wir erkannten, wie wichtig Freuds Entdeckung des Unbewußten war. Wir versuchten, die Wechselfälle eines Seelenlebens zu verstehen, das eine mächtige Determinante der Politik der Alltagserfahrungen war, und uns lag daran, einen Weg zum Verständnis der psychischen Entwicklung des Mädchens zu finden.

In der Psychoanalyse zog uns das an, was man etwa die »Britische Schule der Objektbeziehungen« nennen könnte; insbesondere die Arbeiten von Fairbairn, Winnicott und Guntrip,[13] und zwar aus zwei Gründen. Zunächst stimmten die klinischen Beschreibungen, die Winnicott und besonders Guntrip[14] von ihrer Arbeit gaben, mit vielem überein, was wir in der klinischen Praxis zu sehen bekamen. Ihre Beobachtungen darüber, was das Individuum in der Therapie wünscht und braucht, haben unsere Erfahrungen mit unseren Klientinnen bestätigt. Zweitens beruht ihr Verständnis vom Aufbau der Persönlichkeit fest auf einem Beziehungskontext. Als Feministinnen sahen wir die Verbindung zwischen individueller Erfahrung, der Persönlichkeit und der materiellen Welt. Wir erkannten die Inhalte des Unbewußten als eine innerpsychische Spiegelung der Einwirkung gegenwärtiger Formen der Kindererziehung und der Geschlechtereinschätzung. Der Ansatz von den Objektbeziehungen her diente daher unserem eigenen. Die Vertreter dieser Richtung postulierten eine materialistische Anschauung von der psychischen Entwicklung angesichts der Tatsache, daß das Individuum ein Bedürfnis nach Beziehungen hat, einen Drang nach Kontakt mit einem anderen Menschen, und daß die ersten beiden Lebensjahre die wichtigste Zeit für die Entwicklung des inneren Kerns des Menschen, der Psyche und der Persönlichkeit, sind. Fairbairn und Guntrip meinen das, wenn sie vom Ich sprechen.[15] Was sie beobachteten und worauf wir Bezug nehmen wollen ist ein Modell der psychischen Entwicklung, bei dem das primär ist, was außerhalb des Mutterleibs und in den frühesten Beziehungen geschieht. Wir

werden hauptsächlich über die Mutter-Kind-Beziehung sprechen, denn in unserer Kultur üben Frauen die Mutterfunktion aus
und ziehen meist die Säuglinge und Kleinkinder allein auf und
versorgen sie auch allein.

Was jeden Menschen einzigartig macht, ist die besondere Art,
wie sich jede Persönlichkeit – das Ich jedes einzelnen – ausbildet.
Die Ich-Entwicklung fängt mit der Geburt an, und die Nahrung
für die sich entwickelnde Psyche ist Kontakt in einer menschlichen Beziehung. Der Säugling hat ein *primäres* Bedürfnis nach
menschlichem Kontakt. Ohne solchen Kontakt gedeihen Kinder
nicht oder sterben sogar.[16] Mit dem Augenblick der Geburt treten
Babys in eine soziale Welt ein, noch nicht mit einer voll entwik-
kelten Persönlichkeit, aber mit der Fähigkeit, ein Teil der
menschlichen Kultur zu werden. All ihre späteren Erfahrungen
körperlichen und emotionalen Wachstums sind Teil des Vorgangs, durch den sie ein Mensch in seinem bestimmten sozialen
Zusammenhang werden. Man kann den ersten Monat im Leben
eines Babys als Fortsetzung des Lebens im Uterus ansehen. Der
Säugling scheint noch in einer umfriedeten Welt zu leben, ganz
von seinen körperlichen Bedürfnissen nach Nahrung, Wärme
und Körperkontakt in Anspruch genommen. Aber das Baby
schwimmt tatsächlich in einer Welt neuer Geräusche, Gerüche
und taktiler Stimulierung und von der sechsten Woche an beginnen wir, an dem Baby ungeheure Veränderungen wahrzunehmen. Seine Augen fixieren und nehmen Verbindung zu Leuten in
seiner Umgebung auf. Es beginnt, sich selber und seine Umwelt
auf neue Weise zu erforschen. Es berührt seine Zehen und
Hände, die Brüste der Mutter und die Hände anderer so, als
wollte es die Gegenstände »begreifen«, von denen seine Welt
erfüllt ist. Es erlebt sich und die Mutter in ein und derselben
physischen und psychischen Welt innerhalb gemeinsamer Grenzen. Es empfindet sich selbst nicht als eine bestimmte, gesonderte Person.

In den ersten Lebensmonaten ist die bemutternde Betreuerin die
beständigste Person in der Welt des Säuglings. Sie ist der Anker,
die Vermittlerin für die Erlebnisse des Babys.[17] Um zu überleben

ist das Baby auf die Einfühlung, die Aufmerksamkeit und das Verständnis der Mutter angewiesen. Nun, da es außerhalb des Mutterleibs ist, hat das Kind eine Art psychischer Nabelschnur zur Mutter. Diese unsichtbare Verbindung, mit deren Hilfe Emotionen vom Erwachsenen erlebt und an den Säugling übermittelt werden, nährt die sich entwickelnde Psyche des Kindes. Das soll nicht heißen, das Baby sei ein leeres Gefäß, das nur darauf warte, gefüllt zu werden, sondern vielmehr, daß die anteilnehmende Umgebung in einem vielschichtigen Prozeß auf die Bedürfnisse des Babys reagiert. Schon vor dem Erwerb der Sprache sind Babys sehr ausdrucksstark. Durch eine Reihe von Schreien, Geräuschen und Gesichtsausdrücken teilt sich das Baby den Menschen in seiner Umgebung mit. Diese Mitteilungen und die daraufhin erfolgenden Reaktionen sind notwendige und wichtige Aspekte des Entwicklungsprozesses.

Die Fürsorge, Liebe, Aufmerksamkeit und Sicherheit, die die Mutter aufbringt, werden vom Säugling erlebt und aufgenommen. Zur angemessenen Einfühlung und Pflege gehört die Fähigkeit der Betreuerin, dem Kind eine Struktur, einen Halt und ein Gefühl von Grenzen zu verschaffen. Während dieser ganzen frühen Zeit fühlt sich die Mutter in die Bedürfnisse des Kindes ein. Weil es dabei ist, sein eigenes Selbstgefühl zu entwickeln und noch keine Grenzen hat, muß die Mutter die Grenzen in die Beziehung einbringen. Sie muß also zu dem Baby als einer gesonderten Person in Beziehung treten. Verschiedene Formen des Neinsagens oder des Grenzensetzens sind nicht notwendigerweise Ablehnungen oder Versagungen. Sie sind für das Baby notwendige Demonstrationen von Grenzen, die ein Sicherheitsnetz und ein Gefühl des Halts liefern.

Wenn eine sichere Ich-Entwicklung eintritt, sehen wir, wie das Baby allmählich ein Gefühl seiner selbst beibehält, selbst wenn seine Betreuerin nicht anwesend ist. Das Baby verkörpert nun die Liebe und Fürsorge der anderen. Die Mutter ist in dieser Beziehung nicht mehr der einzige Mensch mit Selbstgefühl. Das heißt, das Baby erlebt keinen Selbtverlust mehr, wenn die Mutter für kurze Zeit das Zimmer verläßt.[18] Es erlebt mit verschieden starker Aufregung und Hinnahme den zeitweiligen Verlust der Mutter. Es findet sein Gleichgewicht leicht wieder. Das Baby hat ein Gefühl seiner selbst, abgesehen von der Mutter, *getrennt* von ihr. Für dieses Gefühl der Sicherheit in sich ist für das Baby das Erleben fortwährender Liebe und Fürsorge entscheidend. Der in der Liebe seiner Betreuerin geborgene Säugling fühlt, daß die Mutter zurückkommen und daß die Fürsorge weitergehen wird. Die Liebe ist ein unsichtbarer Faden zwischen Mutter und Kind, so daß eine zuverlässige Bindung zwischen ihnen andauert, auch wenn sie körperlich getrennt sind.

Das Erlangen eines deutlichen Gefühls der psychischen Getrenntheit ist äußerst problematisch. Wir wissen, daß in diesen ersten beiden Jahren alle Babys sowohl frustrierende und verstörende als auch förderliche Erfahrungen machen müssen.

Frustration oder Verstörung brauchen nicht durch mangelhafte Pflege oder Aufmerksamkeit verursacht zu werden. Für einen Säugling kann das Hungererlebnis, selbst wenn es nur zwei oder drei Minuten dauert, quälend sein. Die Verstörung eines Babys bedeutet nicht unbedingt, daß die Mutter ihm Zuwendung vorenthält. Das Hungergefühl des Säuglings und sein Ausdruck dieses quälenden Erlebnisses ist eine notwendige Mitteilung des Babys an die Welt. Die Antwort, die es auf seine Mitteilung bekommt, ist ein Erlebnis, das wichtig für das Gefühl seiner Wirkung auf seine Umgebung ist. Je mehr auf die Bedürfnisse des Babys reagiert wird, und je besser die Betreuerin mit dem Kind Verbindung und Beziehung aufnehmen kann, desto wahrscheinlicher ist eine Abtrennung möglich. Wo es der Betreuerin schwerfällt, sich mit dem Kind in Verbindung und Beziehung zu setzen, macht das Fehlen dieser Verbindung die Ablösung des Babys unwahrscheinlicher.

Wenn keine gesicherte Entwicklung stattfindet, wandelt sich der Ablösungsprozeß. Das Baby fühlt sich vielleicht unsicher in seiner Welt. Es erlebt seine eigene, gesonderte Identität nicht. In dem Maß, in dem seine Bedürfnisse unerfüllt bleiben, ist es unfähig, die psychische Abtrennung zu vollziehen, weil es sich noch nach der psychischen Nabelschnur zur Mutter sehnt und sie braucht. Es hat nicht genug Zuwendung bekommen, um selbständig zu sein.

Wie die Mutter auch reagieren mag, ein entscheidender Faktor ist der, daß das Baby seine Verstörung im Zusammenhang mit der Mutter erlebt. Er ist für die sich entwickelnde Psyche des Säuglings und Kindes ungemein wichtig. Die Vorstellung von der Mutter in der Innenwelt jedes Menschen ist von daher äußerst einflußreich. Die Mutter ist in der Seele fast magisch eingebettet.[19]

Der Säugling ist im Lauf seiner Entwicklung in gewissem Maß hilflos. Seine Mitteilungen werden nicht immer verstanden, und er kann die Handlungen seiner Betreuerin nicht steuern. Im psychischen und im physischen Bereich ist der Säugling äußerst verletzlich und abhängig. Obwohl er in diesem Sinn passiv ist, geht es in seinem Inneren ungemein aktiv zu. Die unentwickelte Psyche schlägt den einzig verfügbaren Weg ein und verlagert die schwierige Situation in die Welt der inneren Realität, wo sie mehr steuern kann. Anders ausgedrückt, im selben Augenblick wird die »äußere« Situation im Inneren erlebt. Die äußere Situation mag für den Säugling völlig unbeeinflußbar und daher unabänderlich sein, aber sein inneres Erleben ist formbar und regulierbar. In seiner Innenwelt jongliert das Kind so mit Beziehungen, daß sie mehr Befriedigung hergeben. In diesem Sinn hat das Kind ein *inneres*, ein unbewußtes Beziehungsleben. Weil diese Beziehungen ihres in Wirklichkeit interaktiven Charakters entkleidet sind, sind sie im wesentlichen *Objekt*beziehungen.

Diese Dynamik des Hineinnehmens in eine Innenwelt ist vielleicht leichter zu verstehen, wenn wir daran denken, wie wir als Erwachsene versuchen, mit beunruhigenden Situationen fertigzuwerden, indem wir sie im Kopf wieder durchspielen und neu anordnen. Wir stellen uns die Situation in unseren Tagträumen anders, befriedigender vor. Wir kommen oft auf kreative Lösungen. Ebenso ist es für das Kind. Während dieses frühen Entwicklungsprozesses internalisiert der Säugling die quälende Erfahrung und versucht, sie zu ändern. Aber leider schlägt dieser Versuch fehl. Die innere Welt interagiert immer mit der äußeren,

mit wirklichen Menschen. Die innere Konstruktion der Objektbeziehungen wird also durch diese tatsächlichen Erlebnisse abgewandelt. Die unbefriedigenden Erlebnisse mit der Mutter finden
dann darin ihren Ausdruck, wie sie sich in der Innenwelt des
Säuglings spiegelt. Die Mutter wird zur enttäuschenden Person
und muß aufgespalten werden: in die wohlbekannte und
erwünschte Mutter und die ebenfalls wohlbekannte und tief
enttäuschende Mutter. Diese beiden Mutterrepräsentationen werden ins Unbewußte verdrängt. In der inneren Ökonomie der
unausgebildeten Psyche des Säuglings frustriert das unbefriedi-
gende Objekt weiterhin die Bedürfnisse des Kindes, regt sie aber
zugleich mit dem Potential der Befriedigung an. Wenn jedoch in
der Außenwelt die Bedürfnisse weiterhin unbefriedigt bleiben,
wird der Säugling immer hungriger nach dem, was er braucht und
wonach er verlangt. Die Außenwelt erscheint als weniger näh-
rend.

Solchen Schwierigkeiten der frühen Beziehungsaufnahme stehen
die positiveren Erfahrungen gegenüber; sie sind die Fäden, die
eine gute Verbindung zwischen dem Säugling und der Betreuerin
und die Entwicklung einer zuversichtlichen Psyche ermöglichen.
Gleichmäßige Liebe, angemessene Pflege und das Setzen von
Grenzen erzeugen im Kind ein Gefühl des seelischen Wohlbefindens. Diese Erfahrungen fördern ein positives Gefühl vom eigenen Selbst, eine Selbstliebe und ein Gefühl innerer Substanz, ein
Gefühl, daß die Welt im Grunde gefahrlos ist.

Das existentielle Phänomen, daß man sich selber als gesonderte
Person, als Subjekt, erkennt, kommt durch einen Prozeß geborgener, positiver Entwicklung zustande. Durch die frühen Interaktionen des Babys und dadurch, daß es andere, die zu ihm in
Beziehung treten, »in sich hineinnimmt«, entwickelt es ein
Selbst und eine Persönlichkeit. Es verleibt sich die Liebe, Fürsorge und Geborgenheit ein, die ihm von seiner Umgebung zuteil
werden, und allmählich fühlt es sich sichtbar und wirklich. Im
Alter von sechs bis achtzehn Monaten entwickelt das Kind das
Gefühl, daß die Mutter und andere Menschen »andere« – Menschen außerhalb – sind. Kommunikationen mit dem Baby und

Reaktionen auf es tragen zu diesem »Gewebe« der psychischen Geburt eines neuen Menschen bei.[20] In den ersten Monaten gestattet die Mutter daher dem Säugling die totale Verbundenheit, die Verschmelzung mit ihr. Dann – da sie in Einklang mit den sich wandelnden Bedürfnissen des Kindes ist – läßt sie es los, wenn es seine ersten Schritte tut, um sich loszulösen und ein eigener Mensch zu werden. Während dieses Vorgangs der Loslösung und Individuation (separation-individuation) bekommen die Kinder ständig ein deutlicheres Selbstgefühl. Sie fangen an, ihre Selbständigkeit auszuprobieren. Durch die bewußten und unbewußten Einstellungen der Menschen, die zu dieser Zeit um das Kind sind, werden die zukünftige Abenteuerlust des Kindes, seine Neugier und seine Liebe zum Leben stark beeinflußt.

Das frühere Erleben – das Erleben des Verschmolzenseins mit der Mutter, der Einheit von Welt und Baby – weicht nun einem anderen, und für das Baby gibt es nun ein »Draußen« und ein Gefühl des »Ichs«[5] Das Baby erlebt sein eigenes Dasein. Das Baby sieht die Gesichter der Menschen in seiner Umgebung mit neuer Wißbegier an und berührt sie auch so.

Auch die Gegenwart des Vaters spiegelt sich in der sich entwickelnden Persönlichkeit des Kindes. Väter haben meist weniger Interaktion mit Kleinstkindern, da sie irgendwo außerhalb des Horizonts von Mutter und Säugling sind. Vor dem Ablösungsprozeß wird der Vater vielleicht innerhalb der Welt des Säuglings erlebt, aber wer ständig da ist, ist die Mutter. Der Vater ist weit seltener mit dem Baby zusammen, also sind sein Geruch, seine Berührung und seine Laute nicht so vertraut wie die der Mutter. Genauso, wie der Vater seine Frau und sich als das Paar und das Kind als Dritten in einem Dreieck erlebt, fühlt sich das Baby als zusammengehörig mit der Mutter und empfindet möglicherweise den Vater als Dritten, als Außenseiter, als Fremden.

Wenn das Baby sich weiterentwickelt, seine Eigenheit erkennt und anfängt, die Menschen und Dinge um es her wahrzunehmen, betrachtet es den Vater mit neuer Wißbegier. Das kleine Kind beobachtet und versucht, ein Gefühl von diesem ganz anderen Menschen in sich aufzunehmen. Dies passiert heute oft viel früher als in der Vergangenheit, da manche Väter nun bewußt am Aufwachsen des Kindes teilnehmen, entweder als Teil einer Kernfamilie oder im Rahmen neuartiger Familienformen. Väter spielen eine wichtige Rolle bei dem Versuch des Kindes, sich von der Mutter loszulösen. Für den kleinen Jungen ist der Vater »anders« als die Mutter und ihm selber ähnlich. Der Junge identifiziert sich mit dem Vater und benützt dies dazu, sich weiter von der Mutter abzulösen. Er ahmt vielleicht den Vater nach und wetteifert mit ihm als dem Rollenvorbild dessen, der er einmal werden soll.

Für das kleine Mädchen ist der Vater »anders«, während der kleine Junge sich von Geburt an als »anders« erlebt, weil die Mutter zu ihm als einem »anderen« in Beziehung tritt. Das kleine Mädchen hat, da es zum gleichen Geschlecht gehört wie die Mutter, keine Intimität mit einem »anderen« erlebt. Seine ursprüngliche Intimität ist gleichgeschlechtlicher Art. Daß das kleine Mädchen sich dem Vater gegenüber als »anders« empfindet, hilft ihm bei der Entwicklung seines Gefühls der Eigenständigkeit.[21] Es kann auf Grund seiner »Andersartigkeit« beim Vater Grenzen empfinden, die es vielleicht bei der Mutter nicht spürt.

Sowohl für den weiblichen als auch für den männlichen Säugling spielt die Beziehung zum Vater, die Qualität seiner Fürsorge, seiner Liebe, Zurückhaltung, Distanz usw. eine wichtige Rolle in der psychischen Entwicklung. Auch ein älterer Bruder kann für das kleine Mädchen als der »andere« dienen. Der Bruder ist nicht dasselbe wie die Mutter, und das kleine Mädchen wird sich bei seinem Versuch, sich von der Mutter zu lösen, vielleicht eng an den Bruder anschließen. Dieses auf Geschlechtsunterschieden beruhende Gefühl des »Andersseins« steht im Mittelpunkt der seelischen Entwicklung.

Während das Baby sich auf seine psychische Geburt als eigene Person zubewegt, lernt es, daß die Menschen zu zwei Kategorien gehören, der weiblichen und der männlichen. Im Alter von einem Jahr können Kinder auf männliche und weibliche Figuren als entweder Mama oder Papa deuten, und mit achtzehn Monaten können sie sich selber als entweder weiblich oder männlich erkennen.[22]

Die sich entwickelnde Persönlichkeit des Babys wird durch dieses frühe Gefühl der Geschlechtsidentität und die Assimilierung einer weiblichen oder männlichen Identität stark beeinflußt. Im Lauf der Entwicklung lernt es sich selber entweder als Junge oder als Mädchen kennen. Wenn ein Kind zur Welt kommt, erkennen seine Angehörigen auf Grund seines Geschlechts an, welcher Platz und welche Rolle ihm zukommen. Auf geringfügigste und deutlichste Weise ist jede Kommunikation und jeder Kontakt mit dem Baby durchtränkt von einem Sinn für sein Geschlecht, und die Menschen haben Mädchen und Jungen gegenüber zutiefst verschiedene Erwartungen, die das Kind lernt. In allen Kulturen ist eins der primären Gesetze das der Geschlechtskategorien männlich und weiblich. Die Menschen werden nicht einfach als menschlich oder selbst als Menschen mit verschiedenen sexuellen, biologischen Merkmalen der Männlichkeit und Weiblichkeit angesehen. In unserer Kultur sind, wie in vielen anderen, diese Merkmale nicht gleichwertig.[23]

Zum Beispiel sind »stark«, »rauh«, »tüchtig«, »selbstsicher« geschätzte männliche Eigenschaften, während »klein«, »schwach«, »hilflos«, »nachgiebig«, »hübsch«, »niedlich«, »spröde« geschätzte weibliche Eigenschaften sind. Nach Geschlechtskategorien richten sich die Erwartungen, die man an Babys stellt. Wird es ein Junge? Ist es ein Mädchen?

In jüngster Zeit hat man versucht, die biologischen, psychischen und kulturellen Aspekte der Persönlichkeitsentwicklung voneinander zu trennen. Neuere Untersuchungen zeigen, daß bei einem Kind von zwei Jahren die Geschlechtsidentität ganz festgelegt ist. Dies stellt frühere Anschauungen der Psychoanalyse über die Entwicklung von Männlichkeit und Weiblichkeit direkt in Frage. Für Freud war ein Kind während der ersten Lebensjahre bisexuell, und erst in der ödipalen Phase (mit vier oder fünf Jahren) lernten der Junge oder das Mädchen sich als männlich oder weiblich kennen. Andererseits wurde bei den Postfreudianern von der psychosexuellen Entwicklung behauptet, die Menschen würden mit männlicher oder weiblicher Sexualität geboren. Beide Anschauungen beruhen im Grunde auf der Überzeugung, das biologische Geschlecht bestimme Männlichkeit oder Weiblichkeit. Feministinnen haben sich also besonders für die Arbeit im Bereich der Geschlechtsidentität interessiert, denn ihre Ergebnisse stellen die Vorstellung, die Psyche werde von der Biologie bestimmt, unmittelbar in Frage.

Die Psychologen Money und Erhardt, die Untersuchungen an Hermaphroditen (das sind Menschen, die gemischte Geschlechtsmerkmale besitzen), durchgeführt haben, vertreten den Standpunkt, man müsse, um Männlichkeit und Weiblichkeit zu verstehen, die biologische Grundlage von der kulturellen trennen.[24] Ihre Arbeit zeigt sehr deutlich, daß die Vorstellungen, die wir von Weiblichkeit und Männlichkeit haben, mit der kulturellen Praxis einer bestimmten Gesellschaft und nicht mit biologischen Imperativen zusammenhängen. Menschen werden nicht mit einer männlichen oder weiblichen Psyche geboren, sondern die Psyche von Mann und Frau wird so gestaltet, daß sie zu dem paßt, was man für männlich und weiblich hält. Sie sagen, abgesehen vom biologischen Geschlecht – d. h. der Fähigkeit der Frauen, zu menstruieren, zu empfangen, zu gebären und zu stillen, und der Fähigkeit der Männer, zu schwängern – seien die Eigenschaften, die wir mit Weiblichkeit und Männlichkeit verbinden, kulturelle Konstruktionen.

Die Arbeit von Money und Erhardt zeigte, daß die Hermaphroditen, die trotz des Fehlens von Eierstöcken und sogar bei Entwicklung männlicher sekundärer Geschlechtsmerkmale als weibliche Wesen erzogen wurden, und jene, die als männliche Wesen aufgezogen wurden, obwohl sie keinen Penis hatten, sich als weiblich oder männlich betrachteten und ihre Weltanschauung nach weiblichen oder männlichen Gesichtspunkten ausrichteten, je nachdem, welches Geschlecht man ihnen zugedacht hatte. Wenn diese Hermaphroditen bei sich sekundäre Geschlechtsmerkmale des anderen Geschlechts entdeckten, rief dies keine Verwirrung über ihre Geschlechtsidentität hervor, sondern den Wunsch, die Manifestation des anderen Geschlechts zu beseiti-

32

gen. Wenn die Biologie die Ursache von Männlichkeit oder Weiblichkeit wäre, hätten diese Menschen eine schwere Krise ihrer Geschlechtsidentität erlebt.

Mit diesem Bewußtsein seiner selbst als Mädchen oder Junge geht, wie wir wissen, eine Reihe von Verhaltensweisen, Gefühlen und Handlungsweisen einher, die für ein Mädchen oder einen Jungen als passend gelten. Die Stereotypisierung von Geschlechtsrollen bedeutet, daß sich Jungen und Mädchen unbehaglich, verlegen und fehl am Platz fühlen, wenn sie in Tätigkeiten hineingezogen werden, von denen man ihnen beigebracht hat, sie seien für ihr Geschlecht verboten. Zwar gibt es die Stereotypisierung der Geschlechtsrollen auf der ganzen Welt, aber sie ist je nach Kultur verschieden, und auch die Strenge der Umgebung jedes Kindes ist verschieden. Infolgedessen wachsen viele Mädchen mit der Vorstellung auf, daß Frauen durchaus Ingenieur werden oder durchsetzungsfähig oder partnerlos sein können usw., während die Geschlechtsidentität anderer Frauen bedroht wäre, wenn sie typisch männliche Aufgaben und Arbeiten zu erledigen hätten. So unterschiedlich aber auch die Umgebung des Kindes sein mag, es wird immer Tätigkeiten geben, die wegen seiner Geschlechtszugehörigkeit im Kindes- und Erwachsenenalter eindeutig nicht in Frage kommen. Sie kommen dem Betreffenden »falsch« vor. *Der Aufbau der Persönlichkeit ist immer untrennbar mit der Geschlechtsidentität des Menschen verbunden.*

Dies ist für uns ein höchst wichtiger Ausgangspunkt, nicht nur, weil er die Spinnweben des biologischen Determinismus wegfegt, sondern auch deswegen, weil er ein Licht darauf wirft, wie wichtig soziales Erleben im Leben, besonders am Anfang, ist. Im Gegensatz zu den Ansichten vieler Psychologen möchten wir betonen, wie wichtig die Kultur bei der Gestaltung der Bedürfnisse, Wünsche und des Seelenlebens von Frauen und Männern ist, so daß *Weiblichkeit und Männlichkeit psychische Wesensmerkmale in einem sozialen Kontext sind*. Geschlechtsidentität und ein Gefühl des eigenen Selbst entstehen zugleich und sind ein Abbild der herrschenden Kultur und des Verhaltens der Eltern.

Und damit ist der Zusammenhang hergestellt, in dem wir die Frage stellen: Was ist eine weibliche Psyche, welche Besonderheiten zeichnen sie aus, durch welche Schritte entsteht sie und wie ist sie aufgebaut?

2 Der Aufbau der Weiblichkeit

> Das kleine Mädchen wird durch die tiefe ge-
> fühlsmäßige Bindung an die Mutter, durch sei-
> ne Identifikation mit ihr als ein ihr ähnliches
> Wesen dazu angehalten, sich selbst getreu dem
> Vorbild der Mutter zu formen.
> Das Verhalten der Mutter, ihre Reaktion, ihre
> Beziehung zu den einzelnen Mitgliedern der
> Familie, ihre Beziehung zum kleinen Mädchen
> selbst sind ein Hinweis darauf, auf welche Wer-
> te die Mutter anspricht. Über den unbewußten
> Identifikationsprozeß wird die Essenz der Mut-
> ter in das kleine Mädchen umgefüllt und von
> ihm verinnerlicht. Da die Dinge so liegen,
> kommt alles darauf an, wie die Mutter ist. Aber
> so außergewöhnlich und wunderbar sie auch
> sein mag, sie bleibt doch immer eine Frau, der
> ein gesellschaftlich geringerer Wert zugestan-
> den wird als dem Mann, der Aufgaben zweiten
> Ranges zugeordnet sind. Wenn dies das Modell
> ist, das das kleine Mädchen verinnerlicht, dann
> gibt es für sie keinen Grund zur Heiterkeit.
>
> Elena Gianini Belotti[1]

Die psychische Entwicklung beginnt bei der Geburt und vollzieht
sich im Zusammenhang der Beziehung, die der Säugling zu
seiner Betreuerin hat. Die psychische Entwicklung der Frau wird
also in der Mutter-Tochter-Beziehung gestaltet; diese ist die
entscheidende Beziehung für die Ausbildung der weiblichen
Psyche.
Mütter und Töchter teilen die Geschlechtsidentität, die soziale
Rolle und stehen den gleichen sozialen Erwartungen gegenüber.
Sie sind beide innerhalb der patriarchalischen Kultur und der
Familie Bürgerinnen zweiter Klasse. Wenn eine Frau einem
kleinen Mädchen Mutter ist, erzieht sie es so, daß es wird wie sie,

erst ein Mädchen, dann eine Frau. Wenn sie ihrem Sohn Mutter ist, erzieht sie ihn dazu, anders zu sein, ein Junge und dann ein Mann zu werden. Wegen der sozialen Folgen der Geschlechtszugehörigkeit treten Mütter unweigerlich zu ihren Töchtern anders in Beziehung als zu ihren Söhnen. Ein Großteil des Unterschieds ist absichtlich und durch die Stereotypisierung der Geschlechtsrollen vorgeschrieben (zum Beispiel wird den sexuellen Abenteuern eines heranwachsenden Sohnes Vorschub geleistet, die heranwachsende Tochter wird in ihren sexuellen Forschungen behindert). Einige der Unterschiede sind subtiler Art, und die Mütter geben sich vielleicht keine Rechenschaft darüber (Mädchen werden ermuntert, reinlich zu sein, Schmutzigkeit bei Jungen wird toleriert, oder Mädchen werden ermuntert, »hübsch« und »aufgeweckt« zu sein). Und andere Unterschiede in der Behandlung stammen aus den unbewußten Gefühlen einer Mutter im Hinblick darauf, daß sie eine Frau ist und eine Tochter oder einen Sohn aufzieht.

Wenn wir uns ansehen, was die Gleichgeschlechtlichkeit von Müttern und Töchtern bedeutet, fällt zuerst der wichtigste Punkt ins Auge, daß alle Mütter selber Töchter waren und sind. Der zweite augenfällige und ebenso wichtige Punkt ist der, daß alle Töchter von ihren Müttern dazu erzogen werden, Mütter zu werden. Der dritte Punkt ist, daß alle Mütter von ihren Müttern gelernt haben, welcher Platz ihnen in der Welt zukommt. Jede Frau hat die verborgene oder lebendige Erinnerung an die Kämpfe, die sie mit ihrer Mutter ausgefochten hat, als sie zur Frau heranwuchs, wie sie gelernt hat, ihre Aktivitäten einzuschränken und ihr Interesse in bestimmte Richtungen zu lenken. Mütter und Töchter haben also eine Menge gemeinsamer Erfahrungen, wenn dies auch oft durch den Umstand verdeckt wird, daß sie einander gegenüber immer in verschiedenen Phasen ihrer sozialen Rolle sind. Erwachsene Frauen mit Töchtern spielen in der Mutter-Tochter-Beziehung zwei Rollen gleichzeitig: sie sind Töchter ihrer Mütter und Mütter ihrer Töchter.

Das Wechselspiel zwischen den bewußten und unbewußten Gefühlen einer Frau im Hinblick darauf, daß sie selber eine

Tochter und eine Mutter ist, ist ein wesentlicher Teil dessen, was sie in ihre mütterliche Zuwendung einbringt. Die Psyche der Mutter, die das kleine Mädchen im Lauf seiner Personwerdung verinnerlicht, ist durchtränkt vom Selbstgefühl der Mutter. Als weibliches Wesen aufzuwachsen und eine Frau zu sein, bedeutet, daß das Gefühl vom eigenen Selbst das widerspiegelt, was jede Frau in ihrer Entwicklung hat lernen müssen. Aspekte der Psyche der Mutter, die unlöslich damit verbunden sind, daß sie auf die weibliche Rolle hin sozialisiert worden ist, werden von der Tochter absorbiert und werden Teil ihrer eigenen Psyche.

In unserer Praxis hören wir oft, wie überrascht Frauen sind, wenn sie sich selbst zu ihren Töchtern Dinge sagen hören, die ihre Mütter zu ihnen gesagt hatten. Eine Frau drückte das so aus: »Ich konnte gar nicht glauben, daß das aus meinem Mund kam. Derselbe Tonfall, praktisch genau dieselben Worte. Es war, als käme die Stimme meiner Mutter aus mir.« Oft merkt eine Frau dann, wenn sie ein Kind bekommen hat, mehr von ihren Ähnlichkeiten mit ihrer Mutter. Der Einfluß ihrer Mutter kommt zum Vorschein, wenn die Tochter als Mutter die Resonanz von bestimmten Aspekten der Persönlichkeit ihrer Mutter im eigenen Inneren spürt. Durch die Generationen, von der Großmutter zur Mutter und zur Tochter, zieht sich ein psychischer Habitus, der seine Wurzeln und Ursachen in der Erfahrung hat, in einer patriarchalischen Kultur weiblichen Geschlechts zu sein. Die sozialen Forderungen nach Nachgiebigkeit, Unterordnung und Passivität verursachen den Frauen viele komplizierte Gefühle. Oft fühlen sich Frauen nicht vollständig, stark oder gut in sich selbst. Sie haben Angst vor ihren emotionalen Bedürfnissen und Abhängigkeiten, und sie haben Angst und Schuldgefühle wegen ihrer Sexualität, ihrem Streben nach Selbständigkeit, Zuwendung und Macht. Die sozialen Forderungen des Patriarchats umgeben das Mädchen vom Augenblick der Geburt an. Die Mutter des weiblichen Säuglings ist eine Frau in einer patriarchalischen Kultur. Das bedeutet: Sie hat eine besondere psychische Einstellung, die anders ist als die eines in derselben Kultur aufgewachsenen Mannes. Die psychische Einstellung sowohl der

Männer als auch der Frauen spiegelt patriarchalische Einflüsse wider, aber auf unterschiedliche Weise.

Sehen wir uns nun an, was eine Frau erlebt, wenn sie eine Tochter bekommt. Schwangerschaft, Geburt und Mutterwerden kann ein sehr befriedigendes Erlebnis sein. Ein Baby kann die Erfüllung wichtiger persönlicher Wünsche sein, durch die das Selbstgefühl einer Frau bereichert wird. Mutterschaft ist der Gipfel der sozialen Rolle der Frau; sie bekommt, wenn sie gebärt, Beifall von ihrer Umgebung. Dieser hochgeschätzte Aspekt ihrer sozialen Rolle ermöglicht es der Frau, eine gewisse Zufriedenheit zu empfinden. Dieses positive Gefühl kann sie wiederum ihrer Tochter vermitteln. Die Mutter versteht die Mitteilungen ihrer Tochter und reagiert auf sie. Das Kind wiederum bringt seine Lust zum Ausdruck, und diese Kommunikation steigert das Selbstwert- und Machtgefühl der Mutter. Positive Interaktionen zwischen Mutter und Tochter bauen ein Beziehungsmuster und ein Gefühl der Nähe zwischen den beiden auf. Es bildet sich eine Beziehung, und die Mutter hat große Freude an den täglichen Entwicklungsschritten der Tochter. Die positiven Gefühle der Mutter, kompetent und stark zu sein, und ihre Fähigkeit, für ihre Tochter zu sorgen und sie zu beschützen, drücken sich in der Beziehung zu ihr aus. Die Mutter gibt der Tochter in dieser nährenden Beziehung die unentbehrliche emotionale Nahrung, die dem Kind hilft, sein Daseinsgefühl, sein Gefühl der Geborgenheit und des Wohlbefindens aufzubauen. Die psychische Entwicklung der Tochter beruht auf den Gefühlen des Angenommenseins und Geliebtwerdens in dieser wichtigsten ersten Beziehung.

Jenseits dieser positiven Gefühle, die die Mutter sich selbst gegenüber empfindet, liegen jedoch die anderen »Selbst-Erfahrungen« der Mutter. Im Lauf der Jahre haben wir in unserer Praxis gelernt, daß jede Frau tief im Inneren ein Gefühl hat, ein Teil von ihr sei bedürftig und unversorgt, sie sei wertlos, unzulänglich und sprachlos. Sie hat oft das Gefühl, niemand sehe diesen Teil von ihr oder gebe ihr, was sie braucht. Häufig meint sie, sie könne selber nicht finden, was sie will. Diese negativen und komplizierten Gefühle, die sie bewußt und unbewußt in bezug auf sich selber hat, haben eine tiefgreifende Wirkung auf die Psyche der Tochter. Das negative Selbstbild der Mutter ist ein ebenso wichtiger Faktor in der Gestaltung der Interaktion zwischen Mutter und Tochter (und daher auch in der Psyche der Tochter) wie ihre positiven Selbsterfahrungen.

Wir können folgende Hauptaspekte der Interaktion zwischen Mutter und Tochter herausstellen, die der Psyche der Tochter eine bestimmte Gestalt geben. Der erste ist, daß die Mutter sich wegen der Gleichgeschlechtlichkeit mit der Tochter *identifiziert,* denn wenn eine Frau eine Tochter bekommt, bringt sie in gewissem Sinn noch einmal sich selber hervor. Wenn sie die Tochter ansieht, sieht sie sich selber. Vivian, eine vierzigjährige Frau, drückte es so aus: »Als meine Tochter geboren war, dachte ich jedesmal, wenn ich sie ansah, sie *sei* ich; ich konnte überhaupt nicht erkennen, daß sie anders war als ich. Sie kennen das Gefühl, wenn man sich im Spiegel betrachtet, na ja, so ungefähr fühlte es sich an. Als mein Sohn zur Welt kam, ging mir das nicht einmal durch den Kopf. Er war anders, er war etwas anderes« (wobei sie mit der Hand Bewegungen machte, die »weit weg« bedeuten konnten).

Die Tochter wird in die Fußstapfen der Mutter treten. Diese muß ihr die Arten des Verhaltens und Empfindens nahebringen, die dazugehören, ein Mädchen zu sein. Sie weiß, daß sie ihre Tochter auf ein Leben vorbereiten muß, das sie, wie sie das ihre, damit zubringen wird, andere zu versorgen, ihre Bedürfnisse zu erfüllen, einen Hausstand zu führen, ein Baby zu bekommen und, ob sie es merkt oder nicht, ihren Platz in der Gesellschaft als Bürgerin zweiter Klasse einzunehmen. Wenn eine Mutter ihren kleinen Sohn betrachtet, sieht sie jemanden, der ganz anders ist, dem ein ganz anderes Leben bevorsteht, und für den sie sich eine ganze Welt von unterschiedlichen Möglichkeiten vorstellen kann.

Dieser Geschlechtsunterschied zu einem Sohn hilft der Mutter, sich ihrer eigenen Grenzen, ihrer Getrenntheit von dem Kind, stärker bewußt zu sein. Bei einer Tochter hat die Frau diese Hilfe nicht. Die Grenzen verschwimmen. Wenn sie ihre Tochter betrachtet, sieht sie Spiegelbilder der Bemutterung, die sie selber erlebt hat, ihrer eigenen Erlebnisse in der Kindheit und beim Heranwachsen zur Frau.

2. Der zweite Hauptaspekt der Mutter-Tochter-Beziehung ist der, daß die Mutter sich nicht nur mit der Tochter identifiziert, sondern auch einige Gefühle, die sie sich selbst gegenüber hat, auf sie *projiziert*. Einen Teil ihrer selbst – tief vergrabene Gefühle, die unzugänglich und unbewußt sind – überträgt sie auf ihre Tochter und sieht ihn in ihr ausgedrückt. In dieser Projektion sieht sie ihre Tochter nicht als einen anderen Menschen, sondern als eine Erweiterung ihrer selbst. Wenn sie also ihre Tochter als Säugling auf dem Arm hält, deutet sie die Mitteilungen des Kindes auf eine bestimmte Weise. Sie sieht ein verletzliches, wehrloses, ausdrucksvolles, begieriges kleines Mädchen. Das erweckt wiederum – immer noch unbewußt – jenen Teil in ihr, der sich bedürftig fühlt, gehätschelt werden möchte, auf den man reagieren und den man ermuntern soll.

Solche Gefühle sind fast unvermeidlich, weil die Unterordnung und die Fürsorge für andere für die soziale Rolle der Frau und also auch für ihre Psyche so wichtig sind. Frauen zahlen heute einen hohen psychischen Preis für die Fähigkeit, andere zu bemuttern. Beim Entwickeln dieser seelischen Antennen und beim Erspüren der Wünsche anderer stellen Frauen ihre Bedürfnisse hintan. Das Erlebnis, psychische Zuwendung zu erfahren, ist nicht gleichmäßig auf Frauen und Männer verteilt. Zwischen Männern und Frauen findet ein ungleicher emotionaler Austausch statt, und die emotionale Fürsorge ist nicht wechselseitig. Wegen dieser sozialpsychologischen Gegebenheit spaltet die Frau ihre eigenen Bedürfnisse ab; sie verbirgt und verdrängt sie, während sie in der Welt eine Erwachsenenposition einnimmt. Sie scheint ein relativ bedürfnisloser Mensch zu sein. Ihre Bedürfnisse verschwinden jedoch nicht.

Wenn die Mutter auf ihre Tochter reagiert, ist sie voller widersprüchlicher Empfindungen, von denen ihr einige bewußt sind, andere aber nicht. Sie möchte auf ihre Tochter reagieren und ihre

Bedürfnisse befriedigen; manchmal kann sie es, manchmal nicht. Die Gründe dafür sind vielschichtig. Einerseits erhofft sie sich für ihre Tochter ein erfüllteres und weniger eingeschränktes Leben, andererseits ist sie besorgt um eine Tochter, die die wesentlichen weiblichen Züge der Unterdrückung eigener Bedürfnisse und Wünsche nicht erlernt hat und ihr Unabhängigkeitsstreben nicht bändigt. Natürlich ist ihr dies alles nicht bewußt: Die Mutter zieht ihre Tochter auf und tritt zu ihr auf dieselbe Weise in Beziehung, wie man es mit ihr gemacht hat. Ohne ihr Wissen ist sie in einem Paradoxon befangen. Sie hat die schwierige Aufgabe, der Tochter zu zeigen, wie sie ihr Unabhängigkeitsstreben einschränken kann. Zugleich muß sie ihr sehr früh abgewöhnen, sich gefühlsmäßig darauf zu verlassen, daß ihr Bedürfnis nach Abhängigkeit befriedigt wird. Wollte die Mutter diesen Wunsch weiterhin erfüllen, würde dies der Sozialisation für die weibliche Rolle zutiefst widersprechen. Die Mutter weiß, daß sie selbst ihr Verlangen nach emotionaler Zuwendung hat bewältigen und zügeln müssen; sie weiß, daß sie immer wieder ihre Enttäuschung und Wut hat herunterschlucken müssen und daß sie hat lernen müssen, ihre Hoffnungen auf emotionale Zuwendung und Nähe den Gegebenheiten anzupassen.

Ihre eigenen sozialen Erfahrungen bewahren eine Mutter davor, falsche Vorstellungen darüber entstehen zu lassen, was der Tochter in ihrem Leben als Frau bevorsteht. Unbewußt übermittelt die Mutter der Tochter die Botschaft: »Mach' dich nicht emotional abhängig; erwarte nicht die emotionale Zuwendung und Beachtung, die du dir wünschst: lerne, emotional auf eigenen Füßen zu stehen. Erwarte nicht zuviel Selbständigkeit; erwarte nicht zuviel von einem Mann; sei nicht zu wild; erwarte nicht, daß dein Leben sich allzusehr von meinem unterscheiden wird; lerne, dich anzupassen.« Die Mutter demonstriert diese unbewußten Unterlassungsgebote, indem sie sich der Tochter gegenüber selber so verhält. Bewußt und unbewußt handelt die Mutter der Tochter gegenüber so, wie sie die Handlungsweise anderer sich selbst gegenüber erlebt. Sie kann nicht fortwährend unmittelbar auf die Bedürfnisse ihrer Tochter eingehen, weil sie diese

Erfahrung selber nicht gemacht hat. Ihre Zuwendung wird unbeständig.

Manchmal kann sie ihre Tochter als einen eigenständigen kleinen Menschen sehen, und vielleicht kann sie dann zwanglos auf sie eingehen. Ein andermal jedoch ärgert sie sich wegen ihrer unbewußten Identifikation über die Tochter, weil diese ihre Bedürfnisse zeigt und sie nicht besser zügelt (wie sie selber es tut). Bei diesen Gelegenheiten fühlt sich die Mutter unbewußt getrieben, auf ihre Tochter mit Groll und Mißbilligung zu reagieren, womit sie ihr die Botschaft übermittelt, mit ihr sei etwas nicht in Ordnung, mit ihren Wünschen stimme etwas nicht, etwas, das in Schach gehalten werden müsse. Ohne es zu ahnen, gibt die Mutter der Tochter die erste Lektion in emotionaler Benachteiligung.

Während die Mutter die Bedürftigkeit ihrer Tochter beiseiteschiebt, bemüht sie sich, die Tochter zu veranlassen, innerhalb der Grenzen zu bleiben, in denen sie lebt. In der Mutter-Tochter-Beziehung herrscht eine Dynamik von Anziehung und Abstoßung. Die Mutter möchte an ihrer Tochter Zufriedenheit sehen, aber auch hierbei ist sie wieder in einem Paradoxon gefangen, denn sie hat selber nicht Zufriedenheit erlebt. Sie hat während ihrer ganzen Kindheit gelernt, ihre Wünsche und ihr Verlangen zu zügeln, ihre Bedürfnisse abzuspalten, diesen Teil ihrer selbst vor anderen zu verstecken und nicht zu erwarten, daß man auf sie reagiert. In der Mutter selbst ist ein kleines Mädchen versteckt.

Dieses verdrängte kleine Mädchen in der Mutter ist eine dritte wichtige Kraft, die die Mutter-Tochter-Beziehung gestaltet. Die Mutter erschrickt darüber, wie die Tochter ihren Bedürfnissen zwanglos Ausdruck verleiht. Die Mutter handelt unbewußt ihrer kleinen Tochter gegenüber ebenso, wie sie innerlich gegenüber dem Kleinmädchen-Teil ihrer selbst handelt. Die kleine Tochter wird irgendwie eine äußere Repräsentation dieses Teils ihrer selbst, den sie mittlerweile ablehnt und verleugnet. Die Gesamtheit der Gefühle, die sie infolge ihrer eigenen Benachteiligung während der ganzen Kindheit und im Erwachsenenleben empfindet, wird sowohl nach innen gelenkt, wo sie in einem inneren

Kampf eingesetzt wird, um den Kleinmädchen-Teil ihrer selbst zu negieren, als auch nach außen projiziert und auf die Tochter übertragen.

Ein anschauliches Beispiel für diese Dynamik ist die Beziehung zwischen Beth und Alice. Die 43 Jahre alte Beth ist Mutter von zwei Kindern – des 20jährigen Paul und der 18jährigen Alice. Die Beziehung zwischen Beth und Alice ist in emotionaler Hinsicht äußerst schwankend. Sie streiten sich oft, und es gibt regelmäßig dramatische Szenen im Haus. Beth hat das Gefühl, sie habe es mit Alice nie leicht gehabt. Beth beschreibt ihre Erfahrungen mit Paul, ihrem ersten Kind, als lustvoll, einfach und erfüllend. Paul war ein »braves Kind«, das ihr wenig Schwierigkeiten machte. Beth sagt: »Alice war schon als Säugling immer schwierig. Ich konnte sie mit nichts zufriedenstellen. Sie schrie die ganze Zeit und gab mir das Gefühl, total unzulänglich zu sein. Als kleines Mädchen war sie sehr viel wütend auf mich – zugleich hing sie an mir wie eine Klette. Sie hatte regelmäßig Albträume und kam nachts in mein Bett. Sie kam mir immer so gierig vor. Was ich ihr auch gab – es war nie genug. Jetzt, wo sie ein Teenager ist, ist es einfach unmöglich. Sie hat schreckliche Freunde, die einfach nur an Straßenecken herumstehen. Sie ist zweimal beinahe aus der Schule geflogen. Als sie schwanger wurde, dachte ich, ich könnte es einfach nicht mehr aushalten. Ich weiß einfach nicht, was ich mit ihr machen soll.« Ein andermal in ihrer Therapie beschrieb Beth, daß Alice nach ihrem Gefühl ganz anders an sie herankam als ihr Sohn oder ihr Mann. Irgendwie hatte Beth der Tochter gegenüber Schuldgefühle, und diese unterschwelligen Gefühle zwangen sie immer zum Nachgeben und »hinter ihr herzuräumen«. Beth bezeichnete ihre Tochter als ein »ungezogenes kleines Mädchen«, eine kraftvolle Person, die sehr destruktiv sein konnte.

Beth macht den Eindruck einer sehr kompetenten und tüchtigen Frau. Sie wurde geschieden, als die Kinder acht und zehn Jahre alt waren, und arbeitete von da an wieder als Lehrerin. Sie ernährt die Familie, nimmt an Kursen der Erwachsenenbildung teil, um sich zu »verbessern«, und sie beteiligt sich aktiv an der Gemeindepolitik. Beth hat ihre eigenen Bedürfnisse so erfolgreich verborgen, daß sie, als sie in der Therapie gefragt wurde, wann und von wem sie Liebe und Fürsorge bekomme, die Frage kaum verstehen konnte.

Um die vielschichtige psychische Verschmelzung zwischen Alice und Beth zu veranschaulichen, müssen wir zunächst die Beziehung zwischen Beth und ihrer eigenen Mutter ein wenig schildern. Beths Mutter ist eine Hausfrau, die drei Kinder hatte. Beth kann sich erinnern, daß sie schon von frühester Zeit an versuchte, sich von ihrer »beherrschenden« Mutter zu lösen. Sie mußte sich in Opposition zu ihrer Mutter definieren, um zu verhindern, daß diese sich in all ihre Erlebnisse hineindrängte. Schon ganz früh verhielt sich Beth so, als könne sie auf eigenen Beinen stehen, und widerstand allen Versuchen der Mutter, ihr zu helfen. Zugleich mußte Beth all ihre Bedürfnisse verbergen. Sie spürte unbewußt, sie könne es sich nicht leisten, sie zu zeigen, denn wenn sie es getan hätte, hätte die Mutter die Regie übernommen. Um sich zu bewahren, verdrängte Beth ihre Bedürfnisse, ihre Verstörtheiten, ihre Verletzlichkeiten – das kleine Mädchen im Inneren. Als Teenager war sie in der Schule erfolgreich und wirkte glücklich angesichts ihrer vorzüglichen Leistungen. Andere sahen in Beth eine fähige, kraftvolle, tüchtige Frau, eine Frau, die es fertiggebracht hatte, eine schwierige Ehe und Scheidung durchzustehen und scheinbar stärker daraus hervorzugehen – ihre Freunde hielten sie für eine »bemerkenswerte Frau«.

Als Beth Alice zur Welt brachte, wurde etwas in ihr berührt, was bei Pauls Geburt nicht angerührt worden war. Daß Beth ein Mädchen bekam, löste in ihr eine psychische Explosion aus. Bis dahin war sie mit ihren eigenen Sehnsüchten und Bedürfnissen fertiggeworden und hatte sie in Schach gehalten. Ihre unbewußte Identifizierung mit der kleinen Tochter weckte ihre eigenen Abhängigkeitswünsche – ihre eigenen Sehnsüchte und inneren Schreie nach Fürsorge, Liebe und Beachtung. Ihre schützende Abwehr wurde erschüttert, und die Tochter erschien ihr als kraftvolle und destruktive Person. In Alices ersten Lebensmonaten mühte sich Beth, ihr Gleichgewicht wiederzufinden. Sie versuchte immer wieder, das Gefühl der Kompetenz zu erlangen, das sie bei Paul erlebt hatte, als er ein Säugling war. Aber es gelang ihr nicht. Mit jedem Schrei und jedem Bedürfnis, das Alice kundgab, wurde Beths eigene Verstörung wachgerufen.

In ihrem Kampf um seelisches Gleichgewicht versuchte Beth verzweifelt, ihre eigenen Gefühle, die auftauchten, zu verleugnen und zu negieren. Zugleich lehnte sie Alice ab. In ihren unausgesprochenen Mitteilungen an Alice schrie sie sie an, nicht bedürftig zu sein, nichts zu wollen, den Mund zu halten und zufrieden zu sein. Ein anstrengender Kreislauf kam in Gang, denn Alice wurde immer verstörter, da sie die Anspannung, Wut, Verstörtheit und Ablehnung der Mutter spürte und erlebte. Als Alice älter wurde, schränkte sie ihre Bedürftigkeit ein und entwickelte ihr eigenes »inneres kleines Mädchen«. Ihre psychische Spaltung war in vieler Hinsicht ein Abbild der Spaltung ihrer Mutter. Alice war jedoch über ihre Benachteiligung und Einschränkung wütend und lehnte sich auf. Sie kämpfte ständig gegen ihre Mutter und konnte ihre Wut oder ihre Bedürftigkeit nicht aufgeben. Sie zeigte ihre Bedürfnisse in extremer Form, indem sie schwanger wurde und in der Schule Schwierigkeiten hatte.

In der Therapie konnten wir erkennen, wie Alice viele von Beths eigenen Gefühlen und Wünschen ausdrückte. Allmählich konnte Beth ihre Identifikation erkennen und wahrnehmen, wie sie Alice genauso ablehnte wie den Kleinmädchen-Teil in sich selber.

Die Mutter-Tochter-Beziehung veranschaulicht, was für empfindliche Antennen eine Mutter für die Bedürfnisse und Wünsche der Tochter entwickeln kann – Bedürfnisse und Wünsche, die ihre eigenen widerspiegeln. Diese Eigenarten der Interaktion zwischen Mutter und Tochter führen zu einer äußersten Intensität in der Beziehung zwischen den beiden. Diese Intensität ist häufig durch ein »Stakkato« gekennzeichnet, eine Unbeständigkeit im Eingehen aufeinander. Die Unbeständigkeit kommt von der Art, wie die Mutter mit ihrer Identifizierung mit der Tochter und ihren eigenen Gefühlen in bezug auf ihr Dasein als Frau umgeht. Wenn die Mutter sich auf ihre Tochter als einen eigenständigen Menschen bezieht, kann sie aufgeschlossen und unzweideutig fürsorglich sein. Sie kann der Tochter geben, was sie braucht, und sie kann ihr ein Gefühl der Geborgenheit und des Wohlbefindens vermitteln. Zu anderen Zeiten löst sich jedoch das Gefühl der Mutter von sich selber als einer von der Tochter getrennten Person auf, und sie erlebt ihre Tochter und sich als Menschen mit denselben Gefühlen, Gedanken und Wünschen.[2] Wenn dies eintritt, fällt es der Mutter schwer, in angemessener Weise reaktionsbereit zu sein; sie mag in einem Augenblick distanziert sein, im nächsten aber übereifrig.

Diese Form der Zuwendung entsteht im Säuglingsalter und setzt sich während des ganzen Lebens der Tochter fort. Während die Tochter langsam ein eigenständiger Mensch wird und ihre Mutter auf andere Weise braucht, bleibt die starke Beziehung der Anziehung und Abstoßung bestehen. Durch die Beziehung zur Mutter lernt die Tochter ganz wesentlich, was es heißt, weiblichen Geschlechts zu sein. Die Mutter ist sowohl Vorbild als auch Führerin, und darüber hinaus nimmt die Tochter diese Beziehung als Modell für andere Liebesbeziehungen in sich auf. Das Bild der Mutter, das die Tochter in sich aufnimmt, ist komplex. Die Mutter ist der Mensch, der ihr gibt, was sie braucht – sie füttert, badet, liebkost, mit ihr spielt, auf sie reagiert. Sie eröffnet ihr immer weitere Bereiche. Zugleich ist die Mutter diejenige, die nein sagen kann, die enttäuschen oder vorenthalten kann, ungeduldig sein und mißverstehen kann. Die Mutter besitzt ungeheure Macht – zu befriedigen und zu verletzen.

So viele ihrer Handlungen sind unverständlich, weil die Tochter in der Anziehungs- und Abstoßungs-Dynamik widersprüchliche Botschaften empfängt. Sie erlebt, wie die Mutter die unbewußte Anweisung gibt, ihr nahe zu bleiben, aber dafür nicht zuviel zu erwarten. Das kleine Mädchen kann nicht ergründen, warum die Mutter manchmal so zustimmend und liebevoll ist, ein andermal aber so enttäuscht und enttäuschend; es versucht aber, die Handlungsweise der Mutter zu begreifen. Der Teil der Tochter, der sich von der Mutter genährt und verstanden gefühlt hat, hat zu einem Erlebnis der psychischen Festigkeit und des Gutseins beigetragen. Aber die Tochter hat auch erlebt, daß Teile von ihr unannehmbar sind. Das kleine Mädchen bekommt die Vorstellung, daß es, um Liebe und Anerkennung zu bekommen, eine bestimmte Seite von sich zeigen muß. Es muß seine emotionalen Sehnsüchte, seine Enttäuschungen und seine Wut verstecken; es muß seinen Kampfgeist – es muß *sich selbst* verbergen. Es bekommt das Gefühl, mit der, die sie wirklich ist, müsse etwas nicht stimmen, was wiederum bedeuten muß, daß mit dem, was es braucht und sich wünscht, etwas nicht stimmt. Die Tochter beginnt, sich unecht zu fühlen, sie fühlt sich unsicher in ihren Reaktionen und distanziert von ihren Wünschen. Das geht bald in ein Gefühl der Wertlosigkeit über, und die Tochter zögert, ihren Impulsen nachzugeben. Allmählich entwickelt sie ein akzeptables Selbst, das selbstgenügsam und tüchtig wirkt, ein Selbst, das wahrscheinlich beständiger akzeptiert wird. Hier, in dieser ersten Beziehung zur Mutter lernt das kleine Mädchen, den Kleinmädchen-Teil seiner selbst zu fürchten und zu verbergen. Es fühlt sich allmählich wie eine Betrügerin, denn es entwickelt sich eine Außenseite, die anders ist als der Mensch, der es seinem inneren Gefühl nach ist.

Hier fangen wir an zu erkennen, wie die psychische Ausstattung der Frau von einer Generation zur anderen wieder hervorgebracht wird. Die Psyche eines Mädchens entwickelt sich im Zusammenhang seiner sozialen Welt und seiner sozialen Rolle. In unserer Praxis hören wir Frauen mit Verachtung, Demütigung und Scham über ihre Bedürfnisse sprechen. Sie fühlen sich bloßgestellt, kindisch, gierig und unersättlich. Mütter und Töchter versuchen beide, dieses innere kleine Mädchen in Schach zu halten, während sie anderen nur einen Teil von sich selbst zeigen – einen Teil, von dem sie glauben, die anderen würden ihn akzeptabel finden, einen Teil mit wenig Bedürfnissen.

Diese psychische Spaltung, die sich in den ersten Lebensjahren ereignet, ist keine bewußte Handlung, sondern ein Schutzmerkmal der psychischen Strukturentwicklung, denn der verborgene Teil (das kleine Mädchen) muß irgendwohin, er verschwindet nicht; er muß in den Untergrund gehen und in der Innenwelt der Frau Nahrung und Annahme finden.

Während dieser Kleinmädchen-Teil der sich entwickelnden Psyche sich noch nach Zuwendung sehnt, besteht zunächst noch Verwirrung in bezug auf seine Ablehnung. Dieser Teil der Seele enthält meist Gefühle, er ist isoliert, niedergeschlagen und verzweifelt. Wenn Kontakt möglich ist, wird die Tochter vielleicht von Wut, Enttäuschung oder Ablehnung überschwemmt. Durch die Ablehnung gekränkt, will sie diesen bedürftigen Teil ihrer selbst vielleicht nie wieder jemandem zeigen. Deshalb errichtet ihre Innenwelt Abwehrmechanismen, die ihren Kleinmädchen-Teil gegen andere schützen und versuchen, sie im Inneren zu nähren und zu bewahren. Es gibt eine ganze Welt von Beziehungen (inneren Objektbeziehungen), die sie in Anspruch nehmen. Sie erregen das »kleine Mädchen« in ihr, enttäuschen es aber auch. Die Mutter lebt im Inneren weiter und stellt sich abwechselnd als Gebende und als Vorenthaltende dar. Sie ist immer noch sehr mächtig und wird immer noch sehr gebraucht. Im Inneren versucht das »kleine Mädchen« die tiefe Überzeugung zu erschüttern, daß es, wenn es sich zeigt, von denen, zu denen die betreffende Tochter Beziehungen hat, weiterhin abgelehnt und nicht geliebt wird. In ihrer eigenen Welt versucht sie, die Geschichte umzuschreiben, aber immer wieder werden ihre früheren schmerzlichen Erfahrungen aufs neue bekräftigt. Deshalb errichtet der Kleinmädchen-Teil Grenzen; der Teil der Persönlichkeit, der bedürftig, ängstlich ist, wird mit einer Schranke, einer Festung umgeben. Er kann keine Botschaften aussenden, und andere können die Abwehr nicht durchdringen. Niemand kann hereinkommen und dem »kleinen Mädchen« wehtun, und es kann nicht hinaus und andere verletzen oder sich selbst demütigen, indem es seine Bedürfnisse zeigt.

Giselle ist eine Frau von 36 Jahren mit einem neunjährigen Sohn. Seit dem Alter von 23 Jahren hat man Giselle schon dreimal in die Nervenklinik gesteckt. Damals war ihre emotionale Not so groß, daß sie unfähig schien, ihren Alltag zu meistern. Im Verlauf von Giselles Therapie verstanden wir allmählich, warum sie sich zu den Zeiten ihres Lebens, in denen sie unter großem Druck stand und emotional sehr aufgewühlt war, fast völlig in sich zurückzog. Sie konnte ihre Gefühle nicht bewältigen, und sie hatte das Gefühl, es sei niemand da, der ihr dabei helfen könnte. Giselle war ein Einzelkind. Der Vater hatte ihre Mutter verlassen, als Giselle sechs Monate alt war. Giselles Mutter arbeitete und verdiente den Lebensunterhalt für sich und das Kind; zugleich gelang es ihr sogar, für sich ein Privatleben aufzubauen und sich gelegentlich mit Männern zu verabreden.

Giselle hatte die Erfahrung gemacht, daß sie schon von frühester Zeit an still mit ihren Gefühlen fertigwerden mußte. Sie klammerte sich an ihre Mutter als die einzige Bezugsperson und »starb vor Angst«, wenn ihre Mutter wütend oder ärgerlich auf sie war. Giselle wurde dafür gelobt, daß sie ein hübsches und ein braves kleines Mädchen war. Es war fast so, als seien sie und ihre Mutter Freundinnen und Wohngenossinnen und nicht eine Mutter und die von ihr abhängige Tochter. Giselles inneres »kleines Mädchen« wurde so hinter ihrer schützenden Abwehr verbarrikadiert, daß es selten in irgendeiner Form ans Licht kam.

Nach mehreren Jahren der Therapie hatte Giselle einen Traum, in dem sie auf einer kleinen Insel war und aus dem Fenster eines soliden schloßartigen Ziegelgebäudes herauswinkte. Dieser Traum stellte einen Wendepunkt in Giselles Therapie dar, denn ihr inneres »kleines Mädchen« flehte verzweifelt, man möge es sehen und retten. Giselle konnte nun erkennen, daß ihre Mutter sich bemüht hatte, ihre Tochter wirtschaftlich zu unterhalten, ihr aber kein ausreichendes emotionales Unterstützungssystem liefern konnte. Das ist oft sogar bei wirtschaftlich stabilen Familien der Fall.

Die Mutter ermuntert die Tochter, nach einem Mann Ausschau zu halten, um mit ihm eine Gefühlsbeziehung einzugehen. Sie lehrt die Tochter, ihre Energien auf Männer zu richten; als Erwachsene müsse sie sich auf einen Mann verlassen. Zugleich läßt sie aber etwas anderes durchblicken, nämlich eine Botschaft der Enttäuschung und Frustration. Sie vermittelt der Tochter den Eindruck, in Wirklichkeit dürfe sie nicht erwarten, ein Mann werde für sie einstehen oder sie verstehen. Mütter lassen ihre Töchter häufig offen oder versteckt wissen, daß Männer eine Enttäuschung sind. Die Mutter läßt Geringschätzung und Verachtung für Männer erkennen. Was die Mutter als Möglichkeit für die Tochter hinstellt, hat also einen Beiklang von Ambivalenz. Sie übermittelt der Tochter sowohl die Möglichkeiten als auch die Unmöglichkeiten der emotionalen Bindung an einen Mann.

Lorraine war immer wieder verblüfft von dem Interesse ihrer Mutter am beruflichen Status der Männer, mit denen sie ausging. Einerseits schien sich die Mutter brennend für Lorraines Beziehungen zu interessieren, andererseits fühlte sich Lorraine immer irgendwie unbehaglich, wenn sie mit ihrer Mutter über ihre Freunde gesprochen hatte. Es wurde ihr klar, daß ihre Mutter gar nicht wissen wollte, was Lorraine von der Persönlichkeit des Mannes hielt, mit dem sie zusammen war. Sie sprach niemals in einer Weise über Männer, die etwas mit emotionalem Austausch oder Gefühlen zu tun hatte. Bewußt empfand Lorraine, daß von ihrer Mutter ein Druck ausging, sie solle den Richtigen finden und einen Hausstand gründen, aber auf einer anderen Ebene hatte sie das Gefühl, ihre Mutter lehne Männer völlig ab; sie halte Männer nicht für Menschen, die zu Beziehungen oder Gefühlen fähig sind. Lorraine begriff allmählich, daß ihre Mutter Männer hauptsächlich als Brotverdiener sah, das war alles. Bewußt drängte die Mutter die Tochter, sich mit einem Mann zusammenzutun, aber unbewußt übermittelte sie ihr zugleich die Botschaft, sie solle von einem Mann nichts erwarten als ein Haus und Kinder.

Auch wenn die Tochter anfängt, sich für Männer zu interessieren, sehnt sie sich immer noch nach der Unterstützung und Fürsorge der Mutter. Als Mädchen und als Frauen leben Menschen weiblichen Geschlechts mit der Erfahrung, diese Seiten der mütterlichen Zuwendung verloren zu haben. Diese Zuwendung wird niemals ersetzt. Frauen hoffen, die Männer würden sie bemuttern, aber ihr Verlust wird nicht ausgeglichen. Diese Bedürfnisse nach liebevoller Zuwendung nehmen nicht ab, weil

50

etwas verloren ist. Dieser Verlust, der der Tochter unendlich viel Schmerz, Verwirrung, Enttäuschung und Wut verursacht, wird sowohl in der Kultur allgemein als auch im Unbewußten des kleinen Mädchens vergraben und verleugnet.

Wir haben schon erwähnt, daß Säuglinge, die genug Kontakt hatten, um ihre Betreuerinnen zu verinnerlichen, ein Gefühl der Geborgenheit in sich selbst bekommen. Beim heranwachsenden Mädchen, das sich immer noch nach Bestätigung durch die Mutter sehnt, kann die psychische Ablösung und Individuation nur teilweise erfolgen. Die Erfahrung des anfänglichen Kontakts mit der Mutter bedeutet, daß in dem Mädchen Gefühle der Benachteiligung, der Wertlosigkeit und des Abgelehntwerdens übrigbleiben. Es braucht seine Mutter immer noch dringend, und es fällt ihm schwer, neuen Erlebnissen gegenüber eindeutig aufgeschlossen zu sein oder darauf zu vertrauen, daß andere seinen Bedürfnissen und Wünschen gegenüber aufgeschlossen sein werden. Es versucht, auf andere zuzugehen, um sich selber zum Ausdruck zu bringen, fühlt sich aber im gleichen Augenblick nervös, unloyal und verlassen. Dies ist ein vorzügliches Beispiel dafür, wie sich die soziale Forderung, Frauen sollten an andere gebunden und keine selbständigen, vollständigen Menschen sein, in der Entwicklung der weiblichen Psyche widerspiegelt.

Ablösungsversuche finden in einer Atmosphäre der Opposition und der Angst statt. Es gibt kein Gefühl der Stärke und Ganzheit, das die Welt aufregend erscheinen ließe, statt dessen ist die Welt draußen verlockend und erschreckend. In mancher Hinsicht spiegelt sie Aspekte der quälenden inneren Welt der Realität des Kindes wider. Die Mutter ist immer noch ein Brennpunkt; manche Versuche der Loslösung fördert, ja, forciert sie, andere vereitelt sie. Da der Kleinmädchen-Teil der psychischen Struktur des Mädchens abgespalten worden ist, bleiben ihm weiterhin die Nahrung und der Kontakt vorenthalten, die er zur Reifung bräuchte. Das Mädchen möchte einerseits gern wieder mit der Mutter verschmelzen, umarmt und versorgt werden, fürchtet sich aber zugleich davor. Die Inkonsequenz der Beziehungsaufnahme drängt es jedoch zur Trennung, wobei zwischen ihm und dem »kleinen Mädchen« im Inneren Grenzen errichtet werden. Es sind in gewissem Sinn falsche Grenzen; sie stammen nicht von einer integrierten Ich-Struktur, die klar zwischen dem Mädchen und der Außenwelt unterscheiden könnte; es sind vielmehr innere Grenzen, die einen Teil seiner selbst von einem anderen trennen und das innere »kleine Mädchen« von der Außenwelt abschließen. Zugleich ist das Selbstgefühl der Tochter mit dem Gefühl verschmolzen, das sie von der Mutter hat. Bei ihren Ablösungsversuchen weiß sie möglicherweise nicht, wer sie selber ist. Bei dem Versuch, ein eigener Mensch zu sein, weiß sie nicht, wo sie anfängt, und wo die Mutter endet. Ihr Selbstgefühl als einzigartiges, abgetrenntes und anderes Wesen ist mit einem Gefühl der Mutter verflochten. Es gibt eine gemeinsame Rolle, eine gemeinsame Lebensvorschrift, eine gemeinsame psychische Einstellung.

Die Versuche der Tochter, sich abzulösen, sind also etwas unklar und verschränken sich mit der Ambivalenz der Mutter. Während die Tochter versucht, sich von der Mutter zu trennen, muß die Mutter ihrerseits gerade genug loslassen. Sie muß der Tochter erlauben, die Grenzen ihrer neuen Identität von einer ungefährdeten und sicheren Basis aus zu erkunden. Dieses Bekanntgeben und Setzen von Grenzen, die Tochter und Mutter aushandeln, erfordert von der Mutter enorme emotionale und psychische Umstellungen. Schon sehr früh kann die Mutter eine Spannung zwischen der völligen Abhängigkeit und Hilflosigkeit der Tochter, die bestätigt, wie wesentlich sie ist, und ihrem eigenen Wunsch spüren, das Kind solle ein eigener Mensch sein. Die Mutter kann beruhigt sein, weil sie gebraucht wird, zugleich aber ihren eigenen Verlust der Unabhängigkeit grollend und bedauernd empfinden. Wenn sie vor der Geburt des Kindes gearbeitet hat und das auch wieder vorhat, muß sie sich nicht mehr auf den Beruf, sondern auf die Kinderpflege konzentrieren, sich aber dann psychisch und emotional aus ihrem Aufgehen in der Welt des Säuglings wieder zurücknehmen und sich wieder der Außenwelt und ihrer anderen Arbeit zuwenden.[3]

Zwischen Mutter und Baby findet ein zartes Wegschieben und wieder Heranziehen statt, während beide versuchen, sich voneinander zu lösen. Der Wunsch der Mutter, die Tochter nahe bei sich zu halten, spiegelt wiederum ihre eigene psychische Einstellung und ihre soziale Erfahrung. Wenn die Mutter durch ihr Kind gelebt, durch die Mutterschaft ihre Identität gefunden hat, wird es ihr vielleicht sehr schwerfallen zuzulassen, daß die Tochter sich ablöst. Sie muß vielleicht die Tochter nahe bei sich halten, um sich dieses Selbstgefühl zu bewahren. Dieses psychische Bedürfnis der Mutter kann vorliegen, ob sie berufstätig war oder nicht. Die Unabhängigkeitsbestrebungen der Tochter vermindern das Gefühl der Mutter, gebraucht zu werden, und ihr Gefühl davon, wer sie ist, mag in Gefahr geraten. Ein Kind zu haben, hat ihr Leben erfüllt. Da sie dazu erzogen worden ist, ihre Hauptrolle in der Mutterschaft zu sehen, fühlt sie sich vielleicht leer, deprimiert, selbstunsicher und verliert ihre Zielstrebigkeit, wenn ihr Kind sich von ihr löst. Sie klammert sich vielleicht an ihre Tochter, weil sie selbst unfähig war, sich psychisch von ihrer Mutter zu lösen. Sie hat vielleicht schon in der Phase der Trennung und Individuation das Gefühl, ihr Kind zu »verlieren«, in einem Vorgefühl späterer Trennungen (Kindergarten, Schule, Jugendalter), das sie aufschreckt und schmerzt. Bei einer Tochter klammert sich die Mutter an die Hoffnung, sie könne durch die zukünftigen Erlebnisse der Tochter ihr Leben leben; sie hofft, die Tochter werde sie nicht verlassen.

Da die psychische Entwicklung der Mutter ähnlich war wie die der Tochter, und weil die Mutter selber kein solides Erlebnis der Ablösung gehabt hat, nicht erlebt hat, daß sie sie selbst ist, hat auch sie falsche Grenzen. Die Absetzbewegung der Tochter bringt auf der Ebene der psychischen Struktur einen Verlust mit sich, da die Mutter versucht hat, sich in ihrer Bindung an die und Verschmelzung mit der Tochter selbst zu vollenden. Diese Verschmelzung verwischt die Unterschiede zwischen ihnen. Die Entwicklung der Tochter ist unvermeidlich, und die Mutter spürt einen Verlust, ist aber zugleich stolz auf die zunehmende Selbständigkeit der Tochter. Wenn sich ein Kind diesem Stadium

nähert, stellen Frauen oft fest, daß sie wieder ein Kind möchten.
»Ich meinte, ich wollte nur ein Kind. Ich hatte nie vor, mehr
Kinder zu bekommen, aber als Jenny zwei wurde, fing ich an,
davon zu träumen, noch ein Kind zu bekommen, und jeden Tag
daran zu denken. Irgendwie vergaß ich, was ich früher darüber
gedacht hatte, wieviel Kinder ich wollte. Das war nicht auf einer
rationalen Denkebene. Ich habe einfach ganz stark gefühlt, daß
ich noch ein Kind wollte.« Die unbewußten Verlustgefühle der
Mutter, wenn ihre Tochter versucht, sich abzulösen, verstärken
fortwährend die schon teilweise gelöste Verbindung zwischen
ihnen. Während die Mutter die Tochter an sich zieht, damit sie ihr
nahe bleibt, während sie ihr zeigt, welche Form das Leben eines
Mädchens haben wird, bringt sie ihr eine wesentliche weibliche
Fertigkeit bei. Sie lehrt sie, für andere zu sorgen. Die Tochter
versteckt ihren Kleinmädchen-Teil und wird äußerst empfindlich
für Bedürftigkeit bei anderen. Sie entwickelt Antennen, die die
Bedürfnisse anderer spüren; *sie lernt, zu geben, was andere
brauchen; sie beginnt, aus der Quelle ihrer eigenen unerfüllten
Bedürfnisse heraus, anderen etwas zu geben.*
Hier sehen wir wieder die Reproduktion einer weiblichen psychischen Ausstattung. Genau wie die Mutter Antennen hat, um auf
die Bedürfnisse anderer einzugehen und sie vorauszuahnen, und
genauso, wie sich die Mutter mit den Sehnsüchten und Bedürfnissen anderer identifiziert, so verkörpert bald auch die Tochter
diese Fähigkeit, zu geben. Wie die Mutter möchte auch sie,
jemand solle auf ihre Bedürfnisse reagieren. Die Gebefähigkeit
beginnt schon sehr früh in ihrem Leben und wird zu einem
wichtigen Teil ihrer Identität und ihres Selbstbildes.
Während die Mutter der Tochter vermittelt, wie wichtig es ist, für
andere zu sorgen, trägt sie ihre *eigenen* unbefriedigten Bedürfnisse in die Beziehung hinein. In jeder Mutter lebt ein hungriges,
bedürftiges, benachteiligtes und wütendes »kleines Mädchen«.
Sie sucht bei ihrer Tochter Zuwendung. Sie erwartet von ihr, sie
solle den Verlust der mütterlichen Zuwendung, den sie erlitten
hat, wiedergutmachen und ihre andauernde Sehnsucht stillen.
Die psychische Bindung und das Fehlen der Ablösung zwischen

Müttern und Töchtern und umgekehrt pflanzt sich generationenlang fort. Die Tochter wird in einen Zyklus hineingezogen, der zur Erfahrung jeder Frau gehört; sie versucht, für die Mutter zu sorgen. Wenn die Tochter ihre Rolle der Nährerin lernt, *ist die Mutter ihr erstes Kind*.

An ihre Söhne stellen die Mütter nicht dieselben Ansprüche. Ein wesentlicher Bestandteil der Erfahrungen einer Mutter mit ihrem Sohn ist von seiner frühen Kindheit an, daß sie weiß und akzeptiert: Er wird ein eigenständiger Mensch werden; er wird ein Mann werden, in die Welt hinausgehen und sich einer eigenen Familie verpflichten.

Die Erwartungen der Mutter für das Leben der Tochter sind anders. Sie erwartet zwar, daß die Tochter eine Familie haben wird, aber diese erlebt sie als eine Erweiterung ihrer eigenen Familie. Ob eine Frau, nachdem ihre Kinder erwachsen geworden sind, noch mit ihrem Mann zusammenlebt oder nicht – immer sehen wir dieses Phänomen, daß Töchter für die Versorgung der Mütter und als ihre Gesellschafterinnen verfügbar und verantwortlich sind, wir sehen sogar, daß Schwiegertöchter diese Verantwortung übernehmen. Zwar ärgert sich eine erwachsene Tochter vielleicht über diese Verantwortung, aber zugleich begreift sie bewußt und unbewußt die Bedürfnisse, die Einsamkeit, den Kummer und die Verzweiflung ihrer Mutter. Die soziale Stellung der Frauen, die sie oft zwingt, ihre Einsamkeit und ihren Schmerz zu verbergen, sogar vor sich selbst, ist in der Mutter-Tochter-Beziehung ein starker Klebstoff. Mütter und Töchter sind durch viele gemeinsame Gefühle aneinander gebunden und gefesselt.

Genau wie die Mutter ihrer Tochter viele Botschaften darüber vermittelt, wer sie einmal als Frau sein wird, so vermittelt sie ihr auch, was ihre Sexualität einmal sein kann. Die Empfindungen der Mutter im Hinblick auf ihren Körper und ihre Sexualität sind entscheidend; sie haben großen Einfluß darauf, wie die Tochter einmal im Hinblick auf ihren eigenen Körper empfinden wird.

Nancy Friday schreibt:

Als wir anfingen, gehen zu lernen, unterstützte uns Mutter dabei, und ihr Vertrauen in unseren Erfolg ermutigte uns, weitere Versuche zu wagen. Als die Sexualität ins Spiel kam, wurden Mutters Gefühle uns ebenfalls vermittelt; diesmal lernten wir von ihr Angst und Versagen.[4]

Die komplexen kulturellen Einstellungen zum weiblichen Körper – er sei sexuell, häßlich, geheimnisvoll, ungewöhnlich, dunkel, blutig und übelriechend – schlagen sich im Selbstgefühl jeder Frau nieder. Der weibliche Körper wird sowohl herabgesetzt als auch vergöttert; er ist so mächtig, daß Männer sich seinetwegen zerstören oder für ihn sterben. Der weibliche Körper und die weibliche Sexualität werden für männliche Sexualität und männliche Aggression verantwortlich gemacht (ein extremes Beispiel dafür ist der Mythos, daß die Frau schuld sei, wenn ein Mann sie vergewaltigt). Die Frauen treten also in die Beziehung zu ihren Töchtern zumindest mit Besorgnis in bezug auf den weiblichen Körper und die Macht der weiblichen Sexualität ein.

Bei der Weitergabe der weiblichen Sexualität von einer Generation zur anderen sind es die Mütter, die damit anfangen, die Sexualität der Tochter zu gestalten. Aber die Sexualität der Mutter hat sich unter bestimmten Einschränkungen entwickelt. Das bedeutet, daß Mütter sich oft in ihrem Körper nicht wohlfühlen oder meinen, sie müßten ihre sexuellen Wünsche und Bedürfnisse verbergen. Selten bekommen wir von einer Frau zu hören, daß Sexualität zu Hause offen akzeptiert wurde, daß die Sexualität der Eltern sichtbar war, daß Mutter (oder Vater) das Mädchen auf positive und erregende Weise über die Veränderungen aufgeklärt hatte, die ihr Körper durchmachen würde, daß ihr Körper ein Frauenkörper werden und daß das eine wonnevolle, stolz machende Veränderung sein würde. Wir hören statt dessen Erinnerungen an Scham, Verlegenheit, Angst, an die Ablehnung der Brüste als zu groß oder zu klein, Abneigung gegen Schamhaare, breite Hüften und ein rundes Gesäß. Außerdem erinnern sich Frauen aus der Adoleszenz an Ermahnungen zu Vorsicht und Einschränkung. Weibliche Sexualität scheint gefährlich zu sein; sie ist unbekannt, von ihr wird nicht gesprochen. Man muß sie haben, um eine erwachsene Frau zu werden, aber man muß sie verstecken. Viele junge Mädchen und junge Frauen lernen, sich vor ihrer eigenen Sexualität zu fürchten und ihren eigenen Körper abzulehnen.

Viele Töchter nehmen ihre Mütter als nicht-sexuell wahr und wissen, daß sie ihnen darin nicht gleichen möchten. Die Tochter merkt vielleicht schon sehr früh, daß sie nicht wie ihre Mutter sein möchte – sie will eine andere Art Frau sein. Vielleicht möchte sie »sexy« sein wie die Filmschauspielerin oder die Dame beim Friseur – im Gegensatz zu ihrer Mutter. Sie schämt sich vielleicht dessen, wie ihre Mutter sich kleidet, oder ihr Benehmen ist ihr peinlich. Ob die Mutter ihre Sexualität durch die Kleidung oder durch ihre Körperlichkeit mitteilt oder sie versteckt, es macht einen Eindruck auf die Tochter. Diese vergleicht sich und ihre Sexualität vielleicht mit der Mutter, wenn sie versucht, ihre eigene unabhängige Sexualität zu finden.

Wenn die Sexualität der jungen Frau in der Adoleszenz ausbricht, fühlt sie sich getrieben, Freiheit und Unabhängigkeit von ihrer Familie anzustreben. Ihr neuer sexueller Körper bedeutet, daß sie sich sowohl mit ihrer Fortpflanzungsfähigkeit als auch mit ihren erotischen Fähigkeiten konfrontiert sieht. Das ist eine schmerzliche Zeit für ein Mädchen, denn es empfindet schon ein ganz starkes Unbehagen wegen seiner Sexualität, und es weiß, daß das soziale Erbe der Frauen es ihm nicht ermöglicht, seine neuen Freiheitswünsche in die Tat umzusetzen.

Der Faden der Sexualität ist für Frauen verflochten mit den Problemen der Ablösung und Verschmelzung, wenn auch die Bedeutung nicht immer gleichgerichtet ist. Eine sexuelle Verbindung mit einem anderen Menschen deckt den Versuch der Frau auf, sich von der Mutter zu trennen. Aber die Sexualität ist eingebunden in Ehe und Familie. Die körperliche Bindung an einen anderen Menschen ist ein Symbol für die Beziehung der Frau außerhalb der Familie, aber diese neue Beziehung wirft ein Schlaglicht darauf, wie komplex für die Frau Trennung und Bindung sind. In vielen Teilen der Gesellschaft diktiert das Gesetz der Kultur immer noch, daß eine Frau ihre Familie nur verlassen kann, um eine andere Familie zu gründen. Selbst wenn sie nicht bei ihren Eltern wohnt, verläßt sie das Elternhaus nur, um in den Hausstand ihres Mannes zu ziehen. Im Patriarchat wird die Tochter vom Vater an den Ehemann weitergegeben – wie es in der Hochzeitszeremonie rituell festgelegt ist, wo die Braut vom Vater »weggegeben« wird. Aber oft weint daneben die Mutter, erfüllt von dem Gefühl, die Tochter verloren zu haben. Das Paradoxon liegt in dem ersehnten Erfolg der zweideutigen Botschaft der Mutter. Einerseits hat sie die Tochter gelehrt, auf einen Mann zuzugehen; andererseits bringt diese Möglichkeit der Mutter großen Schmerz, denn sie verliert ihre Tochter. (Auch wird vielleicht bei der Mutter die Erinnerung unbewußt wieder wachgerufen, wie es war, als sie ihre Mutter verlassen hat.) Die Heirat hebt das kulturelle Verbot der Unmöglichkeit der – psychischen und sozialen – Trennung für Frauen hervor. Sie muß das Elternhaus verlassen und kann es doch nicht. Die Frau steht am psychischen Scheideweg.

Die Persönlichkeit der Tochter wird in ihrer Beziehung zur Mutter geformt, einer Beziehung, die schwer beladen ist mit Sehnsucht, Identifizierung, Enttäuschung, Verrat, Wut und Schuldgefühlen. Während die Mütter ihren Töchtern die Kenntnis übermitteln, wie man in der Struktur, in der sie und alle Frauen leben, überleben kann, binden sie sie mit den Ketten der Weiblichkeit. Die Verflechtung des Lebens einer Tochter mit dem ihrer Mutter bedeutet, daß ihnen komplexe und machtvolle Gefühle der Liebe, Bedürftigkeit, Unsicherheit, geringer Selbstachtung und Identifikation gemeinsam sind. Viele Frauen fühlen sich nie frei von ihren Müttern. Sie sind keine eigenständigen Menschen; man erlebt sie als die Mutter, die in ihnen lebt, beurteilt, bindet, in Versuchung führt und enttäuscht. Zugleich empfinden Mütter und Töchter oft den Schmerz, nicht ehrlich mitteilen, nicht direkt zeigen zu können, wer sie sind. Adrienne Rich formuliert das so:

Die Mutter steht für das Opfer in uns selbst, die unfreie Frau, die Märtyrerin. Unsere persönlichen Eigenarten scheinen auf gefährliche Weise mit denen unserer Mütter zu verschwimmen und teilweise zusammenzufallen.[5]

Die Folge dieser quälenden Identifikation ist, daß wir so tun, als
hätte die Mutter nichts mit uns zu tun:

> Matrophobie kann als weibliche Selbstspaltung gesehen werden, in dem
> drängenden Wunsch, ein für allemal von der Knechtschaft unserer
> Mütter befreit und ein Individuum zu werden . . . In einem verzweifelten
> Versuch, herauszufinden, wo die Mutter aufhört und die Tochter
> beginnt, führen wir radikale chirurgische Eingriffe aus.[6]

Obwohl die Erfahrungen jeder Frau in ihren Nuancen und Einzelheiten verschieden sind, obwohl jede in die Mutterschaft etwas
anderes einbringt und obwohl die Besonderheiten jeder Mutter-
Tochter-Beziehung einzigartig sind, werden diese beiden ent-
scheidenen Determinanten – die Gefühle der Mutter im Hinblick
auf sich selber und ihre Identifikation mit der Tochter – in allen
Mutter-Tochter-Beziehungen reproduziert. Sie sind die Schlüs-
selmerkmale bei der Entwicklung einer weiblichen Psyche.

Wie wir schon gesehen haben, ist die Gegenwart des Vaters im
Leben eines Mädchens ganz anders als die der Mutter. Das hat
seine Wirkung auf die sich entwickelnde Psyche. In einer tradito-
nellen Familie lernt das kleine Mädchen, daß der Vater für das
Überleben der Familie sehr wichtig ist und daß sein tägliches
Fortgehen den Zweck hat, der Familie wirtschaftliche Sicherheit
zu verschaffen. Die Tochter lernt, daß sie sich auf eine bestimmte
Weise auf ihn verlassen muß. Sie sieht die Vielschichtigkeit der
Beziehung zwischen Mutter und Vater. Sie erkennt, daß die
Mutter sich dem Vater unterordnet und von ihm abhängig ist, und
sie erkennt auch, daß der Vater in vieler Hinsicht von der Mutter
abhängig ist. Sein Alltagsleben ist ein Ausdruck dessen, daß er
zum Überleben eine Frau braucht. Seine Abhängigkeitsbedürfnisse werden zu Hause unausgesprochen auf emotionale und
körperliche Weise erfüllt.
Das Mädchen fühlt sich vielleicht ausgeschlossen und wegge-
schoben, wenn der Vater da ist. Es hat vielleicht das Gefühl, die
Mutter nicht auf dieselbe Weise halten zu können. Es mag
eifersüchtig sein, weil die Mutter einer anderen Person zur
Verfügung steht. Es lernt, daß die Eltern ein Paar sind. Vom

Säuglingsalter an waren Tochter und Mutter ein Paar; während die Tochter heranwächst, verschiebt sich ihr Weltbild, und sie sieht sich dem Paar Mutter-Vater gegenüber. Sie nimmt in sich auf, wie wichtig ein Mann im Leben einer Frau ist. Das kleine Mädchen sieht, daß die Mutter einen Partner hat. Ob die Ehe befriedigend und kooperativ ist oder nicht – es erkennt, wie intensiv die Beziehung seiner Eltern ist.

Die Saat für die eigene zukünftige Aufnahme einer Beziehung zu einem Mann geht bei dem kleinen Mädchen auf. Es beobachtet die Mutter und folgt ihr nach. Es lernt, zum Vater auf besondere Weise in Beziehung zu treten; es lernt, daß ein wichtiger Teil ihrer Beziehung darin liegt, ihm zu gefallen. Es wird ermuntert, seine primäre Abhängigkeit von der Mutter auf den Vater zu übertragen – auf die Verkörperung aller zukünftigen männlichen Wesen; es muß lernen, in einer heterosexuellen Welt eine Frau zu werden. Weil die Mutter dies weiß und sich darüber klar ist, daß sie der Tochter helfen muß, ihre Liebes- und Abhängigkeitsbedürfnisse von der Mutter auf den Vater zu übertragen, entsteht in der Beziehung zwischen Mutter und Tochter eine Spannung, die sich in der Dynamik von Abstoßung und Anziehung ausdrückt.

Die Tochter wird ermutigt, ihren Vater auf verschiedene Arten zu betrachten. Er ist das Verbindungsglied zur Welt außerhalb der Familie, und die Tochter muß ihn als Zugang zu jener Welt benützen. Er ist sicherer und selbstsicherer; so kann sich die Tochter vorstellen, daß er sie beschützen wird. Sie kann sich aber nicht völlig mit ihm identifizieren, weil er eine andere Geschlechtsidentität hat. Der Vater ermutigt die Tochter, ihn und anwesende männliche Wesen zu bezaubern, seine Aufmerksamkeit auf besondere, »weibliche« Art zu erregen und zu erhalten, wie sie es später einmal wird tun müssen. Sie lernt, daß sie nicht versuchen darf, Entschlüsse zu fassen, die seine Autorität in Frage stellen könnten, daß sie nicht zuviel Selbstständigkeit und Energie zeigen darf.

Sehr wenige kleine Mädchen haben in der allerersten Zeit ihrer psychischen Entwicklung viel Kontakt zu ihren Vätern. Der

Vater spielt zwar eine enorm wichtige Rolle, aber er baut auf die Ich-Entwicklung, die zwischen Mutter und Tochter stattfindet. Der Vater ist ein weiterer Mensch, mit dem sich die Tochter identifizieren kann, wenn sie im Prozeß der Trennung und Individuation steckt. Wenn sie versucht, sich von der Mutter dadurch zu unterscheiden, daß sie anders ist, kann sie auf den Vater blicken und versuchen, ihn nachzuahmen. Man findet bei Töchtern oft Aspekte der Persönlichkeit des Vaters. Die Tochter mag versuchen, die Eigenschaften des Vaters zu verkörpern, die sie an ihm bewundert, zum Beispiel, daß er ausgeht, humorvoll ist, gut Geschichten erzählen kann.[7]

Die Facetten der Beziehung des Vaters zu seiner Tochter sind vielseitig. Er ist gegenüber der körperlichen Erfahrung der Schwangerschaft, der Geburt und des Stillens ein Außenstehender. Er fühlt sich vielleicht von der Mutter-Kind-Beziehung ausgeschlossen; er fühlt sich vielleicht unzulänglich in dieser Hinsicht. Möglicherweise schätzt er wirklich die Sinnlichkeit und Zärtlichkeit, die sie in sein Leben bringt, und vielleicht möchte er sehr gern so vollständig an ihr teilnehmen, wie er nur kann, aber er wird wohl etwas im Ungewissen sein, welches hier sein Platz ist. Weil er nicht aufs »Bemuttern« vorbereitet ist, hat er vielleicht das Gefühl, er könne nicht recht zu dem Baby in Beziehung treten (das kann natürlich unbewußt bleiben). Zu seiner eigenen Unsicherheit und Unerfahrenheit mag noch die Sorge der Mutter hinzukommen, wie der Vater wohl bemuttern können solle. In ihrer Besorgnis über seine Unerfahrenheit kann die Mutter unabsichtlich sein Selbstvertrauen untergraben. Seine Gefühle darüber, eine Tochter oder einen Sohn zu haben, beeinflussen unweigerlich seine Beziehung zu einem neugeborenen Kind. Besonders bei einer Tochter mag er im Ungewissen sein, wer sie ist, was er mit ihr anfangen soll, wie er zu ihr in Beziehung treten soll. Bei einem Jungen kann er auf seine eigenen Erfahrungen aus der Kinderzeit und mit der Männlichkeit zurückgreifen, was ihm dabei hilft, eine Beziehung aufzubauen.

Der Vater fühlt sich vielleicht von dem Paar Mutter-Säugling ausgeschlossen und ist vielleicht eifersüchtig. Die Beziehung zu seiner Partnerin hat sich durch den Eintritt eines Dritten verändert. Seine Partnerin steht ihm nicht mehr auf dieselbe Weise zur Verfügung wie vorher. Wenn das Kind ein Mädchen ist, kann sich sein Gefühl, in dem Dreieck der »Außenseiter« zu sein, verstärken. Zugleich ruft die Nähe zwischen Mutter und Säugling vielleicht sein eigenes Erleben des Säuglingsalters, als er einer Frau sehr nahe war, wieder in ihm wach.

In unserer Praxis berichten viele Frauen, sie hätten keinen echten Kontakt zu ihren Vätern. Sie fragen sich, wo der Vater seinen Platz in ihrem Leben hat. Wir stellen oft fest, daß die Beziehung der Tochter zum Vater nicht aufrichtig war, daß sie Schranken und Hemmungen erlebt hat. Die Mutter lebt in der Vater-Tochter-Beziehung mit. Die liebevolle Zuwendung des Vaters zur Tochter kann Reibungen hervorrufen, weil die Mutter sowohl eifersüchtig auf die Aufmerksamkeit ist, die er der Tochter zuwendet, als auch wütend wird, weil sie empfindet, in ihrem Leben fehle etwas. Sie hat vielleicht das Gefühl, der Vater erweise der Tochter auf eine Weise zarte, fürsorgliche Zuneigung, die er ihr gegenüber nicht aufbringt. Das bedürftige »kleine Mädchen« im Inneren der Mutter sehnt sich genau nach dieser Art von Aufmerksamkeit, deshalb kann es schmerzlich sein, sie zwischen ihrem Partner und ihrer gemeinsamen Tochter zu erleben. Mütter unterbrechen möglicherweise, ohne es zu merken, diesen liebevollen Kontakt zwischen Vater und Tochter.

Außerdem kann, weil der Vater (im Gegensatz zur Mutter) jeden Tag so wenig Zeit mit der Tochter zubringt, seine Verfügbarkeit für seine Tochter in diesen Augenblicken bei der Mutter Mißfallen erregen. Sie sieht, in welches Entzücken die Aufmerksamkeit des Vaters die Tochter versetzt und hat vielleicht das Gefühl, daß alles, was sie gibt, für selbstverständlich gehalten oder gar verleugnet wird.

Diese Dynamik des Dreiecks von Mutter, Vater und Tochter gehört zur psychischen Entwicklung des Mädchens. Die Beziehung der Tochter zum Vater ist unentwickelt. Weil sie so an ihrer

Mutter hängt und weil ihre Antennen so stark entwickelt sind, ahnt die Tochter die Gefühle der Mutter im Hinblick auf ihre Beziehung zum Vater, einschließlich aller Ambivalenzen. Die Tochter muß vielleicht den Kontakt zu ihm verstecken oder seinetwegen Schuldgefühle haben. Lee erkannte: »Jedesmal, wenn ich meine Eltern anrief, redete ich hauptsächlich mit meiner Mutter. Wenn meine Mutter am Apparat war, redete ich nicht einmal mit meinem Vater. Ich sagte meiner Mutter einfach, sie solle ihn grüßen. Wenn mein Vater am Telefon war, redeten wir zehn Sekunden sehr oberflächlich miteinander, dann pflegte meine Mutter zu kommen. Als ich dies merkte, versuchte ich, länger mit meinem Vater zu sprechen, da nahm meine Mutter dann tatsächlich den zweiten Hörer.«

Eine weitere Dynamik, die wir beständig in unserer Praxis zu sehen bekamen, ist die des Bündnisses zwischen Mutter und Tochter in bezug auf die Unzulänglichkeiten des Vaters. Frauen bringen oft Verachtung und Geringschätzung für ihre Väter zum Ausdruck. Die Tochter findet sich in die Wut der Mutter auf den Vater mit hineingezogen. Oft ist es sogar die Tochter, die die Wut der Mutter stärker empfindet. Frauen berichten, sie hätten ihre Väter als schwach angesehen, weil diese der Mutter gegenüber nicht ihren Standpunkt vertreten hätten. »Er war nicht stark genug, Mutters Quertreibereien ein Ende zu setzen.« – »Er hat nicht für eine Beziehung zu seiner Tochter gekämpft.« Auch hier haben Tochter und Mutter eine Erfahrung gemeinsam. Sie sind beide vom Vater enttäuscht. Sie empfinden beide Wut und Geringschätzung. Mütter und Töchter verstärken also ihr unausgesprochenes Bündnis in der Enttäuschung.

Die Stellung des Vaters im emotionalen Familiendreieck ist ein entscheidender Punkt in der Schwierigkeit, die Frauen mit der psychischen Ablösung haben, denn auch die Vater-Tochter-Beziehung gibt keine Möglichkeit für eindeutige Zuwendung. Der Vater steht zwar außerhalb der primär ambivalenten Beziehung zwischen Tochter und Mutter, aber er kann selber keine eindeutige, nicht ambivalente Beziehung anbieten. Die Adoleszenz, die Zeit des Kampfes um Unabhängigkeit, erzeugt also eine

psychische Kluft. Die Mutter führt das Anziehungs- und Absto-
ßungs-System der Zuwendung weiter, während dem Vater eine
Tochter gegenübertritt, die nun ein Sexualwesen ist. Das kann
ihm durchaus Unbehagen bereiten und dazu führen, daß er sich
distanziert und in seiner Zuwendung unbeständig wird. Frauen,
deren Väter vor der Adoleszenz Kontakt zu ihnen hatten und bei
denen diese Kontakt sich während der Adoleszenz drastisch
änderte, bekamen dadurch den Eindruck, ihre Sexualität sei
etwas Gefährliches und Unrechtes und sie würden ihretwegen
bestraft. Das heranwachsende Mädchen befindet sich in einem
emotionalen Sturm und hat keinen beständigen Orientierungs-
punkt.

Die Beziehung zwischen Vater und Tochter ist ein Beispiel für
die Tragödien des patriarchalischen Systems. Die Stellung des
Mannes in der Familie und die Bedeutsamkeit seiner
Geschlechtszugehörigkeit in seiner psychischen Frühentwicklung haben zur Folge, daß Männer einerseits schlecht darauf
vorbereitet sind, emotionale Zuwendung zu geben, und sich
andererseits vor Frauen fürchten.[8] Männer stellen nicht die
emotionale Stabilität zur Verfügung, an die Mädchen sich in
ihren frühen Ablösungskämpfen oder als Erwachsene in heterosexuellen Beziehungen halten könnten.

Der Vater steht also mit einem Mal außerhalb der Mutter-
Tochter-Beziehung und ist der Vertreter der patriarchalischen
Ordnung. Symbolisch repräsentiert er für das Mädchen viele
Dinge, die anders sind als die Welt der Frauen, der Mutter, als die
Welt, in die das Mädchen eintreten soll.

Die psychische Struktur einer Tochter wird also in diesem
Geflecht von Familienbeziehungen auf besondere Weise
geschaffen. Das innere Selbstgefühl ist bei ihr (wie zuvor bei
ihrer Mutter) etwas wackelig, und ihre psychischen Grenzen sind
dehnbar.[9] Sie hat gelernt, jene Teile in ihr selbst, die bedürftig
sind, gern selbständig wären und die Initiative ergreifen würden,
zu begraben, und sie wird merken, daß sie auf mancherlei Weisen
nach der fehlenden Verbindung in ihrem Leben sucht, die ihr die
unzweideutige Zuwendung gibt, welche sie braucht, damit sie

die Entwicklungsaufgaben der Ablösung fortführen kann. Sie wird von Mann und Kindern erwarten, daß sie die Lücken ausfüllen, denn die psychische Verschmolzenheit mit ihrer Mutter hindert sie daran, ein stabiles Selbstgefühl und eine solide Eigenständigkeit zu erringen. Infolgedessen ist sie bestens geeignet für die soziale Rolle, die sie einnehmen wird, wo sie Handlangerin für die Aktivitäten anderer sein, in bezug auf ihre eigenen aber zögern wird. Ihr inneres Gefühl der Wert- und Rechtlosigkeit wird immer wieder bekräftigt – in den sozialen Zwängen der Kindheit und beim Erlernen der Erwachsenenrolle.

Im nächsten Kapitel erforschen wir, wie die verborgenen und »unbekannten« Bestandteile der weiblichen Psyche in einer Therapiesituation zum Vorschein kommen können.

3 Die feministische psychotherapeutische Beziehung

> Wir kennen uns selbst nur insoweit als eigen-
> ständig, wie wir in Verbindung mit anderen
> leben ... wir erleben Beziehungen nur inso-
> weit, wie wir das Andere vom Selbst unter-
> scheiden.
>
> Carol Gilligan[1]

Psychoanalyse und Psychotherapie entwickelten sich im 19.
Jahrhundert als Formen der Behandlung für geistig-seelische
Not, um dem Leidenden zu helfen, sich als jemand zu erleben,
der mehr in der Welt lebte und weniger von emotionalen Nöten
wie Angst, Depression oder hysterischen Symptomen eingeengt
wurde. Freud entwickelte seine Theorien über die geistig-seeli-
schen Vorgänge aus den in seiner klinischen Praxis gesammelten
Daten. Er bediente sich der Technik des freien Assoziierens,
ermutigte seine Analysanden, freimütig zu sprechen und von
ihren Träumen zu erzählen. Vorher verdrängte Gedanken und
Vorstellungen kamen in der analytischen Situation ans Licht. Er
lernte, das ihm vorgelegte unbewußte Material auf bestimmte
Weise zu deuten, und die Gesamtheit dieser Entdeckungen
wurden zu Beweisen für das Bild, das er vom Seelenleben
entwarf.

Auch in der Praxis einer psychoanalytisch orientierten feministischen Therapie wird der Versuch unternommen, die geistig-
seelischen Vorgänge zu verstehen, damit man helfen kann, die
quälenden Symptome zu lindern, die Frauen daran hindern, mit
sich und in sich im Einklang zu sein. Wir sehen jedoch bei
unserer Untersuchung der tieferen Ursachen des Leidens die
Beziehungen zwischen der ganz persönlichen Innenwelt – der
psychischen Realität der einzelnen Frau – und der Außenwelt,

einer patriarchalischen Welt, die sie formt, und in der sie lebt und sich entwickelt. In unserer Therapie versuchen wir, diese Innenwelt zu erhellen und ihren tiefgreifenden Einfluß auf Aspekte des Alltagslebens der Frau offenzulegen. Die therapeutische Beziehung liefert die Mittel, um die Struktur der individuellen Psyche der Frau zu erforschen, die Tätigkeit ihres Unbewußten, ihre Beziehungsschwierigkeiten. Sie erleichtert natürlich auch die gewünschte Veränderung, auf die man sich geeinigt hat.

Ein Großteil der von uns erörterten Theorie der psychischen Entwicklung stammt aus unserer Beobachtung bestimmter Aspekte der therapeutischen Beziehung selbst – so ist ja die psychoanalytische Theorie immer aufgebaut worden, von der Praxis aus. Alle neuen Theorien der psychischen Entwicklung haben dann wiederum zu Veränderungen in der Praxis der psychoanalytischen Therapie geführt. Während sich die Therapie entwickelt, verfeinert sie bestimmte Aspekte der Praxis, und die erprobten Interventionen verfeinern ihrerseits wieder die Theorie. In den folgenden Kapiteln legen wir eine Theorie für die Praxis einer feministisch ausgerichteten psychoanalytischen Therapie vor. Das heißt, wir sehen voraus, daß bestimmte Arten von Problemen im Zentrum der therapeutischen Arbeit und der Form der therapeutischen Beziehung stehen werden. Wir haben beobachtet, daß hier bestimmte Probleme auftauchen, und wir glauben, daß unsere Auffassung von der Strukturierung der Weiblichkeit und besonders von der Bedeutsamkeit der Mutter-Tochter-Beziehung für therapeutische Aufgaben wie Ablösung und Erreichung der Selbständigkeit Folgen hat.

Die Therapiesituation ermöglicht eine einzigartige Beziehung. Im Mittelpunkt steht das subjektive bewußte und unbewußte Erleben der Klientin. In dieser Beziehung werden die winzigsten Einzelheiten und Spuren von Erlebnissen erforscht und untersucht. Zur Therapie gehört eine sorgfältige Beachtung von Nuancen, Betonungen, emotionalen Blockierungen, Fantasien und Bindegliedern zwischen Gedanken und Gefühlen.

Der Psychotherapieprozeß konzentriert sich auf zwei Punkte: auf den wirklichen Inhalt, auf das, was Therapeuten das Material nennen, das der Klient mit ihnen bespricht, zum Beispiel Probleme in Beziehungen, Probleme im eigenen Inneren, Schwierigkeiten mit der Arbeit, Ängste, Fantasien, spezifische Probleme. Der zweite Hauptpunkt ist die Beziehung zwischen zwei verschiedenen Menschen, die miteinander mit der Psychotherapie beschäftigt sind, der Klientin und der Therapeutin. In der klassischen Psychoanalyse glaubt man, es bestehe zwischen beiden eine Übertragungs- und eine Realitätsbeziehung.[2] Übertragung ist nichts sehr Kompliziertes und kommt im Alltagsleben häufig vor. Es ist der Vorgang, daß wir Gefühlsreaktionen aus der Vergangenheit, nämlich jene, die wir in der Kindheit erworben haben, in gegenwärtige Beziehungen und Situationen hineintragen. Das, was wir sind, bringen wir in alle Beziehungen mit, und Übertragung bedeutet, daß wir Gefühle, Einstellungen und Verhaltensweisen, die die Summe dessen sind, was wir waren, aber auch die Gefühle und Verhaltensweisen und Einstellungen, die wir jetzt haben, auf andere Menschen übertragen, anderen zuordnen, und zwar so, wie sie aus unseren Beziehungen zu anderen in der Kindheit entstanden sind. Zwar kommt Übertragung im Alltagsleben oft vor, aber ihre Manifestationen werden durch die Reaktion der anderen, zu denen man in Beziehung tritt, die nicht in das eigene innere Schema passen, die die Übertragungsgefühle nicht annehmen, bald unterbrochen. Neue Beziehungen können so tief im Inneren festgehaltene emotionale Bilder in Frage stellen, neue Beziehungen können aber ebenso auch alte Muster wiederholen und dadurch alte Umgangsformen bekräftigen.

Die psychotherapeutische Situation stellt einen Ort zur Verfügung, wo Ursprung und Beibehaltung von Übertragungsgefühlen, die im Klienten in bezug auf den Therapeuten entstehen, untersucht werden können. Sie geben uns Aufschluß über das innere Leben und die Motivationen des Klienten.

Die klassische Psychoanalyse sah den Ursprung der Übertragung im Wiederholungszwang, unter dem der Betreffende fortgesetzt eine Verhaltensform wieder durchspielt, um sich mit ihr auseinanderzusetzen. Übertragungsgefühle beziehen sich auf wichtige Figuren aus der Vergangenheit, gewöhnlich auf die Eltern; sie werden verschoben und nun auf die Person des Therapeuten projiziert. Unter diesem Blickwinkel wurde die Übertragung auf den Analytiker unweigerlich als libidinös angesehen, wobei der Analytiker den ersehnten ödipalen Elternteil repräsentierte.

Moderne Entwicklungen in der psychodynamischen Therapie haben die Deutung der Übertragungsbeziehung als Ausdruck eines ungelösten Ödipuskomplexes hinter sich gelassen und sind auf ein viel früheres Entwicklungsstadium zurückgegangen, aus dem das Individuum ein verdichtetes Bild seiner Frühbeziehungen zu anderen (d. h. seiner inneren Objektbeziehungen) mit in die Therapie bringt. Für Balint, Winnicott, Klein und Guntrip brachte die therapeutische Beziehung die Schwierigkeiten in Mustern sehr früher Beziehungsaufnahme ans Licht. In diesem Sinn sahen sie sich selbst nicht als den ödipalen Elternteil, sondern als das Mutter-Objekt.[3] Für viele moderne Theoretiker ist diese prä-ödipale Periode entscheidend für die Bildung der psychischen Stuktur. In der Therapie und innerhalb der Übertragungsbeziehung arbeitet der Therapeut auf ein Verstehen der Art hin, wie der Klient auf Grund seiner Objektbeziehungen die äußere Welt erlebt.

Eine feministische Betrachtung der Übertragung kann sich diese beiden Anschauungen, die klassische und die moderne, zu eigen machen. Wir beziehen uns bei der Aufstellung unserer Theorie der psychischen Entwicklung von Mädchen und Frauen auf Erkenntnisse, die wir aus dem beziehen, was zwischen der Therapeutin und der Klientin geschieht. Die Aufdeckung der Dynamik der Mutter-Tochter-Beziehung innerhalb der Therapie gibt Aufschluß über die Schritte der Entwicklung der weiblichen Persönlichkeit. Von unserem Standpunkt aus ist die Beziehung zwischen Mutter und Tochter die entscheidendste Beziehung, die in der Übertragung zum Vorschein kommen wird. Diese Vorhersage beruht auf unseren Erfahrungen, die wir aus unserer direkten Arbeit mit Frauen und aus der Zusammenarbeit mit anderen Therapeuten gewonnen haben, die mit Frauen arbeiten, und auf der Supervision ihrer Fälle. Dieses Thema ist nicht immer das erste, das in der Therapie zur Sprache kommt oder sofort in der

Übertragungsbeziehung zutage tritt, aber im Lauf der Therapie kommt es zu einer ausführlichen Bearbeitung.

Zwischen den beiden Menschen, die miteinander Therapie machen, besteht eine reale Beziehung, die nach unserer Ansicht im Zentrum der Wiedergutmachungsarbeit steht. Die beiden Frauen[4] im Raum treten zueinander in Beziehung, und wenn es auch viele Anklänge an frühere Beziehungen geben wird, die bearbeitet und in der Therapie genutzt werden, beginnt zwischen ihnen auch eine neue und reale Beziehung. Wir sehen diese neue Beziehung als ein äußerst wirksames Ereignis im Leben der Klientin an. Es ist vielleicht das erste Mal, daß sie in einer Situation ist, in der der anerkannte Zweck der Beziehung darin besteht, daß sie von einer anderen Frau Hilfe bekommen soll. Dieses Ereignis ist an sich schon im Einklang mit ihrem frühkindlichen Verlangen; es ruft Sehnsucht, Schuldgefühle und Konflikte hervor, während es zugleich neue Türen und Möglichkeiten eröffnet, etwas gegeben zu bekommen, angeredet zu werden und das Empfangen zu lernen.

Das Anfangsstadium

Sehen wir uns den Anfang der therapeutischen Beziehung sorgfältig an, wenn eine Klientin und eine Therapeutin sich zum ersten Mal begegnen. Für die Klientin ist dies ein großer Schritt und ein äußerst heikler Zeitpunkt. Sie hat – sich selber und einem anderen Menschen gegenüber – zugeben können, daß sie Hilfe braucht, wenn sie in diesem Augenblick auch vielleicht nicht in Worte fassen kann, was für Probleme sie hat. Die Klientin bringt ihre Not mit, ihr Bedürfnis und ihren Wunsch, Hilfe zu bekommen, zusammen mit ihrer Furcht, Nervosität und Angst, und sie versucht, ihrer Therapeutin zu erklären, was ihr Problem ist.

Die Therapeutin als eine Hälfte der therapeutischen Beziehung hat in diesem Stadium drei Aufgaben. Erstens muß sie mit den als erstes vorgetragenen Sorgen der Klientin mitfühlen können und ihr dies durch ihr Verhalten vermitteln, denn viele Frauen fühlen sich beim Beginn einer Therapie äußerst verletzlich, besonders, wenn es das erste Mal ist, und viele sind unsicher, was sie tun sollen, und wie sie es anfangen sollen.[5] Die Therapeutin ist dafür verantwortlich, eine gewisse Gestaltung und Grenzen zu liefern, so daß sich die Frau allmählich sicher fühlen kann.

Zweitens muß sie der Klientin konkrete Auskünfte über die Therapie geben, zum Beispiel über das Honorar, die Termine der Sitzungen und ähnliches. Vielleicht muß sie auch ein wenig den Therapieprozeß erklären. Die Therapeutin muß über ihre theoretischen Vorlieben sprechen, so daß die Klientin weiß, welcher Art von Therapie sie sich anvertraut. Dies muß natürlich taktvoll und sensibel geschehen. Jede Klientin und jede therapeutische Beziehung ist wieder anders. Die eine Frau möchte vielleicht ziemlich viel über die Vorbildung der Therapeutin wissen, während sich eine andere durch solche Auskünfte überlastet oder bedrängt fühlen würde. Wo es möglich ist, muß die Therapeutin mit der Klientin auch über die Behandlungsziele und -methoden sprechen, da es zum Beispiel für eine Frau höchst verwirrend ist, wenn sie mit Ängsten in bezug auf ein bestimmtes Problem wie etwa eine Phobie in eine Therapie geht, nur um nach Monaten zu entdecken, daß die Therapeutin es für ein nützliches Behandlungskonzept hält, das Hauptgewicht nicht auf eine direkte Besprechung der Phobie zu legen.

Drittens muß sich die Therapeutin speziell während der ersten Therapiemonate sehr anstrengen, um einen Kontext zu liefern, in dem sich die Klientin ihr öffnen kann. Sie muß das, was ihr die Klientin sagt, auf mehreren Ebenen sehr sorgfältig anhören. Sie versucht zu verstehen, was die Klientin erlebt, zu fühlen, was die Klientin fühlt. Sie versucht, sich in die Lage der Klientin zu versetzen. Eine Therapeutin kann mit starken Empfindungen aus einer Sitzung kommen; wenn sie diese analysiert, kann sich herausstellen, daß sie sie von der Klientin übernommen hat.

In den Anfangsstadien der Therapie spricht die Klientin wahrscheinlich über eine bestimmte Stituation, die sie gerade erlebt hat oder die sie erlebt. Die Therapeutin hört zu und versucht, der

Klientin verstehen zu helfen, was das Erlebnis für sie bedeutet. Sie verhält sich der Klientin gegenüber unmittelbar gebend, indem sie ihre Anteilnahme zeigt und versucht, mit der Klientin zusammen zu klären, was sie in Wirklichkeit sagt und erlebt. Sie tut dies sehr offen, indem sie die Hauptpunkte zusammenfaßt oder die von der Klientin ausgesandten emotionalen Funken aufnimmt, oder indem sie erklärt, was sie als den besonderen Konflikt- oder Erregungsbereich ansieht. Die Therapeutin ist dabei, eine Möglichkeit zum Zwiegespräch mit der inneren Welt der Klientin zu schaffen. Auf diese Weise fühlt sich die Klientin weniger isoliert in ihrer Qual, und das Erlebnis des Verstanden-werdens beginnt. Wir gehen nämlich bei unserer Therapie von der Annahme aus, daß die Frau bisher nicht das Gefühl gehabt hat, richtig angehört oder verstanden worden zu sein, daß sie vorher nicht Gelegenheit gehabt hat, die Vielschichtigkeit ihres psychischen Erlebens im einzelnen zu schildern. Sie hat wahrscheinlich viel von ihrer Energie dazu verwendet, anderen zu helfen, ihre Erlebnisse zu verstehen. In dieser Rolle hat sie sich gekannt und sich in ihr einigermaßen wohlgefühlt. Sie hat auch höchstwahrscheinlich eine gewisse Selbstachtung aus dem Wissen bezogen, daß sie gut zuhören kann, geduldig ist und an anderen Anteil nimmt. Nun steht sie im Mittelpunkt. Ein wesentlicher Teil der Therapie besteht darin, eine Beziehung herzustellen, deren Struktur und Zweck von Grund auf anders sind. Die Therapeutin muß der Klientin ihre Bereitwilligkeit und ihre Verfügbarkeit zeigen, so daß die Frau mit Recht erwarten kann, angehört und verstanden zu werden. Die Interventionen der Therapeutin – ihre Fragen, Deutungen, Klarstellungen usw. – sind das Mittel, durch das sie der Klientin ihre Aufnahmebereitschaft mitteilt und ihre Verfügbarkeit demonstriert.

Zugleich nimmt die Therapeutin Informationen über die Psyche der Klientin in sich auf. Sie zieht die zugrundeliegenden Probleme ans Licht und macht sich ein Bild von der psychischen Struktur der Frau, um mit ihr arbeiten und ihr helfen zu können. Die Klientin spricht über eine bestimmte Situation, und die Therapeutin versucht, ihr in dieser Situation zu helfen, aber zugleich benützt sie ihre weiteren Verzweigungen und Bedeutungen, um sich ein Bild von der Psyche der Frau zu machen.

Ein Beispiel: Rosalyn kam aufgeregt und verzweifelt in ihre erste Therapiestunde, nachdem ihre lange Beziehung zu Alan zerbrochen war. Als sie über den Schmerz und die Verwirrung sprach, die sie empfand, zeigte sie eine Art Resignation. Sie ließ subtil merken, daß dies ihr Muster sein werde, auf mehr könne sie nicht hoffen. Dies war es, was für sie in den Karten stand. Sie hatte immer irgendwo gewußt, daß sie und Alan sich trennen würden. Sie war seit etwa einem Jahr in den Klauen einer quälenden Eifersucht auf eine gemeinsame Freundin gewesen. Sie wußte, daß Alan diese Freundin mochte, und sie hatte sich vorgestellt, die beiden sehnten sich danach, miteinander auf und davon zu gehen. In ihrer ersten Sitzung zeigte Rosalyn, daß sie Alan sowohl idealisierte als auch in den schwärzesten Farben sah. Sie hatte sich während der ganzen Beziehung schrecklich unsicher gefühlt und hatte ihm nie vertrauen können. Sie sprach sehr aufgeregt und versuchte wie wahnsinnig, seine letzten ziemlich unverbindlichen Äußerungen in Beweise dafür zu verwandeln, daß er die Beziehung wieder aufnehmen wolle. Sie konnte das Wissen, daß es vorbei war, nicht ertragen.

Während die Therapeutin alles hört, was Rosalyn sagt, fragt sie sich, warum Rosalyn das Ende der Beziehung nicht akzeptieren kann. Sie bemerkt Rosalyns Angst und Verzweiflung und stellt fest, daß zu diesem Zeitpunkt sehr wenig unmittelbares Gefühl durchkommen kann. Es ist, als kreische Rosalyn nur nein, nein, nein. Die Therapeutin achtet wachsam auf das Doppelproblem von Verlust und Bindung. Sie interessiert sich für die Vorstellungen, die Rosalyn von Alan hat. Sie stellt fest, daß Rosalyn sich in der Beziehung unsicher gefühlt hat und sich nun ohne sie verloren fühlt. Sie zweifelt an der Realität der »anderen Frau« und fragt sich, was es mit dem empfundenen Verrat von zwei Menschen auf sich hat, die Rosalyn so nahe standen. Sie bemerkt, daß Rosalyn von beiden in derselben Weise spricht. Sie fragt sich, ob die Aufgeregtheit und das Gerede, die von Rosalyn ausgehen, nicht vielleicht ein höchst schmerzhaftes Gefühlsgemisch verdecken, das mit Ablehnung, Verrat und Verzweiflung übers Nicht-richtig-geliebt-Werden zu tun hat. Sie macht sich in diesen ersten Zusammenkünften ein vorläufiges Bild von Rosalyns Entwicklung, von ihren inneren Objektbeziehungen.

Die Therapeutin erlebt die Klientin in dieser neuen Beziehung. Sie achtet darauf, wie die Klientin sich in Wirklichkeit zeigt, wie sie sitzt, wie sie ihre Emotionen mitteilt, wo offenkundige Blockierungen bestehen, wie die Klientin ins Zimmer kommt, und wie sie auf die Therapeutin wirkt. Eine Therapeutin kann sich zum Beispiel nach der Sitzung recht traurig fühlen; sie muß dann über ihre Traurigkeit in bezug auf das nachdenken, was die Klientin ihr mitgeteilt hat. (Die Therapeutin muß natürlich zuerst herausbekommen, ob es sich hier um Identifizierung oder Gegenübertragung[6] handelt.) Während der Sitzung hat die Klientin vielleicht von etwas Traurigem gesprochen, es aber ohne Affekt, ganz unemotional ausgedrückt, so daß schließlich die Therapeutin die Traurigkeit empfinden und tragen mußte.

In den Anfangsstadien der Therapie ist es sehr wichtig, was die Therapeutin nach einer Sitzung empfindet – es ist eine Mitteilung der Patientin. In diesem Fall konnte die Klientin ihre eigene Traurigkeit nicht empfinden. Sie fürchtete sich vor dem offenen Ausdruck trauriger Gefühle. Sie dachte, sie seien peinlich und unreif.

Die Therapeutin registriert auch die Veränderungen während der Sitzung – die Beschaffenheit, das Fluidum, die Gefühlsqualität der Klientin – und was am Ende geschieht, in den letzten zehn Minuten, wie die Klientin von ihr weggeht. Sie merkt, wie die Klientin Verabredungen einhält oder nicht, ob sie gewöhnlich pünktlich ist, zu früh oder zu spät kommt. All diese wichtigen Einzelheiten, die ein wesentlicher Inhalt des Therapieprozesses sind, werden angeschaut, denn sie offenbaren, wie sich die Innenwelt der Klientin in dieser Beziehung ausdrückt. Sie tragen zu dem größeren Bild bei, das sich mit der Zeit entwickelt und zeigt, wer die Klientin ist und welcher Art die therapeutische Beziehung sein wird.

In diesem Frühstadium der Therapie versucht die Therapeutin,

Vertrauen aufzubauen, damit die Therapie weitergehen kann. Das Problem des Vertrauens ist tatsächlich sehr kompliziert, denn sehr oft sind Schwierigkeiten mit dem Vertrauen ein Hauptgrund, warum jemand sich in Therapie begibt. Bei der Therapie geht es darum, verstanden und gehört zu werden, zu spüren, daß jemand anders wirklich Anteil nimmt und sich betroffen fühlt; es geht um die Herstellung eines emotionalen Kontakts, der hilft, die Abwehr aufzulösen, die einen davon abhält, anderen zu vertrauen. Wenn wir das Wort »Vertrauen« im Zusammenhang mit den Anfangsstadien der Therapie verwenden, hat es eine eingeschränktere Bedeutung. Es läßt Möglichkeiten anklingen, die in der Situation vorhanden sind. Viele Klientinnen wissen nicht, was in der Therapie geschehen soll. Während sie fühlen, daß sie Hilfe brauchen, sind sie vielleicht auch nervös und besorgt darüber, was von ihnen erwartet wird und wie sie sich in der Therapie verhalten sollen. In den ersten Sitzungen ist es wichtig, daß die Therapeutin beruhigende Auskünfte über den Therapievorgang gibt, zum Beispiel, daß er eine Beziehung zwischen den beiden anwesenden Menschen ist; daß die Therapeutin Zeit braucht, um die Klientin zu verstehen, aber daß sie dies möchte und dafür da ist. Die Therapeutin muß der Klientin auch neue Möglichkeiten liefern, ihre Erlebnisse und sich selbst zu betrachten; sie muß sie auch darüber beruhigen, daß ihre Art, sie selbst zu sein und mit ihrem Leben fertigzuwerden, die sie bisher praktiziert hat, abgeschafft werden kann, wenn sie nicht mehr brauchbar ist. Was die Therapeutin der Klientin liefert, ist die Möglichkeit der Veränderung.

In diesem Stadium ist die Therapeutin vielleicht die potentielle Rettungsleine oder der potentielle Anker für die Klientin. Wir sagen »potentiell«, denn in den Anfangsstadien der Therapie schützt die Klientin sich selber; sie ist vorsichtig, sie beobachtet ihre Therpeutin sorfältig. Sie stellt nicht unbedingt sofort eine Bindung zu ihr her. Vielleicht ist es ihr schon peinlich, überhaupt hier zu sein. Sie hat Hoffnungen und Erwartungen, aber sie fragt sich auch – bewußt und unbewußt –, indem sie sich selber zu schützen sucht: »Wird diese Frau wirklich fähig sein, mir zu helfen, wird sie verstehen, wer ich bin? Kann mir geholfen werden oder ist alles hoffnungslos? Kann ich es wagen, mich dieser Frau zu öffnen, meine Nöte in diese Beziehung einbringen? Werde ich enttäuscht werden?«

Schutzmaßnahmen der Klientin, die sie mit in die Beziehung bringt, nennt man Abwehrmechanismen. Abwehr ist ein unbewußter Schutzmechanismus, der helfen soll, Schmerz, Wut, Verlust nicht zu fühlen – unangenehme Gefühle, die sehr erschreckend sein können. Abwehr kann in zwei Richtungen wirken: zum Selbstschutz und zur Selbstzerstörung. Ebenso, wie sie versucht, Ablehnung und Enttäuschung durch die Außenwelt draußenzuhalten, kann sie auch Fürsorge und Zuwendung am Hereinkommen hindern. Der verborgene Teil der Psyche entwickelt Abwehrmechanismen, um den Betreffenden vor gefürchteten Verletzungen zu schützen.

Die Abwehr schützt auch andere, die gebraucht und geliebt werden, vor diesem verborgenen Teil der Psyche, der als zerstörerisch, verschlingend und schlecht empfunden wird. Abwehr kann tatsächlich gegen die Interessen des Betreffenden handeln, indem sie andere abstößt oder in der Distanz hält und möglicherweise zur Förderung unbefriedigender Beziehungen beiträgt, die nur die Furcht vor Ablehnung oder das Gefühl der Unmöglichkeit des Kontakts in einer Beziehung bekräftigen. Die Therapeutin wird dieselben Abwehrmechanismen erfahren, die die Klientin in ihren anderen Beziehungen aufgebaut hat. Man darf nicht vergessen, daß sie sich zunächst als Schutz in schmerzlichen Beziehungen oder Situationen entwickelt haben.

In gewissem Sinn sind Abwehrmechanismen kreative Maßnahmen der Menschen, um sich psychisch zu schützen. Sie erzeugen eine Art Nebelwand, um die tiefen inneren Bedürfnisse zu verbergen, von denen ein Mensch fürchtet, sie könnten nicht befriedigt werden. Zum Beispiel sagt eine Frau mit einer besonders mangelhaften Beziehung zu ihrer Mutter vielleicht am Anfang der Therapie, sie wolle und erwarte nichts von ihrer Mutter. Ihr Versuch, nichts zu wollen und anderen so zu erscheinen, als wolle sie nichts, ist in Wirklichkeit eine Abwehr gerade des Gegenteils, nämlich ihrer sehr starken Bedürftigkeitsgefühle und der Sehnsucht nach Zuwendung von ihrer Mutter. Während der Entwicklung vom Kind zum Erwachsenen verfestigen sich die Abwehrmechanismen des Menschen bei dem Versuch, sich gegen potentielle oder vermeintliche schmerzhafte Interaktionen und schmerzliche Gefühle zu schützen. Das Ziel der Psychoanalyse ist es, dem Klienten zu helfen, seine Abwehr zu erkennen und dadurch an die Gefühle und Ängste und an das Entwicklungshindernis heranzukommen, das ihn gefangen hält.

Verschiedene Richtungen der Psychoanalyse praktizieren verschiedene Arten der Abwehrdeutung.[7] Eine Ansicht ist die, der Therapeut solle von Anfang an die Abwehr des Klienten deuten und analysieren. Die Abwehrdeutung erfolgt auf zweierlei Arten: Der Therapeut kann Abwehrreaktionen deuten, die der Klient außerhalb der Therapie hat – zum Beispiel in einer Situation mit einem Freund, einer Geliebten oder einem Kollegen –, oder er kann die Abwehr deuten, die der Klient in die therapeutische Beziehung mit hineinbringt. Gerade weil die Klientin sich verwundbar fühlt, wenn sie ins Behandlungszimmer kommt, halten wir es für wichtig, daß ihre Verwundbarkeit nicht so weit aufgedeckt wird, daß sie sich hilflos fühlt. Wir folgen den Initiativen der Klientin und versuchen zu verstehen, was ihr wichtig und zentral erscheint, und wir greifen ein, um ihr und uns zu helfen, ein vollständigeres Bild von den verschiedenen Aspekten jeder Situation zu bekommen, aber nicht von vornherein auf der Abwehr »herumzuhacken«. Wir sehen es durchaus als wichtig an, Deutungen über Abwehr anzubieten, die sowohl außerhalb der Therapie als auch in der therapeutischen Beziehung wirksam werden kann. Aber die Abwehrdeutung ist für uns kein unerläßlicher Bestandteil der Therapeutenrolle, sondern eine Kommunikation innerhalb der Therapiebeziehung, eine Brücke zum Verstehen.

Nach unserer Erfahrung verstärkt jede Art von Angriff oder Kritik der Abwehr diese, erschreckt die Klientin und gibt ihr das Gefühl, es werde ihr etwas weggenommen, was sie noch braucht. Als Therapeutin weiß man nicht immer, was die besondere

Abwehr einer Klientin ist. Man bemerkt vielleicht eine gewisse Abwehrhaltung oder Reizbarkeit, wenn man ein bestimmtes Problem untersucht; das macht einen darauf aufmerksam, wie schwierig das Problem für die Klientin ist. Wir haben in unserer Praxis festgestellt, daß nur Fortschritte gemacht werden, wenn die Therapeutin die Abwehr als Teil der Therapiebeziehung akzeptiert. Sie muß gewissermaßen hinter die Abwehr spähen, um zu erkennen, was die Klientin auszudrücken versucht. Sie läßt sich von der Abwehr nicht abfertigen. Sie wird auf sie aufmerksam und macht auch die Klientin auf sie aufmerksam, so daß die Abwehr nicht vergessen, sondern als Aspekt der Beziehung anerkannt wird. Die Therapeutin verschafft der Klientin das Gefühl, daß die Beziehung für sie ein sicherer Ort ist, so daß allmählich das ans Licht kommen kann, was die Abwehr schützen soll. Dieses Annehmen der Abwehr durch die Therapeutin befähigt beide Therapiepartner allmählich, sich die Abwehr miteinander anzusehen und sie zu erkennen. Bezugnahmen auf die Abwehr werden Teil der von Therapeutin und Klientin gemeinsam gebrauchten Sprache.

In der Arbeit mit Roberta, einer 28jährigen Statistikerin, die seit zehn Jahren an Magersucht (Anorexia nervosa) leidet, tritt dieser Prozeß deutlich zutage. Roberta wiegt sehr wenig und beschränkt sich auf ein Magermilchjoghurt und einen Apfel pro Tag. Sie verbringt einen Teil jeder Sitzung damit, zu erzählen, wieviel sie gegessen hat, und von ihrer Vorstellung zu sprechen, sie dürfe nicht dicker werden. Sie möchte der Therapeutin sagen, wieviel kleiner sie sein möchte, und wie gräßlich sie sich fühlt, weil sie überhaupt etwas gegessen hat. Diese Sorgen sind in Robertas Kopf ganz im Vordergrund. Sie sind der Inhalt ihrer Abwehr, und man muß sie direkt untersuchen. Zugleich versucht die Therapeutin, zu der Roberta Beziehung aufzunehmen, die hinter der Abwehr verborgen und kaum sichtbar ist, zu der verletzlichen und erschreckten Person, die von der Abwehr geschützt werden soll. Die Therapeutin muß verstehen, wie wichtig die Abwehr ist, welche Stärke sie demonstriert und welche Selbstachtung sie Roberta verschafft; eine Selbstachtung, die sie tief im Inneren nicht fühlt. Nur wenn eine Klientin innerhalb der Therapiebeziehung Vertrauen, Sicherheit und Geborgenheit empfindet, lösen sich die Abwehrmechanismen auf.

Im Anfangsstadium der Therapie kann man die Klientin an diesem Prozeß teilhaben lassen. Die Therapeutin kann darauf hinweisen, daß sich die Abwehr, wenn sich die Klientin in der Beziehung gehalten, angenommen und verstanden fühlt, auflösen wird, während die Klientin neue Möglichkeiten findet, sie selbst zu sein. Roberta und die Therapeutin erkennen allmählich das psychische Dilemma, das von Robertas wichtigster Abwehr, der Anorexie, überlagert wird. Die Abwehr ist eine Methode, mit deren Hilfe Roberta ein gutes Gefühl in bezug auf sich selber haben kann, auf die sie sich verläßt, da sie kein sicheres inneres Selbstgefühl hat.

Unsere Theorie von der strukturellen Entwicklung der weiblichen Psyche weist darauf hin, daß die Abwehr, der wir in der Therapiebeziehung begegnen, folgendermaßen verstanden werden kann: Bei Frauen schützt die Abwehr das »innere kleine Mädchen«, das vor der Welt versteckt wird. Dieses kann sich so fühlen, als sei es der echte Bestandteil der Frau, die »ganze« Frau. Wie wir gesehen haben, meint die Frau wahrscheinlich, ihr »kleines Mädchen« sei unattraktiv, gefährlich und nicht liebenswert. Sie hat daher das Gefühl, *sie* sei unattraktiv, gefährlich und nicht liebenswert. Sie fürchtet, was sie möchte und wer sie ist, werde abgelehnt. Die Abwehr soll einerseits das »innere kleine Mädchen« vor Verletzung und Ablehnung durch andere schützen, andererseits soll sie diese anderen davor schützen, das »innere kleine Mädchen« zu sehen. Die Frau meint, dieser Aspekt ihres Selbst sei so häßlich, unliebenswürdig, gewalttätig, bedürftig und hartnäckig, daß es, ist es erst aus der Versenkung aufgetaucht, die Macht an sich reißen und jene, von denen es soviel braucht, wegstoßen und abschrecken wird. Im Inneren wird kalkuliert: Lieber nicht etwas offenbaren, das die Gefahr des Abgelehntwerdens heraufbeschwört; statt dessen konzentriere ich mich darauf, anderen zu gefallen; so braucht man sich um seine eigenen unpassenden Bedürfnisse nicht direkt zu kümmern.

Jane zum Beispiel reagierte auf ein Familienereignis mit einer Reihe verwirrender Gefühle, die zeigen, daß ihre Abwehr sie daran hinderte, ihre Aufregung und Verstörtheit auszudrücken und ihr bestätigte, ihre Wünsche und Bedürfnisse seien »übertrieben«. Als ihre Eltern und ihr Bruder Pläne für den siebzigsten Geburtstag ihres Vaters machten, wurde sie nicht nach ihren Vorstellungen gefragt; man bat sie auch nicht, irgendeine besondere Verantwortung zu übernehmen. Nicht einmal ihr Name stand auf der Einladung zum Fest, wo ihre Mutter, ihr Bruder und ihre Schwägerin als Gastgeber aufgeführt waren. Sie war nur einen Augenblick gekränkt und wütend, weil man sie übergangen hatte, und dadurch kam sie mit ihrem »Kleinmädchen«-Teil in Berührung. Diese Gefühle verschwanden bald, und an der Oberfläche merkte Jane, daß sie verstört und verwirrt war. Sie fragte sich, warum man sie wohl ausgeschlossen habe. Sie mußten sie vergessen haben. Als wir in der Therapie darüber sprachen, hatte Jane das Gefühl, ihr Wunsch, mit einbezogen zu werden, sei ein Fehler ihrerseits. Sie war im Ausland gewesen, als das Fest geplant wurde, und sie konnte verstehen, warum man sie ausgelassen hatte. Sie konnte weder Mutter noch Bruder fragen, warum sie diesen Entschluß gefaßt hatten, weil sie es nicht ertragen hätte, zu »entdecken«, daß sie nicht so wichtig war. Sie konnte es auch nicht ertragen, zu fragen, weil sie dann ihren Angehörigen (deren Anerkennung sie immer noch zu brauchen meinte) vielleicht ihre Wut gezeigt hätte.

Jane muß, wie alle Frauen, die wir in der Therapie kennengelernt haben, ihr »inneres kleines Mädchen« der Therapeutin preisgeben, obwohl sie sich dessen in diesem Therapiestadium nicht bewußt ist. Dieses innere Selbst muß herauskommen, damit die Therapeutin es nähren und auf es reagieren kann. Jane muß mit dieser neuen Frau eine andere Erfahrung machen, aber im Unbewußten fürchtet gerade dieser Teil von ihr, die Interaktion könnte fehlschlagen, sie werde wieder einmal abgelehnt. Also können die Abwehrmechanismen in der Therapie darauf hinarbeiten, der Therapeutin das Bild einer Frau vorzuführen, die nicht allzuviele

Bedürfnisse hat, die kein »inneres kleines Mädchen« hat, die die Therapeutin nicht übermäßig belasten wird.[8]

Das kleine Mädchen in der Frau kommt also mit ihrer ganzen Sammlung von Abwehr- und Schutzmechanismen gegen ihre Abhängigkeitsbedürfnisse, die sie jetzt empfindet und die sie ihr Leben lang empfunden hat, ins Behandlungszimmer. Die Frau hat möglicherweise schreckliche Schuldgefühle wegen ihrer Abhängigkeitswünsche und versucht, sie wegzuschieben. Sie verurteilt sich, weil sie solche Gefühle hat. Selbst wenn sie diese Wünsche nicht artikulieren kann, fühlt sie unweigerlich, daß es unpassend ist, diese Bedürfnisse zu haben und zu wollen, daß sie verstanden und von der Therapeutin befriedigt werden. Wenn sie von solchen Bedürfnissen spricht, neigt sie dazu, sich selber herabzusetzen und Kritik von der Therapeutin zu befürchten. Dies alles kann natürlich unterschwellig stattfinden. In den Anfangsstadien der Therapie muß die Therapeutin die Klientin darüber beruhigen, daß sie ihre Abhängigkeitswünsche ausspre- chen darf, und sie ermutigen, ihre Wünsche zu erforschen. Die Therapeutin und die Klientin können beide dazu beitragen, daß die Klientin von den Schuldgefühlen frei wird, durch die diese Gefühle unter Verschluß gehalten werden.

Die Freisetzung, die Erforschung dieser Gefühle, ihrer Bedeu- tung und ihrer Befriedigung sind im mittleren und längsten Teil der Therapiebeziehung ein Hauptanliegen.

Das mittlere Stadium

Das mittlere Stadium der Therapie kann von einem halben Jahr bis zu fünf oder sechs Jahren dauern. Mittlerweile ist eine Beziehung zwischen Klientin und Therapeutin entstanden. Eine Vertrauensbasis ist hergestellt. Die Therapeutin hat der Klientin konkret dabei geholfen, mit verschiedenen Seiten ihres Lebens fertigzuwerden und sich in allerlei Situationen besser zu verste- hen. Sie haben miteinander eine gemeinsame Sprache und ein gemeinsames Verständnis aufgebaut – eine bestimmte Art, das, was in der Innenwelt der Klientin geschieht, zu betrachten und auszudrücken.

Ein Zentralproblem in diesem gesamten mittleren Stadium der Therapie ist die Abhängigkeit und der Kampf der Frau mit ihren Abhängigkeitsbedürfnissen in allen Beziehungen, einschließlich der therapeutischen. Frauen werden als abhängige Menschen angesehen. Abhängigkeit wird mit Eigenschaften wie Sich-Anklammern, Hilflosigkeit und Schwäche assoziiert. Die Frauen sind im Patriarchat in die Lage der wirtschaftlichen Abhängigkeit versetzt worden, aber die Beziehung zwischen wirtschaftlicher und emotionaler Abhängigkeit ist nicht offen und redlich.[9] Frauen sind die emotionalen Betreuerinnen und Pflegerinnen. Die Männer bringen ihr Gefühlsleben zu ihren Fauen. Obwohl es in der Beziehung nicht ausdrücklich geäußert wird, werden die Abhängigkeitsbedürfnisse der Männer in der Ehe oft befriedigt, und ihre emotionalen Kümmernisse werden von den Ehefrauen verarbeitet. Etwas Gleichartiges gibt es für Frauen nicht. Wie wir gesehen haben, lernen Frauen schon früh, diese Art der Zuwendung weder von einer Frau noch von einem Mann zu erwarten; daher kommt es, daß sie sich selber vor ihren Abhängigkeitsbedürfnissen schützen.

Abhängigkeitsgefühle sind für eine Frau schrecklich peinlich, weil sie ihre Bedürfnisse ans Licht bringen. Diese wiederum erinnern sie an ihre Gefühle der Wertlosigkeit und Leere. Der Welt muß sie das Bild einer erwachsenen Frau bieten, aber im Inneren fühlt sie, daß sie ein Kind ist, und ihre Abhängigkeitsgefühle erinnern sie schmerzlich an ihre Kleinheit und bestätigen diese. Die Spannungen zwischen Männern und Frauen in heterosexuellen Beziehungen kreisen oft um diese Dynamik, wobei die Frauen ihre Abhängigkeitsbedürfnisse abwechselnd zügeln und zeigen, und die Männer von ihnen verblüfft, wütend gemacht oder eingeschüchtert werden. (In der Paarberatung wird dies besonders augenscheinlich; dies ist das Thema des 8. Kapitels). Wenn wir uns diese Dynamik näher ansehen, entfaltet sich ein Bild, in dem man sieht, daß Frauen und Männer vor den Abhängigkeitsbedürfnissen der Frauen auf der Hut sind und sich zusammentun, um sie zu unterdrücken.

In der klinischen Situation zeigen Frauen, wie sie diese Bedürfnisse abwehren. Sie schaffen eine schützende Grenze zwischen sich und denen, mit denen sie in eine enge Beziehung treten möchten. Sie äußern die Befürchtung, wenn in intimen Beziehungen das »kleine Mädchen« zum Vorschein käme, wären sie nur noch das »kleine Mädchen«. Die unsicheren Grenzen der Frau lassen sie fürchten, sie würde sich irgendwie verlieren, sie würde vom anderen beherrscht, von dem anderen in sich einbezogen werden, oder das »innere kleine Mädchen« werde sich den anderen untertan machen – die Nähe sei zu groß. Frauen tragen das Gefühl mit sich herum, ihre Bedürfnisse seien völlig überwältigend, endlos, unersättlich, schlecht, schändlich. Sie meinen, ihre Bedürfnisse würden andere Menschen abschrecken; viele Frauen sagen mit quälender Sicherheit, sie würden wegen dieses bedürftigen Teils ihrer selbst abgelehnt werden.

Veronica hatte mehrere Jahre lang eine »Auf-und-Ab«-Liebesgeschichte gehabt. Sie genoß es, Larry, ihrem Liebhaber, wirklich nah zu sein, und begriff nicht, warum regelmäßig alles immer wieder schief ging. Larry hing sehr an Veronica. Im Lauf der Therapie wurde klar, daß Veronica die Gewohnheit hatte, immer mit Larry Schluß zu machen, wenn sie ihre Ferien sehr glücklich miteinander verbracht hatten. (Diese Ferien fielen gewöhnlich mit denen der Therapeutin zusammen.) Typischerweise pflegte Larry immer im Frühling und im Herbst neue Pläne zu machen, wie zum Beispiel an einem Tischlereikurs teilzunehmen oder fechten zu lernen; Veronica sah darin eine Einschränkung ihrer gemeinsam verbrachten Stunden. Sie übersetzte sich dies unbewußt folgendermaßen: Sie bildete sich ein, Larry habe sich dadurch belastet gefühlt, daß er soviel Zeit mit ihr verbracht habe, könne es aber nicht sagen. Sie deutete Larrys Beschäftigung mit solchen Dingen sowohl als Beweis wie auch als Strafe dafür, daß sie beim Zeigen ihrer Bedürfnisse das Maß überschritten habe. Sie meinte, Larry werde ihr nicht mehr zur Verfügung stehen, und um nicht als jemand gedemütigt zu werden, der sich an ihn klammert, zog sie sich als erste zurück, indem sie eine kurze Trennung vorschlug. Es fiel Veronica schrecklich schwer zu erkennen, wie sehr sie Larry brauchte. Sie konnte es nicht genießen, ihm nah zu sein, ohne zu fürchten, die Nähe würde ihr wieder weggenommen werden. Sie konnte nicht darauf vertrauen, daß Larry wirklich für sie da sein würde – obwohl es nie Larry war, der einen Bruch herbeiführte – und daß es in Ordnung wäre, wenn sie sich auf ihre Nähe und Vertrautheit verließe. Sie fürchtete sich so vor einer Enttäuschung, daß sie sich Ablehnungen einbildete und sich dann zurückzog.

Dasselbe geschieht auch in der Therapiebeziehung. Auf der einen Ebene sehen wir eine erwachsene Frau, aber unsere Therapie macht uns auf das »kleine Mädchen« im Inneren der Frau aufmerksam, zusammen mit all den Abwehrmechanismen, die es verstecken. Dieses kleine Mädchen taucht immer wieder auf, wenn auch sehr zögernd, bei einer Frau nach der anderen, in jeder Therapiebeziehung, die wir bisher erlebt haben. Wie wir wissen, haben Frauen kein gutes Gefühl in bezug auf dieses »innere kleine Mädchen«. Ihre kritische Ansicht von ihm spiegelt sich in der verurteilenden Art wider, wie Frauen ihre Gefühle beschreiben. Die Frau hat das Gefühl, die Therapeutin werde das »kleine Mädchen« ablehnen, daher kann sie es nicht zeigen. Ein ganzer Prozeß läuft Schritt für Schritt ab, in dem die Therapeutin auf das »kleine Mädchen« hinter der Abwehr reagiert, es ermutigt, herauszukommen und an der Beziehung teilzuhaben, und in dem die Therapeutin die Klientin beruhigt, daß sie von dem »kleinen Mädchen« nicht überwältigt werden wird, daß sie sich nicht vor ihm fürchtet und nicht der Ansicht ist, dieser Teil der Frau sei böse, gierig und häßlich (was die Frau oft fürchtet).

Die Klientin reagiert während dieses Prozesses auf zweierlei Weisen. Einerseits spürt sie ein ungeheures Potential: Hier ist endlich jemand, der sie vielleicht nicht ablehnt, jemand, der sie vielleicht wirklich akzeptiert, der vielleicht auf all diese Gefühle reagieren kann, mit denen sie selber so viele Schwierigkeiten gehabt hat. Andererseits ist sie immer noch vorsichtig, denn wenn sie dieses »kleine Mädchen« in der Therapiebeziehung zum

Vorschein kommen läßt und zugibt, daß sie sich der Therapeutin nahe fühlt und sie braucht, erkennt sie ja an, daß sie von einem anderen Menschen abhängig ist.

Veronica fühlte sich sehr unbehaglich, als sie der Therapeutin zeigte, wie wichtig sie für sie war. Sie wollte gar nicht gern zugeben, daß eine Beziehung zwischen ihrem Bruch mit Larry und der Rückkehr der Therapeutin aus den Ferien bestand. Im weiteren Verlauf ihrer Therapie wurde es Veronica klar, daß sie so lange damit fertigwerden konnte, zugleich zwei notwendige, wichtige, d. h. Abhängigkeit mit sich bringende Beziehungen zu haben, wie nicht offen ausgesprochen wurde, daß sie sowohl die Therapeutin als auch Larry brauchte. Als sie mit diesen Bedürfnissen konfrontiert wurde, schämte sie sich und fühlte sich, wie sie sagte, »gierig«. Den Sommer über verbannte sie die Therapeutin aus ihrem Bewußtsein und gestattete sich, ihrem Freund nahezukommen. Im Herbst, sobald die Therapeutin wiederkam, pflegte sie Larry »fallenzulassen« und zur Therapeutin zurückzukehren, voller Wut auf Larrys Pläne. So schützte sie sich selbst vor dem Wissen um ihre Abhängigkeit, und sie versuchte auch, die Therapeutin vor ihren Gefühlen (wie Wut, Enttäuschung und Verzweiflung) zu schützen, die daraus entstanden, daß sie sich wegen der Sommerpause diesem Problem stellen mußte.

Warum ist dieses Gefühl der Abhängigkeit so furchterregend? Warum läßt es die Klientin sich so verwundbar und unsicher fühlen? Um die Antwort zu finden, müssen wir uns den Zusammenhang ansehen, in dem sich die Psyche einer Frau entwickelt. Die allererste Beziehung, die wir alle gehabt haben, bedeutete totale und äußerste Abhängigkeit in bezug auf körperliche und emotionale Entwicklung. In den ersten Lebensmonaten, während das Ich sich bildet, gibt es noch kein Gefühl vom eigenen Selbst. Dieser Zustand der Hilflosigkeit und äußersten Abhängigkeit ist, zusammen mit dem infantilen Zustand der beginnenden Ich-Bildung, tief in unser Gedächtnis eingegraben. Dies war die Zeit, zu der wir psychisch mit der Mutter verschmolzen waren. Wir hatten noch kein Gefühl dafür, wo unsere eigenen Grenzen und die der anderen liegen. Dieses Gefühl für das Selbst entwickelt sich allmählich durch die Beziehung, die das Baby zu den Menschen in seiner Umgebung hat.

Wie wir gesehen haben, identifiziert sich die Mutter von Anfang an mit ihrer Tochter, und weil sie widersprüchliche Gefühle in bezug auf ihre eigenen Abhängigkeitsgefühle und die der Tochter hat, ergibt sich das Abstoßungs- und Anziehungs-Verhältnis zwischen ihnen. Die kleine Tochter bekommt das Gefühl, irgendwie seien ihre Abhängigkeitsbedürfnisse nicht akzeptabel, darum spaltet sie das abhängige »kleine Mädchen« im Inneren ab und versteckt es. Weil es nicht in Fühlung mit anderen ist, bekommt es nicht die Nahrung, die Zuwendung, den Kontakt, die Liebe, die für ein kontinuierliches Wachstum und Reifen nötig sind.

Einen zweiten »Stoß« bekommt das kleine Mädchen, wenn es versuchen muß, die Mutter als primäres Liebesobjekt aufzugeben und sein Interesse und seine Erwartungen dem Vater, der Verkörperung des Männlichen, zuzuwenden, um eine heterosexuelle Sozialisation und sexuelle Orientierung zu erlangen. Es erlebt diese »Stöße« als Ablehnung, die von der Mutter ausgeht. Im Zentrum dieser Frage der Abhängigkeit der Frauen steht also die Wirkung der Abstoßungs- und Anziehungsdynamik. Tief in der Psyche der Frau liegt das Gefühl begraben, ihre Abhängigkeitsbedürfnisse und daher auch *sie selbst* seien unannehmbar, sie würden mit Ablehnung beantwortet und sie selbst werde wieder weggestoßen werden.

Die Frau bringt all diese Gefühle in bezug auf das »innere kleine Mädchen« mit in die Beziehung zu ihrer Therapeutin. Es ist die Aufgabe der Therapeutin, die Klientin zu ermutigen, ihre Abhängigkeitswünsche in der Therapiebeziehung zu äußern.[10] Frauen sagen oft, daß sie sich in einer intimen Beziehung nach jemandem sehnen, auf den sie sich verlassen können, der ein Gefühlsklima der Geborgenheit schaffen, ihnen aber zugleich gestatten kann, ein Individuum, eine eigenständige Person, zu bleiben. Das Problem der Abhängigkeit ist konfliktbeladen, weil eine der unbewußten Ängste der Frau in einer intimen Beziehung dahin geht, sie werde sich selbst verlieren und mit dem Partner verschmelzen, und weil sie nicht glaubt, irgendjemand (auch sie selbst nicht) könnte es zulassen, daß sie nah *und zugleich getrennt ist.*

In dieser mittleren Phase der Therapie versucht die Therapeutin, diesen Wunsch, sowohl nah als auch getrennt zu sein, bei der Klientin zu bestätigen und zu stärken. Sie tut dies dadurch, daß sie würdigt, wer die Klientin ist und was sie will. Als die Klientin klein war, war die Loslösung aus der Verschmelzung zum Teil deswegen so problematisch, weil die Mutter, die kein eigenes Selbstgefühl hatte, sich nicht genug aus der Verschmolzenheit zurückziehen konnte, um der Tochter helfen zu können, ihr Erleben in Worte zu fassen und glaubhaft zu machen. Die Mutter deutete die Signale der Tochter, so gut sie konnte, aber in der Art, wie sie das sah, was mit ihrer Tochter geschah, kamen unweigerlich ihre eigenen verdrängten inneren Bedürfnisse zum Ausdruck. Die Dynamik der Anziehung und Abstoßung, die wir bei den Abhängigkeitsbedürfnissen der Tochter gesehen haben, ist auch bei anderen Bedürfnissen der Tochter wie zum Beispiel dem nach Selbstverwirklichung und Selbständigkeit, mit im Spiel. Diese sind für Frauen ebenso tabu wie der offene Ausdruck von Abhängigkeitsbedürfnissen (deutlich zu unterschieden vom Abhängigkeitsverhalten, das Frauen durchaus zeigen sollen. Verhaltensweisen wie das Zurschaustellen körperlicher Schwäche oder das Nichtverstehen »komplizierter«, ungewohnter Tätigkeiten wie Buchführung oder Autoreparaturen sind Versuche von Frauen, Männer für sich arbeiten zu lassen.) Auf diese Initiativen hat die Mutter wahrscheinlich widersprüchlich reagiert, was dazu geführt hat, daß das Mädchen vielschichtige Gefühle in bezug darauf hat, etwas zu unternehmen, etwas auszuprobieren, mit voller Kraft etwas anzustreben, was es will.

Ein Teil der Aufgabe der Therapeutin besteht darin, diese initiatorischen Anteile zu fördern, die Klientin dazu zu ermutigen, herauszufinden, was sie will, und die innerpsychischen Barrieren wie Schuldgefühle, Recht- und Hoffnungslosigkeit durchzuarbeiten, die es der Klientin erschweren, zu bejahen, daß sie weiß, was sie will, und Schritte zur Erfüllung dieser Wünsche zu tun.

Auch hier bedeutet eine feministische Sensibilität wieder, daß man bestimmte Fallstricke vermeiden kann. Man ahnt schon im voraus, daß das Ergreifen von Initiativen problematisch sein wird, daß dies die Klientin beschämt, aber auch an komplizierte Mechanismen in bezug auf die Mutter-Tochter-Beziehung rührt, die mit Verrat und Schuldgefühlen zu tun haben: »Wie kann ich nach etwas streben, das meine Mutter nicht gehabt hat?« Es ist nicht einfach eine Frage der Bereitstellung von Werkzeugen zur Selbstbehauptung und -durchsetzung, so nützlich diese auch sein mögen. Die Therapeutin muß der Klientin helfen, die Voraussetzungen zu erkennen, die es ihr so sehr erschweren, erstens zu wissen, was sie will, und es dann in Ordnung zu finden, etwas zu wollen und zu bekommen. Sie muß die psychischen Barrieren im Lauf der Therapie immer wieder untersuchen, da diese Probleme nicht leicht durchzuarbeiten sind.

Die Therapeutin bietet der Klientin dadurch, daß sie ihr nah und doch getrennt ist, d. h. indem sie echtes Interesse und echte Anteilnahme zeigt, ohne ihre Grenzen zu verlieren, die Art von Beziehung, die ihr fehlt. In der aktuellen Therapiebeziehung werden die Bedürfnisse der Klientin nach Nähe also befriedigt, aber nicht übersättigt. Bei den Übertragungsaspekten der Beziehung sehen sich Klientin und Therapeutin an, welche Schwierigkeiten die Klientin hat, Fürsorge und Aufmerksamkeit anzunehmen und tatsächlich zu glauben, daß solche Bedürfnisse befriedigt werden können. Während sie sich miteinander klarmachen, in welcher Weise früher unzulänglich auf die Bedürfnisse der Frau reagiert worden ist, schaffen sie (natürlich in den Grenzen der Therapie und mit mehr Gemeinsamkeit) ein Modell für eine neue Art, eine Beziehung zu haben, die nah und zugleich getrennt ist. Diese wird die späteren engen Beziehungen der Klientin ebenso beeinflussen, wie die frühen Interaktionen zwischen Mutter und Tochter einen Großteil ihrer früheren intimen Beziehungen geformt haben.

Wenn die Therapie weiter fortgeschritten ist und die Bedürftigkeit in der Therapiebeziehung zum Ausdruck kommt (wie auch die Dankbarkeit, daß jemand darauf eingeht), empfinden viele Frauen den Drang, die Therapeutin zu versorgen. Sobald die Klientin die Fürsorge und Zuwendung der Therapeutin annehmen kann, beginnt sie möglicherweise, sich Sorgen und Fantasien über die Bedürfnisse der Therapeutin hinzugeben. Wenn man diese Dynamik in der Übertragungsbeziehung untersucht, kommt eine weitere entscheidende Komponente der Mutter-Tochter-Beziehung ans Licht. Wenn die Klientin Zuwendung von einer anderen Frau annimmt, gerät sie in eine ungewohnte emotionale Lage, die ihr zwar gefallen, sie aber auch beängstigen kann. Vielleicht fürchtet sie, diese neue Art der Zuwendung zu verlieren. Dagegen versucht sie vielleicht etwas zu tun, indem sie nun die Therapeutin »versorgt«; vielleicht meint sie, dies tun zu müssen, damit die Therapeutin »dableibt«. Frauen erinnern sich, daß sie dies als Kinder mit ihren Müttern getan haben, und sie erinnern sich, daß ihre Mütter ihre Großmütter versorgt haben, und Frauen tun es weiterhin mit ihren Müttern. Um sich die Mutter irgendwie in der Nähe zu halten, wird die Frau zur Mutter ihrer Mutter. Und die Mutter hat dies vielleicht aus ihrem eigenen Bedürfnis heraus, versorgt zu werden, gefördert.

Gerade weil die Klientin durch ihre Lebensgeschichte nicht darauf vorbereitet ist, konsequente und kontinuierliche Zuwendung von einer anderen Frau anzunehmen, fällt es ihr vielleicht schwer, diese Situation psychisch zu bewältigen. Sie wird vielleicht feststellen, daß sie eine Reihe von »Tests« anstellt, um Möglichkeiten zu finden, mit dem Kontakt in dieser Beziehung fertigzuwerden. Möglicherweise drückt sie ihre Ängste dadurch aus, daß sie besorgt ist, die Therapeutin werde sie nicht verstehen, werde sie enttäuschen. Wenn die Therapeutin solche »Tests« unter diesem Blickwinkel betrachten kann, wird es ihr leichterfallen, sich nicht in sie verwickeln zu lassen.[11] Die Therapeutin, die schon ahnt, daß der neue Kontakt seine eigenen Schwierigkeiten mit sich bringen muß, wird ihnen weniger leicht »in die Hände spielen« oder sich von ihnen kampfunfähig gemacht fühlen. Dies kann eine schwierige Übergangsperiode für die Therapeutin sein, die nun, da sie mit der Klientin so schwer gearbeitet hat, um dieses Stadium zu erreichen, vielleicht verwirrt und frustriert ist. Aber wenn sie beachtet, daß ihre Klientin es vielleicht (unbewußt) nötig hat, ihre Abwehr zu Hilfe zu nehmen, wird sie sich und der Klientin über diese Zeit hinweghelfen können, indem sie sich klarmacht, was bei dem Kontakt geschehen ist, und indem sie der Klientin hilft auszusprechen, warum gerade dieser Kontakt so schwierig war, wie sie (die Klientin) ihn empfunden hat, anstatt mit einem Wegstoßen zu reagieren. Diese Art des Vorgehens hilft den zugrundeliegenden Konflikt und Schwierigkeiten mit dem Kontaktproblem klären, so daß die Klientin einige der Veränderungen festigen kann, um derentwillen sie sich so sehr angestrengt hat.

Wo in der Therapiebeziehung wirkliche Enttäuschungen vorkommen, was notwendigerweise geschehen muß, müssen sie in ihrer Realität untersucht werden. Die Therapeutin muß fähig sein, mit der Klientin zu erforschen, was diese Enttäuschung bedeutet: Kann die Klientin akzeptieren, daß jemand, zu dem sie eine Beziehung hat, jemand, der ihr etwas gibt, auch enttäuschen und Fehler machen kann? Die Therapeutin muß das wahre Problem aufdecken; sie muß herausbekommen, ob diese Enttäuschung eine Abwehr gegen die immer fester werdende Überzeugung ist, daß die Therapeutin wirklich bei ihr ist.

Das Problem der Enttäuschung in der Therapiebeziehung stellt uns als Therapeutinnen und unsere Klientinnen der Vorstellung gegenüber, die die meisten Frauen und auch Männer tief in sich tragen, Frauen seien entweder all-gütig und all-gebend oder ganz und gar vorenthaltend und enttäuschend. Wenn eine Klientin von der Therapeutin enttäuscht ist, kann sie wie auch die Therapeutin in diese Vorstellung von der unzulänglichen Frau einrasten. Wir haben schon darüber gesprochen, daß sich das kleine Mädchen eine Welt innerer Beziehungen aufbaut, die lenkbarer sind als jene in der Außenwelt. Es nimmt zwei Bilder davon in sich auf, wie die Mutter sein könnte. Es sieht sie als jemanden mit der Fähigkeit, alles richtig machen zu können, der aber auch vorenthaltend sein kann. Aber diese beiden Vorstellungen sind nicht nur Bilder der Mutter. Wegen der Internalisierung bilden sie die Grundlage des Identitätsgefühls des kleinen Mädchens und seiner Vorstellung davon, wer es als erwachsene Frau sein wird.[12] Durch Übertragung bekommen alle Frauen in der inneren Welt des Mädchens diesen Doppelaspekt. Alle Frauen verkörpern also die Fähigkeit, zu geben oder zu verraten. Daher nähern sich Frauen ihresgleichen mit diesen unbewußten Vorstellungen und hoffen – auf irgendeiner Ebene –, Zuwendung und Fürsorge zu finden und sind dennoch sicher, daß sie enttäuscht werden.

Diese widersprüchlichen Bilder werden auch auf eine Therapeutin projiziert, die die Klientin wahrscheinlich als all-gebend oder alles vorenthaltend erlebt. Als Janes Therapeutin eine Einzelheit einer Geschichte vergaß, die Jane ihr erzählt hatte, erstarrte Jane sofort, fühlte sich brüsk angehalten, und innerlich war ihr, als habe sich die Therapeutin »in eine Hexe verwandelt«. Die Therapeutin hatte die Aufgabe, zuzugeben, daß sie Jane wirklich enttäuscht hatte. Das eröffnete ihnen beiden die Möglichkeit, zusammen herauszufinden, wie Jane die Therapeutin so bereitwillig in eine Hexe verwandelt hatte und was diese Dynamik ausdrückte. Es ist höchst wichtig, daß die beiden Frauen im Zusammenhang dieser realen Beziehung die Vorstellung von der Therapeutin als entweder allmächtig oder ganz und gar schrecklich abschaffen und statt dessen anerkennen, daß die Therapeutin tatsächlich manchmal enttäuschen kann, was aber nichts mit ihrer Fähigkeit, auch zu geben, zu tun hat.

Parallel zu dem Vorgang, daß die Klientin ihr »kleines Mädchen« in die Therapie einbringt, ihre Abwehr aufdeckt, läuft ein anderer, ebenso wichtiger Vorgang, den wir die »Reparaturarbeit« nennen könnten. Alle Frauen, die wir in Therapie hatten, kamen mit Problemen und Verwirrung in bezug auf ihr Selbstgefühl, denn sie hatten sich nicht genug von der Mutter einverleibt, um sich von ihr trennen zu können. Dieser Aspekt der weiblichen Psyche taucht in der Therapiebeziehung auf. Der Wunsch nach Verschmelzung und nach enger Bindung an die Therapeutin – und die dadurch geweckte Angst – sind wie ein Untertext, der die Therapiebeziehung ständig begleitet. Die Therapeutin ist sich klar darüber, auf welche Art die frühe Zuwendung unbeständig war, und sie bietet dadurch, daß sie beständig ist, eine neue Art psychischer Nabelschnur. Sie schafft einen Kreis der Fürsorge und Aufmerksamkeit, der die Therapiebeziehung umgibt. Sie liefert ein Gefühl der Geborgenheit, etwas, das Winnicott als »haltende Umgebung« bezeichnet, in der das immer noch bedürftige »innere kleine Mädchen« nun durch die Zuwendung und den emotionalen Kontakt mit der Therapeutin gefüttert wird.[13]

Da die Frau respektiert wird und genau und rhythmisch Zuwendung erfährt, läßt sie ihre Abwehr allmählich fallen; sie beginnt, die Fürsorge der Therapeutin zu empfinden; sie fängt an, sich das Gutsein der Therapeutin einzuverleiben und dieses Gutsein in sich selbst zu spüren. Während sie die Fürsorge internalisiert, fühlt sie sich innerlich geborgener und ihrer selbst sicherer. Dieses Aufnehmen der Fürsorge von der Therapeutin heilt die Verletzung des »kleinen Mädchens«. Wenn wir »heilen« sagen, meinen wir in diesem Fall, daß die Therapeutin der Frau eine Anerkennung und Bestätigung ihres Schmerzes und ihres früheren Verlusts ermöglicht. Die Therapeutin und die Klientin verwandeln, indem sie es zulassen, daß der Schmerz, die Wut, der Verlust, das Bedauern und die Verzweiflung ans Licht kommen, ein tief verwurzeltes inneres Erlebnis. Die Therapeutin erkennt das schmerzliche Gefühl als berechtigt an: Das Mädchen wollte geliebt und akzeptiert werden; dieser unerfüllte Wunsch wandte sich in der Psyche des Mädchens gegen es selbst, so daß es das Gefühl bekam, mit ihm sei etwas nicht in Ordnung, es sei selbst schuld, wenn es nicht bekam, was es wollte. Wenn der Schmerz aufgedeckt und toleriert wird, löst sich diese Erklärung auf. Die Frau verlegt ihre Wut, ihre Abwehr, ihre Verzweiflung mehr in einen Bereich außerhalb ihrer selbst, so ermöglicht sie es der Therapeutin, mit der Güte, Liebe, Zuwendung, Aufmerksamkeit und Fürsorge hereinzukommen, nach denen sie sich so sehr sehnt. Sie fängt an, das »Zueinander-In-Beziehung-Treten« neu zu erleben.

Diese Einverleibung der von der Therapeutin ausgehenden Zuwendung ist nicht unproblematisch; ihr kann Abneigung, dieselbe Art der Abwehr, wie wir sie schon gesehen haben, entgegenstehen. Die Klientin wird vielleicht eine falsche Beendigung der Therapie vorschlagen, indem sie behauptet, sie sei »geheilt«, wenn wir meinen, sie habe gerade erst begonnen, die Krise zu überstehen. Zu einem bestimmten Zeitpunkt, wenn ihre inneren Objektbeziehungen angefangen haben, sich zu verschieben, und wenn sie sich die Liebe und Fürsorge der Therapeutin einverleibt, wird sie vielleicht ängstlich. Sie braucht die Therapeutin nicht mehr auf genau dieselbe Art wie zuvor und fürchtet, nun, da sie wirklich besser mit dem Leben fertigwerden kann, hätte sie kein Recht mehr, die Therapeutin weiterhin zu brauchen und von ihr versorgt zu werden. Manche Frauen meinen, sie müßten absolut verzweifelt sein, ehe sie um Hilfe bitten und Hilfe empfangen dürften. Wenn also eine Frau das Gefühl hat, nun komme sie zurecht, fürchtet sie, ihre Therapeutin und alles, was diese ihr gibt, zu verlieren. In ihr steckt die Erinnerung, daß sie in der Beziehung zu ihrer Mutter weggestoßen worden ist. Wenn sie nun von der Therapeutin Zuwendung bekommt, werden diese Verlustgefühle wieder geweckt; sie fürchtet, wieder weggestoßen zu werden.

Zu diesem Zeitpunkt in der Therapie bekommen wir vielleicht das eine oder das andere zu sehen. Einmal wird die Frau vielleicht andeuten, sie sei bereit, die Therapie zu beenden. Diese Andeutung muß im einzelnen und ausführlich untersucht werden, denn die Therapeutin könnte leicht – besonders, wenn sie das Gefühl hat, die Klientin komme besser mit sich zurecht – ihren Vorschlag, die Therapie zu beenden, für bare Münze nehmen. Aber gerade an dieser Stelle muß untersucht werden, *warum* die Klientin meint, sie sei zum Abschluß der Therapie bereit. Oft ist unausgesprochen das Gefühl vorhanden, wenn es einem besser gehe, habe man kein Recht mehr darauf, etwas zu bekommen. Dies beruht auf der Vorstellung, daß das »Bekommen« die Ausnahme sei, und daß man nur auf Grund schrecklicher Umstände berechtigt sei, nach Hilfe zu verlangen[14]. Die Klientin stellt sich vielleicht vor, die Therapeutin glaube dies auch; deshalb fürchtet sie vielleicht, sie werde von der Therapeutin weggestoßen. Die Beziehung zur Therapeutin kann ihr auch so kostbar sein, daß sie sich verwundbar fühlt. Vielleicht will sie sich von dieser Beziehung lösen, um den vorausgeahnten Verlust bewältigen zu können.

Das zweite, was wir in diesem Stadium der Therapie zu sehen bekommen können, ist dies: In einem Augenblick, in dem die Therapeutin meint, der Klientin gehe es viel besser, und wo die Frau schon eine Zeitlang zugegeben hat, daß sie sich innerlich wohler fühlt, ist es plötzlich so, als mache die Klientin zehn Schritte zurück. Sie stellt sich so dar, als habe sie die Fähigkeit, zurechtzukommen, wieder verloren; sie versteht selber nicht, warum, aber es ist so. Es ist uns aufgefallen, wie oft diese Reaktion eintritt, und wir haben von unseren Klientinnen erfahren, daß das »Sich-besser-Fühlen« problematisch ist, weil ein Teil der Arbeit nicht erledigt ist. Es ist zwischen uns nicht deutlich ausgesprochen worden, daß eine Frau sich besser fühlen kann und dennoch Zuwendung und Aufmerksamkeit bekommt, daß ihr Bedürfnis nach Zuwendung nicht aufhört, weil einige historische Bedürfnisse angesprochen worden sind. Frauen haben ebenso Bedürfnisse, die in der Gegenwart verwurzelt sind, und das »Sich-besser-Fühlen« sollte nicht die Möglichkeit ausschließen, daß solche Bedürfnisse befriedigt werden. Zu diesem Zeitpunkt untersuchen wir also mit der Frau zusammen, warum es erschreckend war, daß sie sich in sich selbst wohlfühlte. Wir fordern sie auf, ein paar Wochen zurückzugehen und sich zu erinnern, wie es sich anfühlte, daß sie zurechtkommen konnte. Wir fragen sie, ob an diesen Gefühlen etwas Beängstigendes war. Es ist höchst wahrscheinlich, daß die Frau sehr verängstigt oder nervös war, da sie sich ja einbildete, wenn es ihr besser ginge, müßte sie die Therapie beenden. Ihre unbewußte Reaktion ist daher: »Ich kann nicht zurechtkommen«, was eine Art ist, auszudrücken: »Ich brauche dich noch. Und ich fürchte, wenn ich dich weniger brauche und wenn ich zurechtkommen kann, dann wirst du mich nicht hier bei dir sein lassen.«

Eine weitere Form der Abwehr, die in diesem Stadium der Therapie wieder auftauchen kann, besteht darin, daß die Klientin sagt, sie könne die Therapeutin nicht leiden, oder sie finde sie schwierig oder unaufmerksam, oder sie hat das Gefühl, die Therapeutin wolle ihr im Grunde überhaupt nichts geben. Sie mag jetzt eine sehr »schwierige« Klientin sein; sie schützt sich vielleicht so sehr, daß jeder Schritt, den die Therapeutin in ihre Richtung macht, zu Reaktionen führt wie: »Sie tun nicht genug«, »Sie machen es nicht richtig«, »Sie mögen mich in Wirklichkeit gar nicht«, »Ich bin sicher, Sie wollen mich gar nicht um fünf sehen«, »Ich bin sicher, Sie zwingen sich nur zum Lächeln, wenn Sie mich sehen«, »Ich bin sicher, Sie können das Ende der Sitzung gar nicht erwarten« oder, zur Abwechslung: »Ich kann es heute nicht schaffen, zur Stunde zu kommen, mein Auto springt nicht an«. Die Therapeutin stellt vielleicht fest, daß sie die Klientin in der Therapiesitzung geradezu »jagen« muß. Die Klientin vermittelt ihr Mißtrauen möglicherweise dadurch, daß sie in die Therapiebeziehung eine Dynamik der Anziehung und Abstoßung einführt. Die Therapeutin beobachtet vielleicht, daß man sich in der Gegenübertragung zugleich unzulänglich und ungeheuer gebraucht fühlt.

Sylvia hatte nie glauben können, daß ihre Mutter für sie da war. Sie war von einer Reihe von Kindermädchen aufgezogen worden, und es war nicht überraschend, daß sie das Gefühl hatte, von Frauen immer enttäuscht und verlassen zu werden. Sie pflegte wütend und verzweifelt zu den Therapiesitzungen zu kommen und mürrisch und unbefriedigt wieder fortzugehen. Sie empfand die Interventionen der Therapeutin dauernd als nutzlos und kritisierte sie ständig. Die Therapeutin und Sylvia konnten hinter der Kritik Sylvias Überzeugung erkennen, daß es ihr unmöglich sein werde, eine Frau zu finden, auf die sie sich verlassen und der sie vertrauen könnte. Diese Überzeugung wurde gerade durch das, was in der Therapiebeziehung herausgekommen war, ins Wanken gebracht, und das allein hatte schon einige Verwirrung gestiftet. Wir glauben daher, daß es für die Therapeutin sehr wichtig ist, während einer für beide Frauen so schwierigen Zeit wie dieser zu überwachen, was geschieht, denn wenn sie mit einer Frau arbeitet, die besonders viel entbehren mußte, ist auch sie vielleicht in Versuchung, sich aus der Beziehung zurückzuziehen, weil sie sie als Therapeutin so sehr belastet, und gerade das darf der Klientin nicht mitgeteilt werden, weil es alle Gefühle des Verlassenwerdens verstärken würde.

Diese Reaktionen mögen alle paradox wirken. Die Klientin wollte sich in sich gut fühlen – warum bringen dann diese Veränderungen verwirrende und erschreckende Gefühle mit sich? Die Antwort könnte auch sein, daß sie sich sicher ist, sie könnte mehr verlieren, als sie gewinnen wird. Die neuen Veränderungen in ihr selbst sind ihr noch unvertraut, und sie kann sich noch nicht auf sie verlassen. Infolge ihrer Veränderung müssen sich viele Facetten ihrer Beziehungen auch verändern, und dies kann Spannung erzeugen. Die Klientin wird sich sehr erleichtert fühlen, daß all diese Probleme in der Therapie besprochen und durchgearbeitet werden können. Sie wird schließlich wissen, daß sie mehr gewinnt als verliert, wenn sie sich besser und stärker fühlt.

Die Probleme, die eine Frau mit in die Therapie bringt, ihre Abhängigkeitsbedürfnisse, ihre Abwehr und die Reaktion der Therapeutin auf sie sind wesentliche Bestandteile der mittleren Phase der Therapiebeziehung.

Beendigung der Therapie und Trennung

Im Verlauf der Therapie hat die Frau die Möglichkeit gehabt, die Themen ihres inneren Lebens auf neue Weise zu erforschen. Ihr ist eine besondere Unterstützung für die Erforschung persönlicher Fragen begegnet, eine Ermutigung, zu klären, was für sie wichtig, konfliktbeladen und schmerzlich ist. Ereignisse im realen Leben haben sich vielleicht verändert, und gewiß sieht die Frau sich selber jetzt anders. Zugleich geht etwas anderes vor sich: Die Klientin erlebt allmählich die stärkende Zuwendung der Therapeutin. Die beiden Frauen haben einen realen Kontakt und eine reale Beziehung, was der Klientin die Aufnahme und

Einverleibung der Zuwendungsaspekte der Therapeutin ermöglicht.

Diese Erfahrungen fördern ein Gefühl des Wohlbefindens und schaffen eine stärkere Ich-Integration. Gerade weil sich die innere Welt der Frau verändert, nimmt sie sich allmählich selbst besser an, und ein kleinerer Teil ihrer selbst wird versteckt. Sie kann ihrerseits nun erleben, daß sie sich geliebt fühlt, und sie kann sich selbst als liebenswert erleben, als jemand, der das Recht auf Zuwendung hat, das Recht auf Kontakt, als jemand, der guter Dinge wert ist, würdig, sein eigenes Leben zu leben. Dieser Vorgang des Fühlens, daß das »innere kleine Mädchen« von der Therapeutin akzeptiert, verstanden und geliebt wird, ist ein äußerst wichtiger Teil des Heilungsprozesses.[15]

Während der gesamten Therapie probiert die Frau verschiedene Arten aus, um zu zeigen, wer sie ist, um ihr »kleines Mädchen«, ihre Bedürfnisse und Verletzlichkeiten in vertrauenswürdige Beziehungen außerhalb der Welt der Therapie einzubringen. Was die Therapeutin sieht und was die Klientin selber erlebt, ist eine Verringerung der Diskrepanz zwischen dem Teil der Frau, der in die Therapie kommt, und dem Teil der Frau, der draußen in der Welt ist. Die Therapeutin hat die Frau ermutigt, ihr »kleines Mädchen« in die Therapiebeziehung einzubringen, aber auch in andere Beziehungen, zu Freunden, zu Geliebten. Diese Interaktion in anderen sozialen Beziehungen hilft bei der Integrierung des »Kleinmädchen«-Teils in die Gesamtpersönlichkeit der Frau. Sie bringt ihre Erfahrungen von außerhalb der Therapie mit, um sie mit der Therapeutin zu besprechen, und sie untersuchen miteinander, wie es sich für die Klientin anfühlt, sich in der Welt draußen vollständiger und heiler zu fühlen.

Während das »kleine Mädchen« von der Frau, von ihrer Therapeutin, ihren Freunden und ihrem(n) Geliebten akzeptiert und integriert wird, erlebt sie sich selbst als jemand, dem man zuhört, den man füttert und dem man Zuwendung schenkt. Sie hat Erfahrungen damit gesammelt, ihre Bedürfnisse zu zeigen und andere darauf reagieren zu lassen. Sie hat nun das Gefühl, daß es kein Unglück ist, wenn sie ihre Bedürfnisse an den Tag legt. Sie entwickelt das Vertrauen, daß sie in Fühlung mit einem echten Selbst tritt, wenn sie ihrer eigenen inneren Stimme lauscht, und dadurch kann sie besser verfolgen, was sie will. Infolgedessen empfindet sie sich selbst nicht mehr als eine kreischende Masse endloser Bedürfnisse. Sie fühlt sich weniger unersättlich, weniger bedürftig und weniger gierig. Sie fühlt sich weniger selbst-verurteilend, weniger ängstlich und weniger kritisch. Sie vertraut darauf, daß sie sich selbst besser kennt und daher zu anderen unmittelbarer in Beziehung treten kann. Sie hat die berechtigte Erwartung, daß ihre Bedürfnisse und ihre Person von anderen berücksichtigt werden.

Die Therapeutin und die Klientin haben miteinander das Selbst-gefühl der Frau aufgebaut. Nun sorgt dieses neue und einigerma-ßen sichere Selbstgefühl auf einer inneren Ebene für eine Konti-nuität des Erlebens. Die Frau strahlt ihr eigenes Gefühl aus, in sich in Ordnung und geborgen zu sein, und begegnet Situationen und Beziehungen mit diesem neuen selbständigen Gefühl. Sie paßt ihre Persönlichkeit nicht mehr zwanghaft den Bedürfnissen anderer an, um sich akzeptiert zu fühlen. Sie ist nicht mehr der Mensch, von dem sie glaubt, die anderen wollten, daß sie ihn verkörpern solle.

Das Füttern, das Annehmen und die Verwandlung des »kleinen Mädchens« führt zu einer Veränderung der inneren Objektbezie-hungen der Klientin. Diese Veränderung auf der Ebene der psychischen Struktur bedeutet, daß die Abhängigkeitsbedürf-nisse der Frau sich verändern. Sie verändern sich, weil sie befriedigt werden, und dies ist im Lauf der Therapie immer wieder demonstriert worden. Diese fortgesetzte Befriedigung der Bedürfnisse bedeutet, daß die Frau Zusammengehörigkeit ohne Verschmelzung fühlen kann; sie hat ein Gefühl ihrer eigenen Grenzen. Sie braucht die Therapeutin nicht mehr auf genau dieselbe Weise, ihren Geliebten nicht, ihre Kinder nicht und auch ihre Freunde nicht. Sie ist nicht auf die Verbindung zu ihnen angewiesen, um ein Selbst zu haben. Sie erwirbt ihr Selbstgefühl nicht durch sie. Sie hat ein Selbst.

Ihr »kleines Mädchen« hat eine Chance gehabt, daß man sich mit ihm beschäftigte; so konnte es integriert werden, und die Frau kann nun als ganzer Mensch, der wie alle Menschen in wechselseitiger Abhängigkeit zu anderen steht, Beziehungen herstellen. Dies ist sehr wichtig, denn das Ende der Therapie oder der erfolgreichen Therapie schließt Abhängigkeit von anderen keineswegs aus. Selbständig zu sein, ein Gefühl seiner selbst zu haben, sich genährt zu fühlen, sich weniger unersättlich zu fühlen, bedeutet nicht, daß man keine Bedürfnisse hat; es bedeutet vielmehr, daß die Grundlage der Bedürfnisse sich verschoben hat, und dadurch entsteht die Möglichkeit, daß die Bedürfnisse tatsächlich befriedigt werden können.

Zu dem Zeitpunkt, wenn die Frau zu spüren beginnt, daß sie ihre Therapeutin nicht mehr auf dieselbe Weise braucht, und wenn sie eine Veränderung in sich selbst in bezug auf die Therapie wahrzunehmen beginnt, erscheint sie ihr vielleicht nicht mehr genauso sinnvoll wie früher. Sie erlebt sich selber in anderen Beziehungen außerhalb der Therapie, und sie genießt, was sie erlebt. Sie fühlt ihre Selbständigkeit. Sie wird also vielleicht auf allerlei Arten der Therapeutin nahelegen, sich von ihr zu trennen und die Therapie zu beenden.

Im Unterschied zu den verfrühten Ansätzen zur Trennung, die wir beim mittleren Stadium der Therapie besprochen haben, wirkt diese Initiative auf seiten der Klientin nicht vorschnell oder gedrängt. Die Angemessenheit einer solchen Initiative wird höchstwahrscheinlich der Therapeutin ebenso wie der Klientin in einem ähnlichen Zeitraum auffallen, etwa innerhalb von drei Monaten. Die Klientin zögert vielleicht, den Gedanken an den Abschied zu äußern; wenn sie das Thema zum ersten Mal aufs Tapet bringt, verhält sie sich vielleicht äußerst tastend. Die Trennung hat ihre eigenen Themen, die durchgearbeitet werden müssen und dazu Zeit brauchen; auch hier ist dieselbe Sorgfalt für das Detail erforderlich, die alle Phasen der Therapiebeziehung gekennzeichnet hat. Wenn die Frau von der Möglichkeit der Trennung von der Therapeutin und der Beendigung der Therapie spricht, fürchtet sie vielleicht, die Therapeutin werde ihre Selbständigkeit und ihre Stärke nicht unterstützen. Sie fürchtet ihre

Mißbilligung. Ferner hat sie vielleicht Angst, Konkurrenz- und Neidgefühle auf seiten der Therapeutin zu erregen, die auf irgendeine Weise versuchen könnte, sie zurückzuhalten. Es gehört nicht zur Entwicklung eines kleinen Mädchens, in seiner Eigenständigkeit aktiv unterstützt zu werden. Die Ambivalenz in der Anziehungs- und Abstoßungsbeziehung zwischen Mutter und Tochter hinterläßt eine Erinnerungsbarriere von Gefahr und Verwirrung im Zusammenhang mit Ablösung.

In der Therapie ist die Gelegenheit gegeben, Selbständigkeit so lange auszuprobieren, bis man sich in ihr wohlfühlt, ebenso, wie das Kleinkind einmal das Laufen geübt hat, bis es sich sicher auf seinen Beinen fühlte. Ein Teil dieses Übens ist die Konzentration auf die Abwehr, die der neuen Selbständigkeit im Weg steht, Konkurrenzgefühle etwa und Neid. Es ist äußerst wichtig, daß die Therapeutin der Klientin hilft, ihre Ängste auszusprechen, also ihre Sorgen in bezug auf die Konkurrenz- und Neidgefühle der Therapeutin oder ihre Mißbilligung, und im Lauf der Ablösung die Trennungswünsche der Frau sehr ausführlich zu besprechen.

Am Anfang der Therapiebeziehung waren Verletzlichkeit und Bedürftigkeit in der Therapiesituation ungleich verteilt. Im Lauf der Therapie hat sich dieses Machtverhältnis verschoben, und die Klientin fühlt sich nun, weil sie ihr »kleines Mädchen« integriert hat, als Erwachsene und ihrer Therapeutin nicht mehr so unterlegen. Jetzt probiert sie noch eine weitere Ebene des Angenommenwerdens aus. Sie bemüht sich, diese neue Art der Unterstützung zu fühlen. Sie nimmt es in sich auf, daß die Therapeutin ihre neue Seinsweise akzeptiert.

Eine andere Befürchtung der Frau kann die sein, sie könnte, wenn sie den Gedanken an Trennung und Beendigung der Therapie aufbringt, die Therapeutin irgendwie ablehnen und sie veranlassen, sich unzulänglich zu fühlen. Sie hat das Gefühl, als würde sie sagen: »Was du mir noch zu geben hast, lehne ich ab, ich brauche es nicht mehr«, und das könnte herabsetzen oder verkleinern, was die Therapeutin ihr schon gegeben hat. In ihrer Angst, die Therapeutin aus der Fassung zu bringen, möchte sie sie vielleicht beruhigen und ihr sagen, sie brauche sie immer noch. Wir haben diese Dynamik schon anhand der Mutter-Tochter-Beziehung besprochen. Sie tut dies oft so, daß sie ihr neue Probleme vorträgt, die in der Therapie bearbeitet werden sollen, aber dies selbst wird zum Problem. Nach unserer Erfahrung drückt es oft aus, daß die Klientin nur schwer akzeptieren kann, von der Therapeutin in ihrem Wunsch nach Trennung unterstützt und gebilligt zu werden.

Ein weiteres Problem, das während dieses Ablösungsvorgangs oft auftaucht, hat damit zu tun, daß die Klientin sich allmählich der Unterschiede zwischen ihr und der Therapeutin bewußt wird. Da die Frau die Therapeutin zunehmend als eigenständige Person erlebt, nicht als jemanden, dessen Hauptfunktion darin besteht, die Klientin zu versorgen, erfaßt sie nach und nach mehr von der Persönlichkeit und den Ansichten der Therapeutin. Ihre inneren Objektbeziehungen haben sich geändert; nun hat sie echte Grenzen und ein Selbstvertrauen, das sie befähigt, zu fühlen, daß sie und ihre Therapeutin gemeinsam auf eine Verständigung hinarbeiten können, ohne daß diese einen Einklang von ihnen erfordert. Die Therapeutin hat ihr die Erfahrung verschafft, daß sie im Einklang mit ihr war; das hat ihr Geborgenheit gegeben. Dieses Wissen, daß sie verstanden wird, gibt der Klientin nun die Möglichkeit, die Unterschiede zwischen ihr und der Therapeutin zu bemerken. Andere Ansichten der Therapeutin, die zu einem früheren Zeitpunkt der Therapie für die Frau vielleicht zutiefst beunruhigend und bedrohlich waren, bekommen eine neue Bedeutung. Nun wird die Getrenntheit, die sich in den voneinander abweichenden Ansichten ausdrückt, ertragen, da die Klientin sowohl in einer Beziehung zur Therapeutin als auch getrennt von ihr sein kann.

Ein wichtiger Teil des Ablösungsvorgangs in der feministischen Therapie besteht darin, die Klientin dessen zu versichern, daß die Trennung von der Therapeutin nicht bedeutet, sie müsse von nun an mit all ihren Nöten allein fertigwerden und könne sie nicht mehr bei anderen abladen. Deshalb halten wir es für wichtig, daß die Therapeutin nach Beendigung der Therapie für die Klientin als Therapeutin verfügbar bleibt. Wenn sich auch die Klientin die Therapeutin einverleibt hat und die Erfahrung ihrer Beziehung auf diese Weise in ihr weiterlebt, ist es notwendig für die Frau, das Gefühl zu haben, die Therapeutin sei weiterhin jemand, an den sie sich im Notfall wenden kann.[16] Wir halten es für wichtig, daß eine Frau die Therapie beenden kann, ohne ein ähnliches Erlebnis zu haben wie das »Weggestoßenwerden« von der Mutter und den Verlust der mütterlichen Zuwendung. Die Trennung von einer feministischen Therapeutin sollte nicht bedeuten, daß die Frau sie auf die Dauer verliert, wenn sie sie nicht mehr in derselben Weise braucht.

Die Fähigkeit, selbständig zu sein, bedeutet nicht, daß die Klientin nun nicht mehr länger Liebe und Unterstützung braucht. Eine unserer Klientinnen sagte bei der Beendigung ihrer Therapie: »Irgendwie ist es wie eine Liebesgeschichte, eine gute Liebesgeschichte, die zu Ende geht, und das ist nicht einzusehen, denn man beendet keine Liebesbeziehung, die gut läuft.« In der feministischen Therapie geht es darum, das »innere kleine Mädchen« lieben zu lernen, das wir durch das Patriarchat fürchten und verachten gelernt haben; es geht darum, dieses »kleine Mädchen« erwachsen und selbständig werden zu lassen; vor allem geht es darum, von einer anderen Frau geliebt zu werden und von ihr Hilfe beim Wachsen und beim Eigenständigwerden zu erfahren.

Dieser Therapieprozeß und das von uns beschriebene Modell beruhen auf der theoretischen Auffassung von der psychischen Entwicklung der Frau, wie wir sie im 2. Kapitel kurz dargestellt haben. Diese Theorie schlägt neue Möglichkeiten vor, die Inhalte, die Übertragung und die reale Beziehung zwischen den beiden Menschen, die miteinander die Therapie unternehmen, zu verstehen. Dieses neue Verständnis liefert die Anfänge für eine Theorie zur Praxis einer feministischen Psychoanalyse.

4 Themenzentrierte Frauen-Workshops und Psychodynamische Frauen-Therapiegruppen

Themenzentrierte Workshops

Am Frauentherapiezentrum in London haben wir eine Reihe themenzentrierter Gruppen über Themen durchgeführt, die in Einzeltherapiesitzungen und in unseren Supervisions- und Studiengruppen für Mitarbeiterinnen aufgetaucht waren, wenn wir den Eindruck hatten, es könnte für Frauen nützlich sein, sie in einer Gruppensituation zu bearbeiten. Einige der Teilnehmerinnen dieser Gruppen waren selber Feministinnen; mindestens die Hälfte der Teilnehmerinnen sah sich nicht als Feministinnen an. Trotz der heterogenen Zusammensetzung der Gruppen fanden die Themen, denen sie sich gegenübersahen, bei allen auf einer psychischen Ebene Resonanz, ob sie nun jung oder alt waren, verheiratet oder ledig, berufstätig oder nicht. Dies ist eine aufregende Bestätigung der Tatsache, daß die Erfahrung von Frauen, obwohl sie individuell erlebt wird und strukturell isoliert ist, sozial ähnlich ist.

Die Themen selber reichen von Abhängigkeit, Konkurrenz, Sexualität, Mütter und Töchter, Wut und Eifersucht bis hin zu Machtfragen, Schwierigkeiten in intimen Beziehungen, Geben und Nehmen, Freßsucht und Anorexie (im 7. Kapitel werden wir einige dieser Themen gesondert diskutieren). Außerdem haben Kolleginnen Workshops über Themen wie Schuldgefühle, das Älterwerden, Väter und Töchter, die Vorstellung vom Körper und Mütter und Kinder durchgeführt.[1] In all diesen Workshops lag das Schwergewicht auf der Untersuchung quälender und komplizierter Themen mit der Absicht, das Verständnis der zugrundeliegenden Dynamik in der Psyche der einzelnen Frau zu vermehren und gleichzeitig Raum für eine neue Beziehung zu dem jeweiligen Problem zu schaffen.

Die Gruppen-Workshops sind anders aufgebaut als die Einzeltherapiesitzungen. Vielleicht gibt es am Anfang eine Erklärung der Workshop-Leiterin darüber, warum das gewählte Thema für Frauen ein Problembereich ist, vielleicht wird eine »Runde« gemacht, so daß die Teilnehmerinnen erfahren können, warum jede gekommen ist; darauf folgt vielleicht eine Übung – oft eine »aktive Imagination« –, die dazu dienen soll, die Probleme aufzudecken, die bei den einzelnen Frauen angesprochen werden.[2] Die Gruppe geht weiter in Form von Einzelarbeit mit den Teilnehmerinnen, allgemeinen Diskussionen, Rollenspiel und Aufgaben für zu Hause, die den einzelnen Frauen helfen sollen, über eine neue Einstellung zu dem Problemthema nachzudenken, wenn es ihnen begegnet. Die Workshops sind also nicht nur dazu da, Fragen aufzuzeigen, sondern auch, um neue Lösungen zu liefern.

Vieles von dem, was wir im Rahmen der Workshops über die Psyche der Frau erfuhren, hat das bestätigt, was wir in den Einzelsitzungen erkannten. Keines der beiden Modelle kann an die Stelle des anderen treten: Gruppen-Workshops und Einzelsitzungen dienen jeweils verschiedenen Zwecken. Wir wollen hier, weil die Arbeit theoretisch ineinandergreift, auf den Wert dieser Workshops hinweisen und begründen, warum wir sie als nützlich ansehen.

Schon das Zusammensein mit anderen Frauen in einer Gruppe kann ein neuartiges Erlebnis sein. Viele Frauen haben nie vorher absichtlich Zeit miteinander zugebracht, eine Zeit, in der sie in bezug auf ihre Erfahrungen sowohl nachdenken als auch handeln können. Frauen verbringen natürlich einen Großteil ihrer Zeit mit anderen Frauen, aber in Zusammenhängen, die sie vielleicht nicht selbst gewählt haben und die daher nicht dieselbe Bedeutung haben.[3] Wegen dieser selbstbestimmten Art des Zusammenkommens machen die Frauen in der Gruppe eine neue Erfahrung des Zusammenseins mit anderen Frauen. Wenn sie miteinander

Kontakt aufnehmen und miteinander auf psychologischer Ebene arbeiten, beginnt der Prozeß, in dem sie einander und sich selbst schätzen lernen. Frauen werden auf tausenderlei Arten, offen oder insgeheim, entmutigt, sich oder ihr Erleben ernst zu nehmen. Indem sie sich im Workshop einander mitteilen, nehmen die Frauen tatsächlich die Erfahrungen der jeweils anderen ernst. Dies hat wiederum seine Wirkung auf jede einzelne Frau im Zimmer, denn während sie beobachtet, welche Beiträge die anderen leisten, kann sie begreifen, daß ihre Gegenwart, ihr Preisgeben von Aspekten ihrer selbst und ihre Einwürfe von Wert sind. Die Einsichten, die sich aus solchen Workshops ergeben, sind besonders bedeutsam, denn sie entstehen daraus, daß Frauen sich einander mitteilen und miteinander etwas untersuchen, daß sie intime Einzelheiten ihrer inneren Erlebnisse offenbaren und entdecken, wieviel sie unter der Oberfläche gemeinsam haben.

Dieses Zusammenkommen ist ein wichtiger Schritt zum Aufgeben der eigenen Isolierung. Wenn man in einer geschützten Umgebung Aspekte des eigenen Erlebens preisgibt, entdeckt man, daß andere Frauen ähnliche Gefühle haben und sich mit Aspekten des ihnen fremden Lebens identifizieren können. Gerade das Gefühl des Isoliertseins erzeugt, zusätzlich zur tatsächlichen Isolierung der Frauen im Haus und in Einzelbeziehungen, erhebliche psychische Not. Diese neue Art der Zusammenkunft verwandelt ein Muster, das sich im Leben der Frauen ständig wiederholt.[4] Sie ist eine Herausforderung und zeigt einen Weg zu weiteren Untersuchungen und Möglichkeiten. Es ist ein dramatisches, zartes, aufregendes und begeisterndes Erlebnis, wenn zwölf Frauen zusammensitzen und sich auf ein Thema ihres Lebens konzentrieren. In vielen Workshops herrscht geradezu eine elektrische Spannung, während die Frauen miteinander mühevoll ein psychologisches Bild ihres Lebens aufbauen.

Wir haben schon gesagt, daß Frauen wegen ihrer psychosozialen Entwicklung aufmerksame, unterstützende und oft zweckmäßig denkende »Geberinnen guter Gaben« geworden sind. Die positiven Seiten dieser Gebehaltung können eine Gruppe sehr »aufbauend« machen; Frauen nehmen dort die Fürsorge anderer Frauen in sich auf. Die Teilnahme an einer Gruppe ist an sich schon eine Preisgabe und kann zunächst etwas nervenaufreibend sein, denn man kann durchaus beunruhigt darüber sein, was da aufgedeckt und offenbart wird, und die Probleme anderer Teilnehmerinnen können einen in eine unerwartete Richtung in Gang setzen. In diesen Workshops herrscht jedoch oft gerade wegen der Fähigkeit der Frauen zu geben[5] eine Atmosphäre großer Zärtlichkeit, Fürsorge und Anteilnahme, die ein wichtiges Sicherheitsnetz für alle Mitglieder bildet, was wiederum ein Schutzklima schafft, so daß Probleme in der psychischen Verfassung jeder einzelnen Frau erforscht werden können.

Verwandt mit dieser psychischen Fähigkeit zu geben ist die Fähigkeit der Frauen, sich auf andere »einzustimmen«, die Nuancen und die Bedeutung der Erlebnisse anderer intuitiv zu erfassen. Die emotionalen Antennen der Frau helfen ihr, sich vorzustellen, was eine andere Frau empfindet, wenn sie ihre Geschichte erzählt. So unmittelbar von allen Frauen in der Gruppe (oder zumindest einem großen Teil von ihnen) verstanden zu werden, ist sehr hilfreich und beruhigend. Ein solches Verständnis sollte die Frau zwar keineswegs davon abhalten, jene Teile zu untersuchen, auszusprechen und auszudrücken, die die Leute nicht verstehen, aber wenn sie sagt: »Auf einer Party hat mein Mann lange mit einer Frau geredet, und ich hatte das Gefühl, ich sollte nicht eifersüchtig sein, da war gar nichts, worauf ich wirklich eifersüchtig sein konnte, aber ich war doch eifersüchtig«, dann wird sie unmittelbar und einfühlsam verstanden; das ermöglicht dann den anderen Frauen, mit ihr (und natürlich für sich selbst) zu untersuchen, warum diese Situation so unbehaglich und beunruhigend sein könnte. Sie braucht der Gruppe nicht erst zu erklären, daß sie beunruhigend war – sie alle verstehen es und wissen durch ihre eigenen Gefühle, daß es so war.

Zwei weitere Faktoren machen einen Workshop zu einem äußerst produktiven Rahmen. Allein schon die Tatsache, daß es einen Workshop über ein Thema gibt, das die Frau in ihrem eigenen Leben erlebt hat (und wobei sie selber gern Hilfe hätte), vermindert die Scham und die Verlegenheit, die mit Gefühlen wie Konkurrenz, Eifersucht, Neid und Wut verbunden sind. Die Möglichkeit, solche Gefühle zu betrachten, macht sie weniger bedrohlich. Außerdem sind Sensibilität und Unterstützung für den Kampf jeder Frau vorhanden, weil die Gruppenteilnehmerinnen nicht miteinander verflochten sind, und weil die begrenzte Arbeitszeit der Gruppe die Übertragungsmanifestationen herabsetzt, die einen so großen Teil der therapeutischen Beziehung ausmachen. Um von einer solchen Gruppe enorm viel zu profitieren, müssen die Teilnehmerinnen sich nicht auf lange Zeit verpflichten.

Psychodynamische Therapiegruppen

Im Mittelpunkt psychodynamischer Gruppen stehen, anders als in Workshops, die Interaktionen unter den Teilnehmern und die Dynamik des Gruppenprozesses. Bei der Betrachtung der Einzeltherapie haben wir gesehen, daß die Beziehung zwischen Klientin und Therapeutin ein entscheidendes Merkmal ist; dasselbe gilt nun für Gruppen, wo die Beziehungen zwischen den Gruppenmitgliedern und die zwischen Mitgliedern und der Therapeutin sehr wichtig sind. Jede Frau, die in eine solche Gruppe eintritt, verpflichtet sich für einen zunächst nicht festgelegten Zeitraum zur Teilnahme. (Wir kennen auch psychodynamische Gruppen, deren Dauer auf ein Jahr festgelegt wurde.) Anders als bei einem Workshop, wo eine Frau sich anmelden oder teilnehmen kann, ohne vorher eine Zusammenkunft mit der Gruppenleiterin gehabt zu haben, hat sich bei einer fortlaufenden psychodynamischen Gruppe die Frau mit der Psychotherapeutin zu einer Aufnahmesitzung getroffen, wo abgeschätzt wird, ob die Gruppe für sie geeignet ist.

Eine Frauen-Therapiegruppe weist eine andere Psychodynamik auf als eine Therapiegruppe mit Männern und Frauen. Eine feministische Therapeutin, die mit der einen oder der anderen Art von Gruppe arbeitet, wird innerhalb der jeweiligen Gruppe eine andere Dynamik auslösen und Interpretationen der Bedürfnisse und Gefühle des einzelnen in einem Rahmen machen, der sich von heute üblichen analytischen Gruppen unterscheiden.[6] Beobachtungen in bezug auf Mütter und Töchter, Töchter und Väter, Neid, Konkurrenzgefühle, Unzulänglichkeit und Sehnsucht bekommen eine neue Bedeutung. In einer Frauen-Therapiegruppe ist die Therapeutin immer wieder von der ungeheuren Bedürftigkeit betroffen. Diese Bedürftigkeit ist von der ersten Zusammenkunft an eine entscheidende Dynamik in der Gruppe, aus der viele andere entstehen.

Wenn eine Gruppe neu beginnt, hat jede Frau enorme Angst, es könnte nicht genug bei der Gruppe »herauskommen«. Das mag sich in der Befürchtung ausdrücken, die Zeit sei nicht lang genug (eineinhalb oder zwei Stunden), in Schweigen und in Schwierigkeiten, die Zeit in der Gruppe »auszunützen«, oder in einer Reihe von Bezugnahmen auf andere Situationen, wo die Frau sich unbefriedigt, frustriert, mißverstanden, unterbrochen fühlt. Die Therapeutin interpretiert diese Befürchtungen in der Regel als Ausdruck von zugrundeliegenden Ängsten, ob die Gruppe ein beständiger und geschützter Ort für ihre Mitglieder sein kann, wo sie verstanden werden und ihre Bedürfnisse anmelden können.

Wie bei den Workshops ist sich auch hier jedes Gruppenmitglied der Bedürfnisse der *anderen* Frauen in der Gruppe deutlich bewußt. Jede ist eine Frau mit einer weiblichen Psyche, und so bringt sie ihre Antennen mit sich in die Gruppe. Hier begegnen wir einer zweiten Hauptdynamik, durch die ein Gruppenmitglied in die Falle eines Konflikts gerät: Wie kann man sich Platz schaffen und in der Gruppe Hilfe bekommen, wenn rundherum so viel Bedürftigkeit ist? Wie kann die Frau in der Gruppe Zeit in Anspruch nehmen, ohne sich beim Weggehen Sorgen zu machen, sie könnte vielleicht »zuviel« genommen haben; ohne sich schuldig zu fühlen, weil sie Beachtung und Zuwendung bekommen hat, und ohne das Gefühl, daß durch das, was sie »bekommen« hat, den anderen Frauen etwas »weggenommen« worden ist; ohne zu fürchten, daß ihre Schleusentore sich gerade geöffnet hatten und ihre Gefühle sie nun überwältigen würden (und vielleicht auch die Gruppe); besorgt, die anderen Gruppenmitglieder könnten wütend auf sie sein, weil sie so »gierig« war; besorgt, die Gruppenmitglieder könnten neidisch auf sie sein, weil sie die Aufmerksamkeit und Fürsorge der Therapeutin bekommen hatte.

Infolge dieser Konflikte sehen wir eine spezifische Dynamik in bezug auf die Therapeutin entstehen. In gewissem Sinn enthüllt die bloße Gegenwart der Therapeutin die Bedürftigkeit, die im Gruppenraum vorhanden ist, zur gleichen Zeit, zu der sie die Gefahrlosigkeit ihrer Enthüllung garantiert. Wie wir in anderen Situationen gesehen haben, versuchen Frauen oft, ihre Bedürftigkeit, ihr »inneres kleines Mädchen« zu verbergen. Aber der Eintritt in eine Therapiegruppe ist an sich schon ein Schritt auf die Verletzlichkeit zu, ein Eingeständnis, daß man Bedürfnisse hat. Die Frauen in der Gruppe werden vielleicht mit den durch die Gegenwart der Therapeutin (einer potentiellen Nährerin und Befriedigerin) erzeugten inneren Spannungen fertig, indem sie versuchen, sie auszuschließen. Die Gruppe schließt vielleicht ein vorläufiges Bündnis und läßt die Therapeutin draußen. Interventionen und Interpretationen, die die Therapeutin anbietet, treffen vielleicht auf Verzicht und Furcht. Jede Frau und dann auch die Gruppe insgesamt versucht, die Bedürftigkeit zu zügeln, und die Gruppe reproduziert die falschen Grenzen zwischen sich und den Bedürfnissen.

Die Therapeutin ist sowohl eine Durchbrecherin dieser falschen Grenzen als auch eine potentielle Nährerin. Die Gruppe trägt die Hoffnung jeder Frau in sich, hier könnte ein Ort sein, wo man Hilfe bekommen kann, wo Isolierung abgebaut und Schmerz gelindert und ertragen werden kann. Aber die Gruppe wehrt sich oft gegen diese Hoffnungen und gegen die potentielle Enttäuschung durch die Therapeutin. Die Frauen haben unbewußt das Gefühl, die Therapeutin werde nicht fähig sein, mit all den Emotionen in der Gruppe fertigzuwerden, die Therapeutin, auch eine Frau, werde nicht stark genug sein, die Gruppe zu halten. Infolgedessen sehen wir in der Gruppe viele Formen der Dynamik, mit denen die Therapeutin in Schach gehalten werden soll; sie sind Formen der Abwehr gegen diese potentielle Enttäuschung.

In der Therapiegruppe sind, genau wie in der Einzeltherapie, sowohl die realen Beziehungen zwischen den Mitgliedern und der Therapeutin vorhanden als auch Übertragungsbeziehungen. Die Mutter-Tochter-Übertragung auf die Therapeutin wie auf andere Gruppemitglieder kommt häufig vor. Viele Dialoge in der Gruppe lösen Übertragungsgefühle aus, und daraus folgen Wut, Enttäuschung oder das Gefühl, mißverstanden worden zu sein. Die Übertragung tritt tatsächlich deutlicher zutage als in der Einzeltherapie, denn jede Frau in der Gruppe handelt auf Grund von Übertragungsgefühlen gegenüber der Therapeutin und gegenüber Gruppenmitgliedern. Die Therapeutin beobachtet dies und erlebt die Übertragung auffallend klar und offenkundig.

Wenn die Gruppe sich entspannt und sich mehr auf sich selbst besinnt und wenn die Abwehr dagegen, etwas von der Therapeutin zu wollen, abnimmt, fangen die Mitglieder vielleicht an, um ihre Aufmerksamkeit zu wetteifern. Wenn sie einer Frau in der Gruppe ihre Aufmerksamkeit zuwendet, weckt dies vielleicht in den anderen ihre eigene Sehnsucht, ihre eigenen Verlustgefühle, ihr eigenes Gefühl, nicht genug zu bekommen, ihre Furcht vor Instabilität, ihre Konkurrenzgefühle gegenüber anderen Frauen. Zugleich sind sie vielleicht erleichtert, wenn sie sehen, daß die Therapeutin ein anderes Gruppenmitglied behandeln und ihm helfen kann. Sie bekommen das Gefühl, vielleicht könnte sie auch für sie da sein.

Wegen der Übertragungsgefühle und all der anderen unvermeidlichen Gefühle, mit denen jede Frau mit anderen Frauen zusammen in einer Therapiegruppe sitzt, gibt es Zeiten, in denen sich jede von ihren Gefühlen umzingelt und vielleicht eingekapselt und daher in ihnen isoliert fühlt. Sie wünscht sich Kontakt zu den anderen Gruppenmitgliedern, aber der ist, wie wir schon gesehen haben, nicht einfach oder geradezu. So viele Gefühle erfüllen das Zimmer – soviel potentielle Verschmelzung, Grenzenlosigkeit und Verlust des Selbst –, daß die Übertragung von dem von den

Frauen geschaffenen Kreis abzuprallen scheint. Diese Gefühle stecken so im Zentrum der weiblichen Psyche, daß man sich umringt fühlen kann von Generationen der Geschichte und der sozialen Erfahrungen von Frauen. Frauen sprechen von ihren Müttern, Großmüttern und Schwestern und von den Wirkungen, die diese alle auf sie gehabt haben. Mit Gefühlen der Verletzlichkeit, des Schmerzes, der Wut oder der Bestürzung, die eine Frau zum Ausdruck bringt, identifizieren sich andere Frauen in der Gruppe höchst bereitwillig.

Manchmal erscheint alles zu überwältigend, und es gibt Versuche, die auftauchenden Gefühle in Schach zu halten. Gruppenmitglieder versuchen vielleicht, eine Frau, die ihren Schmerz ausdrückt, wegen ihres eigenen Schmerzes und ihrer Identifikation mit der Frau, die gerade »arbeitet«, zum Schweigen zu bringen oder zu unterbrechen. Die Unterbrechung ist ein Versuch, die Gefühle so zu unterdrücken, wegzuschieben und zu verdrängen, wie die Frauen es bei sich selber tun. Ein weiteres Beispiel der Abwehr gegen die eigenen ähnlichen Gefühle ist die »Verständnislosigkeit« eines Gruppenmitglieds oder die Neigung, verblüfft oder ablehnend gegenüber dem Erleben oder den Gefühlen der anderen Frau zu sein.

Während die Frauen diese verschiedenen Probleme in der Gruppe für sich selbst bearbeiten, durchströmt eine weitere Dynamik den Gruppenprozeß. Wie wir gesehen haben, sind Frauen ihrem »inneren kleinen Mädchen« gegenüber sehr unbarmherzig; sie versuchen ständig, es wegzustoßen, es zu verstecken. In einer Gruppe, in der acht Frauen und acht »kleine Mädchen« sind, ist es nicht nur äußerst beruhigend, zu entdecken, daß jede Frau ein »kleines Mädchen« in sich hat, sondern es macht dieses »kleine Mädchen« auch weniger beängstigend. Das ist natürlich schon für sich allein therapeutisch, aber vielleicht ist noch wichtiger, daß die Frauen, wenn sie dem »inneren kleinen Mädchen« anderer und dem Dilemma, das andere mit diesem Teil ihrer selbst haben, mit mehr Sympathie begegnen können, ihr eigenes »inneres kleines Mädchen« wohlwollender behandeln können.

Da jede Frau in der Gruppe erlebt, daß sie nicht nur von den anderen Mitgliedern etwas bekommt, sondern auch von der Therapeutin, wird sie fähig, ihre Ressentiments, ihre Aufregungen, ihre Angst vor dem Verlassenwerden zu äußern. Aber die Therapeutin kann, gerade weil sie im therapeutischen Zusammenhang zur Verfügung steht, diese Probleme durcharbeiten und der Frau helfen, das Aufnehmen der Fürsorge aller Gruppenmitglieder und der Therapeutin selbst wirklich zu erleben. In einer reinen Frauen-Therapiegruppe zu sein und eine Therapeutin zu haben, die mit einer Menge bedürftiger »kleiner Mädchen« umgehen und jedem von ihnen etwas geben kann, ist also eine sehr positive Erfahrung.

Ein weiteres Thema, das sich durch die Gruppe zieht, ist, daß alle Frauen Bestätigung wollen, und sie wollen sie von Frauen. Was die Mutter der Tochter vielleicht am schwersten geben kann, ist Bestätigung, Lob und ein Selbstwertgefühl, denn sie identifiziert sich mit ihr und ihr fehlt ein eigenes Selbstwertgefühl. Im allgemeinen suchen sich Frauen also Bestätigung bei ihrem Vater und dann bei anderen Männern. Wir vermuten jedoch, daß die Suche nach Bestätigung auf die Schwierigkeiten in der Mutter-Tochter-Beziehung zurückgeht und daß Frauen in Wirklichkeit Bestätigung von anderen Frauen wollen. In einer Frauen-Therapiegruppe hat die Frau eine Chance, durch ihre Beziehung zu den anderen Frauen in der Gruppe eine andere Erfahrung zu machen als mit ihrer Mutter.

Durch die Gruppe beginnen die Frauen, einander als mehrdimensional zu sehen; sie nehmen Abstand von dem ihnen tief eingeprägten Bild von der Frau als gut oder böse, bedürftig oder unersättlich, allmächtig oder alles verweigernd; nun können sie anfangen, diese mehrdimensionale Struktur auf ihre eigenen Erfahrungen mit sich selbst anzuwenden. Wenn sie anderen Frauen zuhören, fangen sie an, das Erleben jeder einzelnen Frau – und dadurch ihr eigenes – ernst zu nehmen. So fangen sie an, tief internalisierte Gefühle geringen Selbstwerts aufzuheben.

Die Erfahrung einer Frauen-Therapiegruppe ist erregend, faszinierend, zutiefst schmerzlich und kann radikal verändernd wirken. Eine der zentralen Dynamiken während des ganzen Gruppenprozesses ist die Art und Weise, wie die Frauen Vertrauen zur Kontinuität der Gruppe entwickeln.

Die Frauen in der Gruppe durchlaufen einen Prozeß des Annehmens, der Entladung von Schmerz, Wut, Bestürzung und des Verstehens unbewußter Muster und psychischen Lebens. Jede Frau nähert sich der Ablösung von der Gruppe, während sich ihr Bedürfnis nach der Gruppe verändert. Natürlich ist in einem späteren Stadium einer analytischen Frauen-Therapiegruppe das Problem der Ablösung und Autonomie ganz entscheidend. Die Therapeutin und die anderen Gruppenmitglieder helfen der Frau, die frühkindliche Erfahrung mit der Mutter (und die Nicht-Ablösung) aufzuheben und sich mit anderen starken, eigenständigen, »gesättigten«, liebenden Frauen vorwärts zu bewegen, wobei ein »gesunder« Kontakt sie weiterhin verbindet. Wir haben bei der Einzeltherapie gesehen, daß dies ein heikler Vorgang ist. In der Gruppe weckt der geplante Austritt einer Frau bei den anderen Mitgliedern vielschichtige Gefühle, die mit Verlassenwerden oder Wut zu tun haben. Das Ausscheiden eines Gruppenmitglieds, ob es nun vorzeitig oder angemessen ist, erzeugt für alle Beteiligten eine reichhaltige Situation, besonders dort, wo die Therapeutin darauf hinarbeitet, jeder Frau zum Erleben des Gefühls von Autonomie und Eigenständigkeit zu verhelfen.

5 Fragen für die Psychotherapeutin

Die Analyse, die wir einsetzen, um das Leben und die psychischen Konflikte unserer Klientinnen zu verstehen, läßt sich ebensogut auf uns als Therapeutinnen anwenden. Als Frauen mit einem feministischen Bewußtsein, die mit Frauen arbeiten, sind wir uns der Ähnlichkeiten zwischen dem Leben unserer Klientinnen und unserem eigenen Leben bewußt. Vielleicht beobachten wir in den Übertragungsaspekten der Therapie eine Dynamik, die an unsere eigenen Tochter-Mutter- und Mutter-Tochter-Beziehungen erinnert. Man könnte dies als Material der Gegenübertragung[1] verstehen, aber eine solche Anschauungsweise ist nach unserer Meinung ziemlich begrenzt. Wir waren alle Mädchen, denen man beigebracht hat, Frauen zu werden; wir alle haben »innere kleine Mädchen«; wir alle teilen auf irgendeiner Ebene denselben Kampf um Selbstverwirklichung; wir alle sind wütend über die individuelle und soziale Stellung der Frau. Deshalb identifizieren wir uns oft stark mit den Frauen, mit denen wir arbeiten. Das ist nicht einfach nur Gegenübertragung. Es ist die Haltung und Einstellung, die wir annehmen, wenn wir unser Leben durch unsere Klientinnen vor uns ausgebreitet bekommen, und dadurch wirkt diese Art von Therapie. Als Frauen, die denselben Sozialisationsprozeß durchgemacht haben, müssen wir unweigerlich viele Punkte der Identifikation mit unseren Klientinnen finden. Die Überprüfung der eigenen emotionalen Reaktionen auf die Klientinnen erfordert von den feministischen Psychotherapeutinnen, die zwischen Gegenübertragung, Identifizierung und Einfühlung unterscheiden müssen, eine besondere Sensibilität.

Die feministische Therapie anerkennt nämlich die materielle und strukturelle Grundlage des Leidens der einzelnen Frauen und erkennt, daß die psychische Entwicklung der Therapeutinnen sich keineswegs wesentlich von der ihrer Klientinnen unterscheidet. Klinische Konferenzen und Supervisionsgruppen[2], in denen Therapeuten ihre Reaktionen auf ihre Klienten durchdenken können, sind eine Unterstützung für den Therapeuten und ein wichtiger Teil der Ausbildung. Außerdem verschreiben wir uns als Therapeutinnen dieselbe Methode, die wir als Frauen verwendet haben, als wir versuchten, unsere Isolierung zu durchbrechen: Selbsterfahrungsgruppen (CR-Gruppen) für praktizierende Therapeutinnen. In diesen Gruppen werden Therapeutinnen ermutigt, über Probleme zu sprechen, bei denen sie sich mit ihren Klientinnen identifizieren.

Unsere Identifikation ist eine der Lasten, die der Therapeutenberuf mit sich bringt. Wir hören all unsere Lebensgeschichten – von Leben der Unterdrückung, der Qual, des Kompromisses, der Enttäuschung, der Frustration, der unausgedrückten Wut und der verblüffenden Tapferkeit –, wovon ein Großteil auf den sexuellen Übereinkünften innerhalb des Patriarchats beruht, abgewandelt durch die einzelne Kernfamilie. Als Therapeutinnen brauchen wir einen Ort, um sozusagen »Dampf abzulassen«, um unsere emotionalen Reaktionen zu klären und um die Zusammenhänge zwischen den emotionalen Problemen, mit denen wir bei unserer Arbeit täglich konfrontiert werden, und den zugrunde liegenden sozialen Problemen herauszuarbeiten, und um zu erkennen, wie diese mit psychischen Phänomenen und der therapeutischen Arbeit verknüpft sind. Im Idealfall könnte der Rahmen der Supervision diese Dimension einschließen.

Wir finden jedoch nicht, daß es einen therapeutischen Wert hat, diese Identifikation den Klientinnen mitzuteilen, außer vielleicht auf die allgemeinste Art im Anfangsstadium der Entscheidung, miteinander die Therapie zu machen. Erstens ist es eine Belastung für die Klientin, sich um die Therapeutin zu kümmern, sich ihretwegen Sorgen zu machen, anstatt die Schwierigkeiten zu untersuchen, die sie *selbst* mit der Therapie hat. Wie wir gesehen haben, wirkt diese Seinsweise, dieses Bedürfnis und diese Fähigkeit, auf andere einzugehen, als starkes Hemmnis bei der Selbstverwirklichung einer Frau. Die Therapiesituation soll Gelegenheit geben, diese Dynamik zu untersuchen (mit dem Ziel, sie zu verändern), nicht, sie zu verstärken.

Zweitens kann die Mitteilung der persönlichen Erlebnisse der Therapeutin dazu dienen, das zu unterbrechen, was in der Klientin gerade vor sich geht, womit sie wieder von ihrem eigenen Erleben abgelenkt würde. Es erfordert Übung, sich auf das eigene Erleben zu konzentrieren. Frauen bekommen oft Schuldgefühle, wenn sie auf diese Weise reden, nachdenken und mit sich selbst beschäftigt sind. Aber im Idealfall sollte die Therapie genau so einen Raum bieten, wo die Klientin nicht auf andere einzugehen braucht. Wenn wir Therapeutinnen von uns sprechen, geben wir der Klientin in Wirklichkeit eine zweideutige Botschaft. Wir sagen, hier ist ein geschützter Ort, wo du über dich selbst sprechen kannst – aber nur, wenn du mich berücksichtigst.

Drittens geben wir zwar als Therapeutinnen ein Beispiel für Autonomie, aber wir wollen unsere Klientinnen nicht ermuntern, sich übermäßig mit uns zu identifizieren, damit sie sich nicht in einem weiteren Kampf von der Nachahmung einer neuen Autoritätsfigur befreien müssen. Dies ist keineswegs belanglos. Während bestimmter Phasen der Therapie – besonders am Beginn des mittleren Stadiums, wenn die Klientin sich die Zuwendung der Therapeutin zu eigen macht – beobachtet die Therapeutin, daß die Klientin Aspekte ihrer selbst nach dem Beispiel der Therapeutin gestaltet. Diese Art der Nachahmung hört auf, wenn die Therapie fortschreitet und die Klientin das Selbstvertrauen gewinnt, zu entdecken, was sie gernhat und wer sie ist. Das gehört zu ihrer Individuation nach einem befriedigenden Bündnis mit der Therapeutin.

Viertens schließlich würde eine Selbst-Offenbarung der Therapeutin die Übertragungsprojektionen der Klientin unterbrechen und abschneiden, die ein wesentlicher Aspekt der Therapiebeziehung und des Therapieprozesses sind. Es ist schwierig, solche Projektionen zu entwirren, wenn die Klientin mit realen Informationen über die Therapeutin überschüttet wird, die mit der Therapie nichts zu tun haben.

Oft wünscht sich eine Klientin, die Therapeutin würde ihr mehr von ihrem Leben und ihren persönlichen Erlebnissen mitteilen. Wenn die Klientin besonders isoliert ist, hat sie vielleicht das Gefühl, nur sie empfinde so und so. Sie denkt vielleicht, sie sei alt oder seltsam, und selbst wenn sie sich von der Therapeutin verstanden fühlt, mag sie das Bedürfnis nach Bestätigung und Teilnahme haben. Da das Leben der Frau strukturell isoliert ist, wirkt es enorm unterstützend, von den Erfahrungen anderer zu hören. Die Therapeutin gerät in Versuchung, diesen Wunsch selbst zu erfüllen, aber wir glauben, diese Wünsche könnten besser verarbeitet werden, indem man der Klientin empfiehlt, mit anderen Frauen über solche Sorgen zu sprechen, sei es im Rahmen einer Freundschaft, sei es in einer Gruppe, in der Erfahrungen ausgetauscht werden können, wie z. B. in der Gruppentherapie, in thematischen Workshops und natürlich in CR-Gruppen.

Das bedeutet, daß sich die Therapeutin auf besondere Weise zurückhalten muß. Sie beherrscht ihren Impuls, der Klientin zu zeigen, daß ihre Verwirrung, ihre Fragen und Sorgen nicht einzigartig sind. Sie braucht der Klientin aber nichts vorzuenthalten. Es gibt Möglichkeiten, ihre Klientin z. B. darüber zu beruhigen, daß sie nicht »besonders seltsam« ist, ohne ihre persönliche Erfahrung zur Veranschaulichung zu benützen. Dieses Gefühl, man sei seltsam – auf eine schlechte Art anders als die anderen –, kommt besonders häufig bei Frauen vor, weil sozial und psychisch von ihnen gefordert wird, sie sollten auf außengeleitete Weise leben, ihre Aufmerksamkeit auf andere lenken. Die Wendung nach innen und das Aufspüren des eigenen echten Erlebens kann Gefühle, Empfindungen und Gedanken zutage fördern, die nicht nur ungewohnt sind, sondern gefühlsmäßig nicht mit der Auffassung vom eigenen Selbst übereinstimmen. Die Therapeutin muß sich in die anfänglichen Sorgen der Klientin einfühlen können, und sie würde, wie wir bereits besprochen haben, gut daran tun, sich an ihre eigene erste Therapiesitzung und an die mit ihr verknüpfte Skala von Gefühlen zu erinnern – Verletzlichkeit, Hoffnung und Furcht.

Wenn sich die Therapeutin bereiterklärt, mit einer Frau eine Therapie durchzuführen, öffnet sie sich für eine ernsthafte neue Beziehung, die im Verlauf der Therapie auf beiden Seiten Intimität und Zärtlichkeit umfassen wird. Die Therapiebeziehung beeinflußt nicht nur die Klientin; sie bekommt auch im Leben der Therapeutin eine Bedeutung. Die Therapeutin und die Klientin arbeiten zusammen in dem Versuch, das emotionale Leiden der Klientin zu verstehen. Die Therapeutin steht außerhalb der verwirrenden oder quälenden aktuellen Erlebnisse; sie ist wie ein emotionaler Rettungsring und stützt die Klientin in ihrem Bemühen, die sich wiederholenden Streßmuster zu überstehen. Die Therapeutin muß fähig sein, das, was die Klientin ihr mitteilt, von einem nicht-wertenden Standpunkt aus zu betrachten, denn ein wichtiger Teil des Heilungsprozesses besteht darin, den Klientinnen zu helfen, die Scham zu durchbrechen, von der ihre Gedanken, Gefühle, Fantasien und Wünsche begleitet sind; dies ist das Vorspiel zur Durcharbeitung der schwierigen Themen.

Jenseits der Fragen von Identifizierung und Einfühlung und der Art, wie es der Therapeutin unter diesen Umständen schwerfallen kann, nichts von sich mitzuteilen, liegt das Problem der Gegenübertragung. Die Klientin aktualisiert unweigerlich in der Therapeutin Konflikte ihres eigenen Lebens; dies können aktuelle Probleme sein, oder solche aus der Vergangenheit, die vergraben waren. Wenn die Therapeutin sich dieser Konflikte und ihrer Einstellungen, Vorurteile und blinden Flecke nicht genügend bewußt ist, versucht sie vielleicht, ohne es zu merken, die Therapie zur Befriedigung ihrer eigenen Bedürfnisse zu benützen. Um die Gefahr herabzusetzen, daß sie auf der Grundlage ihrer eigenen unbewußten Prozesse handeln, machen alle Therapeuten selber eine intensive Therapie durch. Das soll sicherstellen, daß die Therapeutin in der Therapie zwischen ihren Bedürfnissen und denen der Klientin unterscheiden kann und im Rahmen der Therapie eindeutig der Klientin zur Verfügung steht. Da keine Lehranalyse behaupten kann, jeden Winkel der Psyche ausgeleuchtet oder jedes beunruhigende Problem im Leben der Therapeutin durchgearbeitet zu haben, muß die Therapeutin aufmerksam auf die Gefühle achten, die die Klientin in ihr wachruft und herausfinden, woher sie kommen. Sind sie eine Reaktion auf die Übertragung der Klientin – zum Beispiel ein Ausdruck einer an die Therapeutenrolle gebundenen Reaktion? Oder rühren sie ungelöste persönliche Probleme der Therapeutin an? Ohne ständige Überwachung ihrer eigenen Gefühle und ohne daß sie auf Gegenübertragungsprobleme achtet, kann es vorkommen, daß die Therapeutin Deutungen anbietet oder das Interesse der Klientin auf Bereiche lenkt, die für sie selber von größerer Bedeutung sind als für die Klientin. Die eigene Analyse der Therapeutin ist also der beste Schutz gegen Mißbrauch. Die Therapeutin einer Frauen-Therapiegruppe ist z. B. jede Woche in der Gruppe einer Unmenge von Verstörung, Not, Bedürftigkeit, Grenzenlosigkeit, Selbsthaß, Wut und Konkurrenzgefühlen wie auch von Liebe und Zuwendung ausgesetzt. Sie muß dies alles mit Selbstvertrauen aushalten können. Sie muß der Gruppe durch ihr Verhalten und durch ihre Verbundenheit den Eindruck vermitteln, daß sie sich von der Gruppe nicht überwältigen, vereinnahmen oder vernichten lassen wird. Da sie selber eine Frau ist, tauchen viele Probleme auf. Manchmal, besonders am Anfang einer Gruppe, mag sie fürchten, daß da zuviel Bedürftigkeit ist und daß sie sie unmöglich wird befriedigen können. Zuweilen fühlt sie sich aus der Gruppe ausgestoßen, und sie muß diese Ablehnung, Wut, Kritik und negative Übertragung, die einzelne Gruppenmitglieder und die Gruppe als ganzes ihr entgegenbringen, ertragen können. Sie muß sich der zugrundeliegenden Gefühle deutlich bewußt sein, die die Frauen ausdrücken, denn so vieles, was sich an der Oberfläche abspielt, ist nur der Schlüssel zu den wahren emotionalen und therapeutischen Problemen. Vielleicht muß sich die Therapeutin vor allem ihrer eigenen Grenzen ganz klar bewußt sein. In der Gruppe sind soviel Verschmelzung und Grenzenlosigkeit, daß sie sich manchmal von all diesen Gefühlen, Bedürfnissen und »kleinen Mädchen« überschwemmt und in Besitz genommen fühlen kann. Die Therapeutin muß fähig sein, für sich und in ihren eigenen Grenzen zu bleiben, um der Gruppe Deutungen geben, mit allen Frauen arbeiten und eine sichere und stabile Figur sein zu können.

Im Lauf der Therapie bekommt die Therapeutin im Leben der Klientin eine ganz wichtige Bedeutung. Sie wird ein Bezugspunkt, eine beständige Figur, die die Klientin hält und faßt und mit ausgestreckter Hand bereitsteht, die verschiedenen emotionalen Schwierigkeiten durchzuarbeiten. Wenn die Klientin besonders entmutigt oder verzweifelt ist, bricht die Therapeutin nicht mit ihr zusammen, sondern bleibt eine stabile Kraft, ein Licht am Ende des Tunnels. Sie hilft, das psychische Leiden einzugrenzen, und sie weist dabei auf neue Möglichkeiten hin. Die Klientin ist mit Bedürfnissen und mit Hoffnung auf Hilfe zur Therapeutin gekommen. Sie kommt mit ihren bewußten und unbewußten Vorstellungen darüber, was in Beziehungen möglich ist.

Die Therapeutin wird als mächtig angesehen, weil sie der Klientin beisteht; zu dieser Abhängigkeit gehören Gefühle der Ohnmacht und Hilflosigkeit. Wir haben gesehen, daß in der Übertragungsbeziehung die Gefühle und Einstellungen, die die Klientin als Säugling von ihrer Betreuerin gelernt hat, wieder hochkommen und überprüft werden müssen. Aber diese sind nicht nur im Rahmen der Übertragung von Belang, denn nicht die Einbildung der Klientin besagt, sie sei verletzlicher und weniger mächtig als die Therapeutin; in der Therapiebeziehung herrscht ein realer Machtunterschied. In der Therapie besteht die Übereinkunft, daß sich Klientin und Therapeutin zunächst verpflichten, die vorhandenen Kräfte und Fertigkeiten zu benützen, um das psychische Leiden der Klientin zu verstehen und durchzuarbeiten. Die Klientin empfindet in verschiedenen Stadien der Therapie mehr oder weniger scharf, daß sie die Therapeutin braucht. Die Therapeutin braucht die Klientin nicht auf dieselbe Weise, so gern sie vielleicht mit einer bestimmten Frau arbeitet. Das Selbstvertrauen der Therapeutin im Hinblick auf die ihr gestellte Aufgabe bedeutet, daß sie einen anderen Teil ihrer selbst in die Therapiesituation einbringt als die Klientin – sie zeigt ihre Verletzlichkeit nicht. Zwar zeigt sich der Machtunterschied auf vielerlei Arten, aber eine der wichtigsten ist, daß es die Therapeutin ist, die die Deutungen gibt und einen Überblick über die Psyche der Klientin zu haben scheint. Die beiden an der Beziehung beteiligten Menschen erkennen diesen Aspekt ihres Wissens an, und diese Art des Wissens ist eine Art Macht. Deshalb wird die Klientin – mehr oder weniger – das Gefühl haben, die Therapeutin sei einflußreich und habe irgendeine Art von Macht.

Die Klientin empfindet mancherlei in bezug auf diesen Machtunterschied, und es ist wichtig für die Therapeutin, sich über diese Dynamik im klaren zu sein, so daß sie der Klientin helfen kann, die sehr verständlichen Befürchtungen und Ängste zu untersuchen, die sie vielleicht im Hinblick auf einen Machtmißbrauch in diesem Rahmen hat. Die Therapeutin sollte die Macht, die sie hat, nicht verleugnen, sondern beobachten, welchen Einfluß sie auf jede einzelne Therapiebeziehung hat. Wir haben gesehen, daß eine soziale Forderung an die Weiblichkeit besagt, Frauen hätten sich anderen gegenüber unterzuordnen. Dieses sozialisierte Verhalten hat seine unbewußten Strukturen, die eine Frau veranlassen können, sich auch in ihrer Therapie unterzuordnen. Sie kommt vielleicht gar nicht auf den Gedanken, daß daran etwas falsch sein könnte. Andere Frauen mögen anders reagieren. Sie sind sich vielleicht klar darüber, daß sie von Autoritätspersonen manipuliert worden sind. Sie äußern vielleicht Mißtrauen und Besorgnis darüber, was in der Therapie »mit ihnen gemacht« werden könnte. Die Therapeutin sollte diese Besorgnisse ernst nehmen und mitfühlend auf sie eingehen, denn sie wurzeln oft in realen Erfahrungen von Mißbrauch.

Solche Sorgen über den Machtunterschied kommen in verschiedenen Stadien der Therapie zur Sprache, und es ist wichtig, zusammen mit der Klientin die verschienenen Ebenen und Bedeutungen ihrer Verletzlichkeitsgefühle durchzuarbeiten. Manchmal kann es bedeutsam sein, anzuerkennen, daß ihre Verwundbarkeit real ist, und daß Therapeutin und Klientin in der Beziehung verschiedene Stellungen einnehmen.

Eine Möglichkeit, das Machtgefälle auf ein Mindestmaß herabzusetzen, besteht darin, die Therapiebeziehung von geheimnisvollen Aspekten zu befreien. Je mehr die Klientin den Hintergrund der verwirrenden Gemütszustände, in denen sie ist, verstehen kann, desto mehr wird sie auf ihre eigene Stimme und Kraft aufmerksam; es entstehen eine gemeinsame Sprache und ein gemeinsames Verständnis psychischer Angelegenheiten. Die Therapeutin braucht der Klientin keine Erkenntnisse über deren psychische Prozesse vorzuenthalten, wenn die Frau durch diese Informationen ein besseres Gefühl für Verhältnisse und ein besseres Verständnis für sich selbst und den Therapieprozeß gewinnen kann.

Die Therapeutin sollte so offen sein, daß sie über ihre theoretischen Ausrichtungen, ihre Vorurteile und darüber sprechen kann, wie von ihrer Theorie und Praxis aus die Psyche der Frau aussieht, so daß die Klientin weiß, auf welche Art von Therapie sie sich einläßt. Vorstellungen über die Psyche haben immer eine bestimmte Richtung, und das heißt schlichtweg, *daß alle Therapien durch eine politische Dimension beeinflußt sind*. Viele Psychotherapeuten machen den Fehler, ihre klinische Arbeit als wertfrei hinzustellen. Sie sind sich dabei nicht der Art und Weise bewußt, wie eine politische Weltanschauung eine psychologische Ansicht über die Frauen formt, und daß diese wiederum einen bestimmten Blickwinkel schafft. Als feministische Psychotherapeutinnen bringen wir unsere politischen und persönlichen Einstellungen, Vorurteile und Wertvorstellungen in unsere Arbeit mit ein. Wir hören das, was unsere Klientinnen sagen, mit einem besonderen Ohr, das in seiner Besonderheit nicht spezieller ist als das anderer Therapeuten, aber wir sind uns der Art bewußt, wie wir es auffassen, daß die psychische Entwicklung der Frau innerhalb der sozialen Beziehungen des Patriarchats eine bestimmte Form annimmt.

Nach unserer Ansicht müssen feministische Therapeutinnen daran glauben, daß sich jeder seinen Sexualpartner frei wählen kann. Wegen der geschichtlichen und fortgesetzten Diskriminierung der Homosexualität in der Psychiatrie war es für Lesbierinnen oft äußerst schwierig, sich in psychotherapeutische Behandlung zu begeben. Das gilt sowohl für die Lesbierin, die eine

Einzelpsychotherapie anstrebte, als auch für lesbische Paare, die Beratung brauchten. Feministische Therapeutinnen müssen ihre eigenen tiefverwurzelten Anschauungen und möglichen Ängste in bezug auf die weibliche Homosexualität untersuchen (selbst wenn es sich um eine lesbische Therapeutin handelt), um auf klare und vorurteilslose Art mit lesbischen Klientinnen arbeiten zu können.

Viele Therapeutinnen tun dies einigermaßen ungern. Im Gespräch über ein junges Mädchen, das sich von ihr angezogen fühlte, begann Claire, eine Therapeutin, die selber Lesbierin war und nachhaltig dafür eintrat, daß Lesbierinnen ihre Sexualität frei ausdrücken, sich Sorgen zu machen, ob sie ihre Klientin nicht negativ beeinflusse. Wenn sie im Leben ihrer Klientin Melissa eine einflußreiche Gestalt wäre und sie ermutigte, ihre Gedanken und Fantasien über die Liebe zu Frauen zu teilen, würde sie sie vielleicht auf ein schweres Leben vorbereiten. Claire meinte, sie sei der lesbischen Liebe gegenüber aufgeschlossener als »die Welt da draußen« und Melissa würde vielleicht falsche Vorstellungen bekommen. Als Claire sich ihre Haltung in der Supervision näher ansah, wurde ihr klar, daß sie ihr eigenes Vorurteil offenbarte. Die weibliche Homosexualität war für sie nicht einfach eine Entscheidung, sondern ein Nachteil. Sie hatte ihre sexuelle Einstellung allmählich, aber widerwillig anerkannt. Sie hatte jahrelang »gehofft«, sie würde in einer heterosexuellen Beziehung glücklich sein. Sie hatte das Gefühl, es habe sicherlich seine befreienden Aspekte, sich zur Homosexualität zu bekennen, aber es schneide sie auch von vielen Menschen fühlbar ab. Sie war nicht davon überzeugt, daß sich soviel in der Welt verändert habe, daß die Homosexualität wirklich als anerkannte Alternative gelten konnte. Sie spürte die Wut in sich, die von der Diskriminierung herrührte. Sie empfand die Kränkung der Ablehnung durch ihre Eltern. Sie machte sich Sorgen, Melissa könnte mit solchen Verstörungen vielleicht nicht selber fertigwerden. Darüberhinaus erkannte sie, daß die Heterosexualität als Ideal in ihr weiterlebte. Sie war sich klar darüber, daß sie nicht übermäßig besorgt darüber wäre, wenn eine heterosexuelle Therapeutin eine Jugendliche dieselben heterosexuellen Verlockungen spüren ließe, wie sie sie selber empfände.

Derartige Probleme müssen in Supervisionssitzungen aufgegriffen und bedacht werden, damit Therapeutinnen nicht unabsichtlich heterosexuelle Vorurteile reproduzieren. Diese Vorurteile können sich auch in der Art von Fragen manifestieren, die eine Therapeutin stellt oder nicht stellt. Eine Klientin quälte sich damit, daß sie in einer quasi-versteckten lesbischen Beziehung lebte. Ein Teil von ihr war so unglücklich darüber, daß sie homosexuell war, daß sie gelegentlich heterosexuelle Raubzüge unternahm. Sie hatte irgendwie das Gefühl, sie sei zutiefst unzulänglich, weil sie nicht mit einem Mann zusammen war.

Therapeutin: »Können Sie sagen, was Sie am schwersten akzeptieren können – was es Ihnen unmöglich macht, Ihre homosexuelle Identität zu akzeptieren?«
Klientin: »Daß ich versagt habe . . . daß ich einfach nicht mit Männern zurechtkomme . . . Vielleicht versuche ich es gar nicht richtig.«
Therapeutin: »Sind Sie jemals auf den Gedanken gekommen, daß es vielleicht die Männer waren, die Sie enttäuscht haben . . . daß Sie nicht von vornherein im Unrecht sind?«

Diese Intervention eröffnete der Klientin eine ganz neue Richtung. Oberflächlich war nichts Ungewöhnliches an der Frage der Therapeutin. Wenn die Klientin von einer gescheiterten Freundschaft gesprochen hätte, hätte eine Therapeutin vielleicht auf ähnliche Weise darauf hingewiesen, daß vielleicht die Freundin enttäuschend war. Es zeigt sich jedoch oft ein blinder Fleck im Bereich um die Homosexualität, so daß die Therapeutin im typischen Fall die Unzulänglichkeitsgefühle betont und verfolgt; auf diese Weise verstärkt sie die Anschauung, mit der Homosexualität stimme etwas nicht.

Auch Einstellungen zur Schicht- und Rassenzugehörigkeit, seien sie bewußt oder unbewußt, sind in der Therapiebeziehung unweigerlich zu spüren (selbst wenn Therapeutin und Klientin denselben Gruppen angehören). Spannungen in dieser Hinsicht können auf beiden Seiten entstehen, und die Therapeutin neigt vielleicht dazu, Probleme, die durchaus mit Schicht- und Rassenzugehörigkeit zu tun haben können, nur als innerpsychische Konflikte anzusehen (das kann daher rühren, daß in der Ausbildung Schicht und Rasse nicht ausreichend berücksichtigt worden sind). Unsere Herkunft nach Schicht und Rasse ist wichtig dafür, wer wir sind, und sie kann uns bestimmte Tätigkeiten unmöglich machen, es sei denn, man stammt aus dem »richtigen« Milieu, und eine Therapeutin muß sich ständig dessen bewußt sein, wie Schicht und kultureller Hintergrund ihrer Klientinnen sie beeinflussen, und sie muß bereit sein, mit der Klientin zusammen zu untersuchen, was die Herkunft aus einer Schicht und einer Kultur in ihrem Leben auf materieller und psychischer Ebene bedeutet.

Die Therapeutin selbst ist sich oft nicht klar darüber, daß ihre Anschauungen von einer bestimmten schicht- und kulturspezifischen Sichtweise beeinflußt sind. Wegen des Machtgefälles in der Therapiebeziehung kann die Therapeutin, ohne es zu merken, als Vermittlerin solcher Ansichten dienen und so die Therapie in einer bestimmten Richtung beeinflussen. Therapeutinnen beurteilen ständig, was mit ihren Klientinnen geschieht, wenn sich in ihrem innerpsychischen Leben und in ihren Beziehungen zur Welt etwas verschiebt. Ein Gewahrsein von Schicht- und Rassenproblemen ist äußerst wichtig, wenn die Therapeutin vorurteilslos für die Wahl des Lebensstils empfänglich sein soll, die eine Frau getroffen hat.

Folgende Punkte haben wir bei der Erörterung des schichtspezifischen und kulturellen Hintergrunds in Workshops zur Ausbildung von Hochschulabsolventinnen am Frauentherapiezentrum brauchbar gefunden:

1. Die Behandlungsziele der Therapeutin können auf ihrer Vorstellung davon beruhen, was für die betreffende Schicht oder Volksgruppe angemessen ist.
2. Die Auswahl von Klientinnen geschieht häufig nach Kriterien, die an der Oberfläche scheinbar wertfrei, in Wirklichkeit aber ideologischer Art sind; zum Beispiel bemerken Therapeutinnen oft, potentielle Klientinnen seien »aufgeweckt« oder »motiviert«, wenn das, worauf sie reagieren, einfach verbale Geschicklichkeit und Formulierungskunst ist, von denen sie bei Frauen aus der Arbeiterschicht oder aus anderen Kulturkreisen als dem eigenen überrascht zu sein scheinen. Menschen

aus der Arbeiterschicht, Schwarze und Asiaten werden leichter für eine Therapie angenommen, wenn sie Mittelschichteigenschaften zeigen.

3. Therapeutinnen sind oft blind für die Schicht- oder Rassenprobleme, die Klientinnen vorbringen, vielleicht, weil sie sie »psychologisieren« oder deuten. Darum kommt es vor, daß die Therapeutin mit der Klientin deren Kultur- und Schichtzugehörigkeit nicht ausreichend untersucht und so an für die Klientin wesentlichen Fragen vorbeigeht.

4. Therapeutinnen können übersehen, wie ihre eigene Schicht- und Rassenzugehörigkeit die Gestalt der Therapie mitbestimmt und wie auf dieser Grundlage Ungleichheiten in der Therapiebeziehung auftauchen können. Therapeutinnen können in Abwehrhaltungen verfallen, wenn sie ihre eigenen Einstellungen zu Schicht und Kultur nicht untersucht haben.

5. Ein Aspekt der Ausbildung von Psychotherapeuten betont den Unterschied zwischen »uns« (den Therapeuten) und »ihnen« (den Klienten). Vielleicht setzen Therapeuten für diese Distanzierung vom Klienten Schicht- und Rassenunterschiede ein. Außerdem sind in vielen Ausbildungsprogrammen Besprechungen von Schicht- und Rassenproblemen nicht vorgesehen, so, als seien sie irrelevant für die Persönlichkeit des Menschen und in der Therapie unwichtig. Wenn solche Probleme doch auftauchen, können sie oft ausschließlich als Probleme der Gegenübertragung und Übertragung angesehen und daher als Probleme an sich gegenstandslos werden.

In unseren Workshops konzentrieren wir uns auf diese allgemeinen Themen und gehen dann zur Überprüfung unserer eigenen Einstellungen über. Wir betrachten:

1. unseren eigenen schichtspezifischen und kulturellen Hintergrund und wie sehr wir uns unserer Herkunft bewußt sind;

2. die Herkunft unserer Therapeutin und ihre Rolle in unserer eigenen Therapie;

3. die Herkunft unserer Supervisorin und ihren Einfluß auf uns;

4. die Ansichten, die wir über Schwarze, Puertorikaner, Asiaten, europäische Einwanderer, Arbeiter, Iren und Therapie haben;

5. die Notwendigkeit, unsere Arbeit mit Klientinnen im Licht potentieller Spannungen zu überdenken, die im Bereich von Schicht- und Rassenzugehörigkeit entstehen können.

Es ist wesentlich, daß die Therapeutin die Frauen, mit denen sie arbeitet, gern hat und respektiert. Wir spüren, daß eine umfangreiche Ausbildung die Therapeutin mit einem Gefühl der Überlegenheit gegenüber der Klientin erfüllt, was man an der Art ablesen kann, wie viele Fälle in Abhandlungen und klinischen Seminaren besprochen werden. Wir glauben, daß dies aus folgendem Grund geschieht: Die Therapeutin empfindet zweifellos echte Anteilnahme und manchmal leidet sie an der Not ihrer Klientin, selbst wenn sie das Gefühl hat, eine wirksame Fortschrittskraft in ihrem Leben sein zu können. Das Reagieren auf die schmerzlichen Erlebnisse eines anderen Menschen setzt die Therapeutin unter enormen emotionalen Druck, der noch durch die therapeutische Situation verstärkt wird, die es der Therapeutin nicht gestattet, ihre Reaktionen der Klientin mitzuteilen und so etwas zu entladen. Statt dessen hat sie zwei Möglichkeiten: Sie kann ihre emotionalen Reaktionen auf ihre Klientinnen im Kontext der Gegenübertragung analysieren, oder sie kann ihre Klientin in ein hochentwickeltes diagnostisches Schema mit einem Spezialistenwortschatz einordnen.

Diese beiden Möglichkeiten sind wertvoll und sollten von progressiven Therapeuten nicht unbedingt über Bord geworfen werden. Was uns Sorgen macht, ist der Umstand, daß diese beiden Mechanismen oft die Mittel sind, mit denen die Therapeutin ihre Haltung gegenüber den Menschen, die sie in der Therapie zu sehen bekommt, verändert – von gesundem Mitgefühl hin zu leiser Verachtung und Entfremdung. Feministische Therapeutinnen haben mehrere interessante Versuche gemacht, Gruppen zu bilden, um viele dieser Probleme zu besprechen und Lösungen zu finden. Wir haben für eine im April 1978 in London abgehaltene Psychotherapeutenkonferenz ein 5-Punkte-Modell für die Supervision entwickelt.

Als erstes beschreibt eine der Therapeutinnen eine Klientin, mit der sie arbeitet; sie gibt Einzelheiten über ihre Familie, ihre Schicht und ihre kulturelle Herkunft an, ihre aktuelle Situation, ihre sexuelle Orientierung, über die Probleme, mit denen sie in die Therapie kam, und den bisherigen Verlauf der Therapie. Der zweite Schritt sieht so aus, daß die Therapeutinnen mitteilen, wie weit sie sich mit der Klientin identifizieren, über die Lebensbereiche der Klientin sprechen, die ihren eigenen ähnlich sind, und festhalten, an welchen Stellen der Schilderung sie besonders bewegt waren. Drittens schlagen wir vor, die Therapeutinnen sollten sich selbst folgende Fragen stellen: Wie verstehe ich das Leiden dieser Frau? Was hat dieses Leiden mit der Erfahrung zu tun, eine Frau zu sein? Inwiefern steht ihre Geschlechtszugehörigkeit im Mittelpunkt dessen, was sie erlebt? Wie hängt das Problem, mit dem sie in die Therapie gekommen ist, mit ihrem Bemühen zusammen, eine erwachsene Frau zu sein? Als vierten Schritt stellen wir technische Fragen: Wie würden wir mit dieser Klientin arbeiten? Was wären die Therapieziele? Was geschieht in der Übertragung? Wie würden wir zwischen Gegenübertragung und Identifikation unterscheiden? Wie verstehen wir die Mutter-Tochter-Beziehung und ihre Wirkungen für die Entwicklung von Mädchen? Wir bitten um spezifische Vorschläge, in welcher Richtung man vorgehen sollte, ferner informieren wir uns über die technischen Neuerungen auf diesem Gebiet. Und der letzte Schritt dieses 5-Punkte-Modells schließlich sieht so aus, daß die Therapeutin etwa einen Monat nach den ersten Besprechungen der Gruppe darüber berichtet, was in den Sitzungen nach der ersten Vorstellung geschehen ist.

Zusätzlich zu einer Supervisionsgruppe oder einer CR-Gruppe haben wir es nützlich gefunden, Themen zu besprechen, die feministische Therapeutinnen interessieren. Ein Dilemma zum Beispiel, das uns besonders zu schaffen macht, ist, wie wir es in unserer Rolle als berufsmäßige »gute Mütter« vermeiden können, die ideologische Schablone von der »guten Mutter« zu reproduzieren. Erreicht nicht die berufliche Verwendung der weiblichen »Gebefähigkeit« ihren Gipfel darin, daß man eine gute Therapeutin ist? Besteht nicht eine auffallende Parallele zwischen der Sozialisation der Frau und der Arbeit in dem »helfenden Beruf« der Therapeutin? Beide Rollen fordern von Frauen, die Nöte anderer lindern zu helfen, wenn auch mit Hilfe sehr verschiedener Methoden.

Eine Möglichkeit der Bearbeitung solcher Probleme ist, mit anderen, die sie auch erleben, darüber zu sprechen. Wir haben festgestellt, daß klinische Seminare über solche Fragen äußerst nützlich sind. Derartige Diskussionen liefern wiederum eine Art der Zufuhr, die der klassischen weiblichen Rolle des Gebens an die Umwelt entgegengesetzt ist. Es ist unerläßlich, daß wir als feministische Therapeutinnen unsere eigenen Quellen der Unterstützung und Zufuhr finden.

6 Die psychische Entwicklung der Frau: Themen und Konsequenzen

Wir haben unser Entwicklungsmodell der weiblichen Psyche und einen feministischen Ansatz in der Psychotherapie veranschaulicht; nun möchten wir auf einige spezifische Folgen dieser Entwicklung hinweisen. Wie wir in vorangehenden Kapiteln gesehen haben, ist die weibliche Psyche gekennzeichnet durch unklare Grenzen, durch ein unsicheres oder trügerisches Selbstgefühl. In ihren Beziehungen zu anderen sind Frauen oft auf der Suche nach sich selbst. Sie suchen im Kontakt jeweils nach Definition. Wenn wir in der Psychologie der Frau einen zentralen Aspekt isolieren könnten, unter dem sich viele Themen sammeln lassen, wäre es der weibliche Mangel an psychischer Eigenständigkeit, das Fehlen von Grenzen, die ein sicheres Selbstgefühl umschließen.

Mädchen werden darauf aufmerksam gemacht, wie ihre Handlungen auf andere wirken; infolgedessen werden sie in ihrem Handeln vorsichtig, und wenn sie ihre Entscheidungen in bezug auf angemessenes Verhalten treffen, haben sie fast immer jemand anders im Sinn. Wenn Mädchen sich autonom gebärden, werden sie darin nicht ermutigt und unterstützt. Meistens reagiert die Umwelt auf Versuche von Mädchen, sich in die Welt hinauszubegeben, mit Verboten, Warnungen, Einschränkungen und Furcht. Mädchen wird nicht das Gefühl vermittelt, sie könnten Erfolg haben – die Welt erobern. Mädchen werden gelobt und ermutigt für Verhaltensweisen, die mit ihrer Anteilnahme, Rücksichtnahme und Fürsorge für andere zu tun haben. Mädchen bekommen zu hören, sie seien selbstsüchtig, wenn sie dieselbe Energie auf sich selbst verwenden.

Die zweitklassige Stellung der Frauen in der patriarchalischen

Kultur spiegelt sich schmerzlich in ihrer Psyche. Frauen fühlen sich nicht ganz; sie haben kein Selbstvertrauen; sie fühlen sich nicht gleichberechtigt; sie fühlen sich wie Kinder, nicht wie Erwachsene; sie fühlen sich machtlos, übermäßig abhängig, passiv; sie fühlen sich durch ihre Wut und die Wolken der Depression, die sie so oft umgeben, eingesperrt; sie fühlen sich neidisch und konkurrenzsüchtig; sie fühlen sich manipulativ und gierig, weil sie Mangel leiden. Diese Arten von Gefühlen werden in vielen verschiedenen Formen erlebt und ausgedrückt. Gefühle der Unsicherheit, Rechtlosigkeit, der Verlassenheit, der Wut werden verzerrt und in Gefühle der Konkurrenz, des Neids, in Schuldgefühle und Depression verwandelt. Frauen sind in einer Innenwelt gefangen, in der ihre Abwehr ihr Sehnen nach Zuwendung, Angenommenwerden, Liebe und Selbständigkeit einsperrt.

Wenn man das von uns dargelegte Entwicklungsmodell verwendet, lassen sich diese Gemütszustände auf die Art verstehen, wie sie spezifisch mit dem Erleben der Frauen und mit der Mutter-Tochter-Beziehung zusammenhängen. Die Schuldgefühle der Frauen, ihre Schwierigkeiten mit der Wut, das Vorherrschen der Depression haben ihre Wurzeln in der frühen psychischen Entwicklung und müssen auf die Art betrachtet werden, daß man die Suche der Frauen nach Angenommenwerden, nach angemessener und beständiger Kontaktaufnahme und nach einem integrierten Selbst untersucht.

Rose, eine Frau von 43 Jahren, beschrieb eine Situation, in der sie das Gefühl hatte, der Abend sei ihr verdorben, weil ihr ihre eigenen Konkurrenzgefühle so unangenehm waren.

Ich kannte kaum jemand auf der Party. Eine Freundin aus der Arbeit hatte mich eingeladen. Ich fühle mich gewöhnlich auf Parties nicht wohl, aber ich zwang mich, hinzugehen, weil ich weiß, daß ich versuchen sollte, neue Leute kennenzulernen. Ich saß auf der Couch und redete mit meiner Arbeitskollegin und dieser anderen Frau, die sie kannte, und es saßen noch andere Leute in einer Art Kreis herum. Da war eine Frau, die mit zwei Leuten, einem Mann und einer Frau, über ihre Arbeit sprach. Ich bekam nur mit, daß sie etwas über den Wechsel von einer Abteilung zur anderen sagte und daß sie ihre Arbeit viel interessanter und lohnender finde. Ich konnte nicht umhin, zu ihr hinüberzuschauen. Ich weiß nicht, warum, aber ich sah sie immer weiter an, sah mir an, was sie trug, wie sie frisiert war. Ich bemerkte sogar ihren Nagellack. Ich bekam allmählich ein gräßliches Gefühl. Ich empfand mich als fett und langweilig, und ich konnte kaum das Gespräch aufrechterhalten, an dem ich beteiligt war. Ich wollte einfach nur in dem Sofa versinken und mich verstecken. Ich ging früh nach Hause und sagte zu meiner Freundin, ich müßte am nächsten Morgen sehr früh aufstehen. Als ich wegging, fühlte ich mich wirklich niedergeschlagen, und ich ging nach Hause und aß.

Warum hat Rose ihre Aufmerksamkeit auf diese andere Frau konzentriert? Wir wissen, daß sie die Frau überhaupt nicht kannte und daß alles, was Rose über sie dachte, aus ihren eigenen Gedanken stammte. Rose hatte Angst davor, auf die Party zu gehen. Sie wollte neue Leute kennenlernen, aber zugleich fürchtete sie sich. Sich auf die Frau in der Nähe zu konzentrieren und ihre Fantasien auszuspinnen, war für Rose eine Möglichkeit, ihre Unsicherheitsgefühle und ihren Mangel an Selbstwertgefühl zu erleben. Sie verglich sich mit der anderen Frau und kritisierte sich selbst in jeder Hinsicht.

Anstatt sich selber gut zu finden, weil sie den Versuch gemacht hatte, an andere heranzukommen und Leute kennenzulernen, bestrafte sie sich. Sie konnte ihre Ängstlichkeit nicht akzeptieren (die doch absolut verständlich war – da sie sich in eine Menschenmenge hineinbegab, in der sie nur einen einzigen Menschen kannte), und daher verdammte sie sich selbst, weil sie nicht »perfekt« war. Sie stellte sich vor, diese andere Frau sei selbstsicher, furchtlos, schön und zufrieden mit ihrem Leben. Sie konnte sich nicht vorstellen, angenommen zu werden, obwohl es das war, was sie suchte. Sie konnte kein gutes Gefühl in bezug auf sich selber haben, also verwandelten sich diese peinlichen Gefühle in verlegenes Aussehen, in Vergleiche mit anderen und in das Gefühl, nicht mithalten zu können. Der Konkurrenzaspekt kam von Roses Wunsch, auf dieselbe Weise »akzeptabel« zu sein, wie sie es von der anderen Frau annahm.

Eine der wichtigen und offenkundigsten Arten, wie sich Wettbewerb zwischen Frauen ausdrückt, findet natürlich im sexuellen

Bereich statt. Wie wir schon gesehen haben, ist eine der sozialen Forderungen an die Frau, daß sie mit einem Mann verbündet sein muß, von dem sie ihren sozialen und persönlichen Wert (und daher ihre Selbstachtung) bezieht; außerdem hat sie gelernt, sich selbst so zu sehen, wie die anderen sie sehen. Diese kritische Ansicht, die sie von sich selbst hat, dehnt sie sowohl als Vergleich wie auch als Drohung auf andere Frauen aus. Wenn eine Frau einen Raum voller Menschen betritt, beurteilt sie automatisch die anderen Frauen und vergleicht sich unbewußt mit ihnen. Nach dem ersten körperlichen Eindruck nimmt sie die anderen Attribute der von ihr beurteilten Frauen in sich auf, ihre intellektuelle Aktivität, ihre Arbeit, ihre sexuellen Verhältnisse.

Das mag roh und unangenehm klingen, wie das Erleben selbst es tatsächlich ist. Frauen betrachten andere Frauen, die einigermaßen »attraktiv« scheinen, und stellen sich vor, daß die sich mit sich selber wohlfühlen; jede Frau fragt sich, wie die andere zu dieser Selbstsicherheit gekommen ist, und beneidet und bewundert sie. Jede einzelne Frau empfindet vielleicht Depression oder Selbsthaß und Hoffnungslosigkeit in bezug auf die anderen, während sie sich vielleicht zugleich danach sehnt, in ihrer Haut zu stecken. Wettbewerbsgefühle verdecken die tieferen Unsicherheitsgefühle. Die Konkurrenzgefühle fügen dann noch eine weitere Schicht von Gefühlen des Versagens, der Selbstunsicherheit und der Unzulänglichkeit hinzu. Vielleicht der schmerzlichste Aspekt dieses Zyklus von Unsicherheit und Konkurrenz ist der, daß Frauen diese Gefühle individuell erleben und daß sie doch Millionen von Frauen gemeinsam sind.

In Selbsterfahrungsgruppen sprachen Frauen zum ersten Mal offen über die Destruktivität des Wettbewerbs unter Frauen und darüber, daß Frauen oft um eines Mannes willen in den Kreis des Wettbewerbs untereinander geraten. In diesen Gruppen wurden Frauen allmählich kritisch gegenüber der Gesellschaft, und wütend, natürlich auch auf einzelne Männer, die den Wettbewerb fördern. Wichtige Durchbrüche in bezug auf die Notwendigkeit, andere Frauen zu unterstützen, verringerten die Gefühle der Bedrohung und riefen so wesentliche Veränderungen im

Bewußtsein der Frauen hervor. Aber die Konkurrenzgefühle waren so tief, so gefährlich und nun auch so beschämend, daß Probleme des Wettbewerbs zwischen Frauen innerhalb der Selbsterfahrungsgruppen unter der Oberfläche verborgen blieben.

Viele dieser unbehaglichen Gefühle wurden aus der Gruppe herausgehalten und führten später zur Auflösung vieler Gruppen. Wir haben bei unserer klinischen Arbeit gemerkt, wie schwierig es ist, besonders für eine bewußte Feministin, zuzugeben, daß man anderen Frauen gegenüber Konkurrenzgefühle hat. Eine Frau reagiert auf diese Gefühle oft mit Selbstbestrafung und Scham. Diese Gefühle bestätigen ihr, daß sie nicht so stark, voll Selbstvertrauen und unabhängig ist, wie sie sein »sollte«. Es gibt ein neues System von Regeln und »Geboten«, von denen Feministinnen glauben, sie müßten nach ihnen leben. Aber zu diesem Zeitpunkt in der Geschichte ist es zwar für Frauen durchaus möglich, sich zu bemühen, ihre Gefühle und Reaktionen zu verstehen und zu ändern, es ist jedoch unvermeidlich, daß Frauen neidisch, konkurrierend und unsicher sind. Wir können uns nicht über die eigene Entwicklungsgeschichte und die Psyche hinwegsetzen.

Im Lauf der letzten zehn Jahre hat die Frauenbewegung mitgeholfen, das Leben der Frauen entscheidend zu verbessern. Von einer Frau, die sich entschließt, einen Beruf zu ergreifen, denkt man nicht mehr, sie identifiziere sich mit Männern, während eine Frau, die in ihrem Beruf vorankam, vor zwanzig Jahren oft noch zwischen ihrer Arbeit und der Möglichkeit wählen mußte, eine Familie zu haben. Das ist heute lang nicht mehr so oft der Fall, aber mit diesen Fortschritten kam auch neuer Druck. Heute kann sich eine Frau unzulänglich fühlen, wenn sie sich nur um den häuslichen Lebensbereich kümmert – Kindererziehung und Hausarbeit. Diese Arbeit wird immer noch unterbewertet; sie wird daher nicht als Beruf anerkannt. Frauen empfinden in größerer Zahl die Notwendigkeit, berufstätig zu werden, und geraten dann in ein Dilemma im Hinblick darauf, Kinder und eine Familie zu haben. Diese Veränderungen haben die Konkurrenzgefühle auf eine andere Ebene gebracht. Frauen vergleichen sich mit anderen Frauen und messen ihre Erfolge sowohl draußen in der Welt als auch in der Familie. Die Vergleiche der Frauen und ihre Konkurrenzgefühle spiegeln die Versuche der einzelnen Frauen wider, ihre Stellung zu finden, herauszubekommen, wo sie hingehören, sowohl im Bereich der Familie als auch in einer Welt, die, zumindest bis vor kurzem, nicht die ihre war.

Wir sehen nicht nur Wettbewerb unter Frauen auf der Suche nach Selbstachtung, wir sehen auch Konkurrenzgefühle, die entstehen, wenn eine Frau Bestrebungen zugibt und befriedigt, die außerhalb dessen liegen, was die Gesellschaft für Frauen vorschreibt. Wenn eine Frau sich bemüht, sich zu verwirklichen, indem sie so vollständig lebt und arbeitet wie nur möglich, empfindet sie sich vielleicht als verräterisch gegenüber anderen Frauen und hat Schuldgefühle. Sie hat das Gefühl, sie lehne eine Vorstellung von Weiblichkeit ab, die tief in ihr verwurzelt ist, und als distanziere sie sich dadurch von anderen Frauen.

Die Vertrautheit, die Frauen auf Grund ihrer »Zweitklassigkeit« empfinden, gibt ihnen eine gewisse Geborgenheit. Sie ist ein Bindeglied zu anderen Frauen. Simone de Beauvoir meint, daß Frauen füreinander Kameradinnen in der Gefangenschaft sind, daß sie einander helfen, das Gefängnis zu ertragen, ja einander sogar bei den Vorbereitungen zum Ausbruch behilflich sind.[1] Aber der »Ausbruch« aus der Welt der Frauen wird wie Verrat empfunden.

Ein interessantes Beispiel aus einem Workshop, der sechs Sitzungen umfaßte und über das Thema »Konkurrenz« ging, veranschaulicht diese Dynamik. Patty hatte, nachdem sie sich für die Gruppe eingeschrieben hatte, aber vor der ersten Sitzung, eine Bandaufnahme von einem Lied gemacht, das sie geschrieben hatte, um es zu verkaufen. Bei der ersten Zusammenkunft sprach sie über ihre Hoffnungen und Befürchtungen bezüglich ihres Wunsches, das Liedermachen zu ihrem Beruf zu machen, und alle waren sehr ermutigend. Zum zweiten Treffen der Gruppe kam sie mit der Nachricht, daß sie das Lied verkauft habe. Sie habe gemischte Gefühle deswegen, sagte sie, weil ihre Zimmergenossin es zur Zeit mit ihrer Arbeit als Tänzerin schwer habe. Sie bekomme keine Rollen. Patty wußte nicht, wie sie ihre Freude über ihren Erfolg und ihr Bedauern wegen der Situation ihrer Freundin unter einen Hut bringen sollte. In der Gruppe besprachen wir das unbewußte psychische Dilemma, das entsteht, wenn man etwas bekommt, das man sich gewünscht hat. Ihre Schwierigkeit, sich ihres Erfolgs zu freuen, traf zusammen mit den Neidgefühlen ihrer Freundin. Patty versuchte, ihre eigenen Konflikte mit dem Verdauen ihres Erfolgs beiseitezuschieben, indem sie sich auf die Gefühle eines anderen Menschen konzentrierte. Dabei müßte sie ihre eigenen erfahren. Dann könnten sie und ihre Freundin zusammen mit ihren unterschiedlichen Erfahrungen fertigwerden, ohne daß sie das Gute, das ihr widerfuhr, leugnen oder ausradieren müßte.

Wir sehen häufig, wie diese Konkurrenzgefühle dazu dienen, Frauen in der »ihnen zukommenden Stellung« zu halten. Jeder Frau ist das tief unbewußte Wissen von der Schwelle eingeflößt worden, die sie beim Versuch der Selbstverwirklichung nicht überschreiten darf. Wenn sie es dennoch tut, muß sie sich gegen die Wut und den Neid anderer Frauen wehren. So spielen Frauen unbewußt zusammen, um einander »unten« zu halten. Das Patriarchat ist in die Psyche jeder Frau eingewebt. Konkurrenzgefühle und Neid halten die Frauen vom Ausbrechen ab und hindern sie daran, zu versuchen, in einer Gesellschaft mit so vielen Verboten das zu bekommen, was sie brauchen. Die Frau erlegt sich innere Einschränkungen auf, die dann dazu dienen, sie vor ihren eigenen Wünschen zu »schützen«. Ihr Schuldgefühl allein schon wenn sie nur irgendetwas will, hält sie unbewußt in Verbindung mit der kulturellen Vorstellung von Weiblichkeit. Sie wagt nicht, aus den Reihen der Frauen auszubrechen und eigenständig zu sein.

Die Konzentration auf den Neid anderer stellte sicher, daß Patty sich nicht von ganzem Herzen über ihren Erfolg freuen konnte. Der Neid war jedoch keine reine Erfindung von Pattys Einbildung. Ihre Freundin war tatsächlich neidisch. Mit ihrer eigenen Arbeit ging es ihr nicht sehr gut; auch sie kämpfte um Anerken-

nung und wollte ihrer Begabung wegen geschätzt werden, und
der Umstand, daß Patty akzeptiert wurde, traf sie schmerzlich.
Frauen äußern in vielen Situationen Neid auf andere. Hinter
Neidgefühlen stecken Gefühle der Sehnsucht. Eine feministische
Therapeutin muß mit einer Klientin daran arbeiten, daß die
Energie ihrer Gefühle umgelenkt wird und sie ihre Mangelgefühle anschaut. Hinter dem Neid steckt die Überzeugung, daß sie
für sich selber niemals Erfüllung, Anerkennung oder Annahme
finden wird. Durch Neid bleibt der andere Mensch, das, was »er«
hat, im Brennpunkt, nicht wir selbst. In unserer klinischen Arbeit
hören wir Therapeutinnen oft beschreibend von Neidgefühlen
reden, die eine Klientin hat, am Ende heißt es dann, »sie ist
neidisch«. Für uns ist Neid ein Ausgangspunkt, ein bewußtes
Gefühl, ein Wegweiser, der es der Therapeutin und der Klientin
ermöglicht, ihm auf eine tiefere Ebene nachzugehen und seine
Bedeutung herauszufinden. Neid kommt bei Frauen allgemein
vor, weil sie alle das Gefühl haben, es sei unmöglich, für sich
Anerkennung zu erlangen und angenommen zu werden oder
Beifall statt Strafe zu bekommen, wenn sie sich entwickeln und
selbständig werden.

Jane meint, sie habe keine enge Beziehung zu ihrer Mutter. Sie
findet ihre Mutter egoistisch und unfähig, ihr auf irgendeine
Weise etwas zu geben. Aber Jane hat in bezug auf ihre Mutter
Schuldgefühle. Sie stellt fest, daß sie ihre Mutter mindestens
einmal pro Woche anruft. Ausnahmslos ist sie nach dem
Gespräch wütend und aufgeregt, aber das hält sie nicht von ihren
allwöchentlichen Anrufen ab. Als wir Janes Schuldgefühle analysieren, erfahren wir, daß Jane in ihrer Beziehung zur Mutter
unsicher ist und zutiefst fürchtet, die Mutter liebe sie nicht.
Unbewußt meint Jane, daß ihre Mutter sie vielleicht lieben
würde, wenn sie, Jane, anders wäre, wenn sie ihrer Mutter eine
annehmbare, liebenswerte Tochter verschafft hätte. In Janes
früher psychischer Entwicklung waren ihre Frustration und ihre
Wut, die sie der Mutter gegenüber empfand, ganz vermischt mit
der Unzulänglichkeit der Mutter. Wir können mutmaßen, daß
Jane damals meinte, ihre negativen Gefühle hätten dazu geführt,

daß die Mutter so war, wie sie war. Jane bekommt die Schuld
daran, daß ihre Mutter lieblos ist, und Jane hat Schuldgefühle,
weil ihre »Bösheit« ihrer Mutter geschadet hat. Janes Schuldgefühle betreffen sowohl den Umstand, daß sie sich als nicht gut
genug empfindet, und zugleich liefern sie ihr einen emotionalen
Zugang – eine Verbindung zu ihrer Mutter.
Esther spricht auch davon, daß sie ihre Mutter aus einem Schuldgefühl heraus anruft. Aber Esthers Schuldgefühl ist ganz anders
als das von Jane. Esthers Mutter ist aus Osteuropa eingewandert.
Sie kam in den dreißiger Jahren in die USA und lebte einige Jahre
lang in Armut mit ihrem Mann und zwei Töchtern. Die Familie
erwarb schließlich ein kleines Geschäft, und bis zum heutigen
Tag arbeitet Esthers Mutter (die nun über siebzig ist) immer noch
im Laden. Esther ist Kinderpsychologin und hat einen Doktor-
grad erworben. Sie ist erfüllt von Schuldgefühlen über ihr eigenes Leben im Vergleich zu dem ihrer Mutter. Sie hat das Gefühl,
sie »müßte« glücklich sein, weil sie in ihrem Leben so viel hat,
aber ihre Schuldgefühle hindern sie, zufrieden zu sein. Auch hier
dienen die Schuldgefühle dazu, die Verbindung zwischen Tochter und Mutter aufrechtzuerhalten. Wenn Esther psychisch abgelöst wäre, würde es bedeuten, daß sie fähig wäre, in bezug auf das
Leben ihrer Mutter Schmerz und Stolz zu empfinden. Sie könnte
in bezug auf ihr eigenes Leben zufrieden und glücklich sein. Sie
würde ihr eigenes Leben leben und nicht mit einem Fuß weiterhin
in der Tür zum Haus ihrer Mutter stehen.
Schuldgefühle sind eine Kette, die einen an den anderen bindet,
weil Getrenntsein unmöglich ist. Frauen sind auf die Bedürfnisse
anderer eingestellt; sie identifizieren sich stark mit ihnen; sie
haben das Gefühl, sie müßten auf sie reagieren. Es ist für sie ein
Problem, ihre eigenen Bedürfnisse geltend zu machen, nein zu
sagen; sie bekommen dadurch das Gefühl, als stießen sie jemand
anders weg. Wenn eine Frau um ihre Selbständigkeit kämpft, um
ihre eigenen Grenzen abzustecken, hat sie vielleicht das Gefühl,
sie lasse andere im Stich, lehne sie ab oder verletze sie; sie fühlt
sich schuldig. Weil die Grenzen der Frauen und ihre Abgelöstheit
unklar sind, sind Frauen empfänglich für diese Schuldgefühle.

Diese verwischen daher – wie Konkurrenzgefühle und Neid – ein Zentralproblem in der Psyche der Frauen – das Problem der psychischen Nichtabgelöstheit und Abgelöstheit.

Eines der am weitesten verbreiteten Symptome psychischen Leidens, denen sich die Psychiatrie gegenübersieht, ist das der Depression bei Frauen. In vielen Fällen wird die Depression durch die Verschreibung psychotroper Medikamente und »Stimmungsaufheller« behandelt. Auf jede Frau, die in Behandlung ist, kommt eine andere, deren Depression unbehandelt bleibt. Innerhalb der Psychiatrie gibt es unterschiedliche Definitionen der klinischen Depression. Auch Menschen, die in Therapie sind, beschreiben Depressionsgefühle auf verschiedene Weise. Am häufigsten wird die Depression als ein Gefühl der Hoffnungslosigkeit dargestellt, ein Gefühl, als sei man von grauen Wolken bedeckt, die man nicht durchdringen kann, wozu man aber weder die Kraft hat, noch den Wunsch, es auch nur zu versuchen; man fühlt sich irgendwie verloren und kann sich nicht vorstellen, sich jemals anders gefühlt zu haben. Es ist, als sei man in ein Gefühl der Vergeblichkeit versunken, wo nichts so recht einen Sinn hat.

Nach unserer Ansicht gehen aus unserem Modell der psychischen Entwicklung zwei Merkmale hervor, die auf die Depression bei Frauen ein Licht werfen. Erstens ist dies der Verlust des Selbst[2], der in der frühen Kindheit eintritt, wenn das »innere kleine Mädchen« abgespalten und versteckt wird. Die erwachsene Frau hat nicht die Hoffnung, sich jemals in sich selbst ganz und wohl zu fühlen. Die Depression ist eine Art der Trauer um das verlorene »innere kleine Mädchen«. Das zweite Merkmal ist die Unfähigkeit, eine Beziehung zu erwarten, in der sie gesehen, akzeptiert und geliebt wird. Dies kommt nicht nur durch den Verlust der Mutter früh im Leben des Mädchens (weil es dazu erzogen wird, so zu werden wie seine Mutter, die Betreuerin, und weil es wegen der Heterosexualität für das Mädchen notwendig ist, sich von der Mutter ab- und einem Mann zuzuwenden), sondern auch durch den Verlust der *Erwartung,* weiterhin mütterliche Fürsorge zu genießen und im Leben einen »mütterlichen« Menschen zu finden, der ihm emotionale Unterstützung gibt und ihm Verständnis entgegenbringt. Die depressive Frau hat das Gefühl, als überlebe sie in einer eindimensionalen, düsteren Existenz, als habe sie den Teil ihrer selbst, der einen Funken hatte, ein Bedürfnis, einen Wunsch nach Dingen und Kontakt und Aktivität, verloren. Sie hat das Gefühl, als seien die Menschen noch weiter weg als vorher, und sie fühlt sich so gelähmt, daß sie es nicht ändern kann.

Annette ist 46 Jahre alt, seit 22 Jahren mit John verheiratet und hat drei Kinder. Annette hat seit ihren Teenager-Jahren immer wieder Zeiten der Depression durchgemacht. Ihre Familie nennt das »eine dieser Launen« und behandelt sie zu diesen Zeiten behutsam. John merkt, daß er wütend auf sie wird, wenn sie depressiv ist, und er weiß nicht, was er tun könnte, um ihr zu helfen. Wenn er sie fragt, ob sie irgendetwas plage, zuckt sie die Achseln und seufzt. John ärgert sich und läßt sie in Ruhe. Annette war eins von zwei Kindern, ihr Bruder Anthony war zwei Jahre jünger als sie. Annettes Kindheitserinnerungen bestehen hauptsächlich daraus, daß sie ihre Tage zu Hause mit der Mutter zubrachte und versuchte, sich dadurch zu vergnügen, daß sie in eine Welt der Fantasiespiele entfloh. Sie erinnert sich, daß sie auf Anthony sehr wütend war und daß ihre Mutter sie deswegen ausschimpfte. Sie bekam oft zu hören, sie solle Anthony in Ruhe lassen und zum Spielen in ihr Zimmer gehen. In Annettes Familie war Anthony das besondere Kind. Man war stolz auf die Tatsache, daß er ein Junge war, und er wurde mit großer Sorgfalt und Rücksicht behandelt. Annette wuchs auf mit enormer Wut auf Anthony und auf ihre Mutter. Sie fühlte sich von ihr im Stich gelassen, als Anthony zur Welt gekommen war. Annettes Mutter war nicht in der Lage, ihrer Tochter im Säuglingsalter eine »ausreichend gute Mutter«[3] zu sein. Schon vor Anthonys Geburt war Annette ein etwas furchtsames und unsicheres kleines Mädchen. Aus Angst vor der Wut ihrer Mutter brachte sie ihre Forderungen nur zögernd vor. Ihre Unsicherheit in bezug auf sich selbst und ihre Beziehung zur Mutter wurde durch Anthonys Geburt nur vermehrt. In ihren Fantasiespielen blühte ihre reiche

Innenwelt; hier hatte sie ein Gefühl der Herrschaft – sie konnte die Dinge so geschehen lassen, wie sie es wollte.

Annettes Depression ist sowohl eine Folge davon, daß sie ihre Wut gegen sich selbst kehrte (was sie mit unglaublicher Geschicklichkeit tat), als auch eine Folge ihrer Trauer um ihr »inneres kleines Mädchen«, das weggesperrt war, solange sie sich erinnern konnte. Annette konnte als erwachsene Frau ihre Wut in Beziehungen nicht ausdrücken, weil sie sich zu explosiv anfühlte. Nach ihrem Gefühl war ihre Wut so groß, daß sie den anderen vernichten würde, wenn sie ihr freien Lauf ließe. Ihr Bedürfnis nach Kontakt und nach einer Beziehung ließ es nicht zu, daß sie riskierte, die Beziehung durch eine Äußerung ihrer Wut zu verlieren. Wenn Annette in ihren Beziehungen Enttäuschungen erlebte, hatten sie in ihrem Inneren einen Widerhall, der den Verlust ihres Selbst (ihres »inneren kleinen Mädchens«), ihr Ersticktsein von ihrer eigenen Wut und ihr Gefühl der Hoffnungslosigkeit und Vergeblichkeit ihrer Situation ans Licht brachte.

Wegen der innerpsychischen Spaltung, durch die im Inneren das »kleine Mädchen«, außen die erwachsene Frau ist, die sich der Welt stellt, leiden viele Frauen an Depressionen, aus dem Gefühl heraus, niemand werde sie jemals wirklich ganz sehen. Die Diskrepanz zwischen der Art, wie andere sie sehen, und ihrer eigenen Ansicht von sich selbst bringt oft ein Gefühl der Vergeblichkeit, Hoffnungslosigkeit und Depression. Die Schwierigkeit der Frauen mit der Wut ist oft eine Komponente der weiblichen Depression, aber nicht alle Schwierigkeiten mit der Wut haben Depressionen zur Folge.

Mädchen und Jungen müssen die psychischen Hemmungen und Ängste überwinden, die Wut könnte ihre gebrauchte und geliebte Betreuerin verletzen oder zerstören, wie wir das im 2. Kapitel ausgeführt haben. Mädchen lernen jedoch auch, daß Wut kein willkommener weiblicher Charakterzug ist. Infolgedessen haben Frauen große Schwierigkeiten mit diesem Gefühl. Sie finden es häßlich, sie fürchten, ihre Wut könnte andere kränken, sie schämen sich ihrer, sie finden es schwierig, ihre Wut auszudrükken und sie fürchten Wut bei anderen. Daher schlucken Frauen ihre Wut oft herunter und kehren sie entweder auf die eine oder andere Weise gegen sich selbst oder äußern sie anderen gegenüber indirekt. Für viele Frauen sind Wutgefühle so verpönt, so furchterregend, daß sie selber gar nicht merken, wenn sie sie empfinden oder ausdrücken.

Wut kann eine unmittelbare und aufrichtige emotionale Kommunikationsform zwischen Menschen sein. Aber wie die anderen Gefühle, die wir besprochen haben, nämlich Neid, Schuld- und Konkurrenzgefühle, kann auch die Wut auf differenziertere Weise als Abwehr verstanden werden. Wir haben häufig beobachtet, daß ein Leugnen der Wut oder ein hartnäckiges Festhalten an der Wut auf einen anderen mit den Themen der Benachteiligung und des Mangels an Eigenständigkeit zusammenhängt. Hinter Wutgefühlen stecken sogar noch schmerzlichere Empfindungen der Enttäuschung und Verzweiflung. Das Nichtzeigen der Wut und der Enttäuschung schürt die Fantasie, der andere könne alles besser. Die Wut erhält die Verbindung aufrecht. Sie nährt die Hoffnung, derjenige, auf den man wütend ist, werde wirklich tun, was man möchte.

Lisa ist mit James verheiratet. Sie ist häufig wütend auf ihn, aber sie hat in den sechs Jahren ihrer Ehe erst zwei- oder dreimal ihre Wut geäußert. Sie sagt, sie fürchte sich vor seiner Reaktion. Sie fürchtet, er werde die Stimme erheben und wütend auf sie werden, weil sie auf ihn wütend ist; er werde ihr das Gefühl geben, sie sei verdreht oder im Unrecht, weil sie überhaupt wütend werde; er werde ihr den Rücken kehren und sich emotional verschließen. Sie hat das Gefühl, sie schlucke lieber ihre Wut, als den Schmerz zu erleiden, den sie sich vorstellt. Also bringt Lisa ihre Wut auf James indirekt zum Ausdruck, indem sie sich sexuell abwendet. Sie hat kein Interesse und ist müde. Sie fühlt sich versperrt und verschlossen.

Indem sie an ihrer Wut festhält und sie drinnen läßt, schützt Lisa sich unbewußt vor Gefühlen, die schrecklich wehtun. Als wir den Zeiten nachgingen, in denen Lisa am wütendsten auf James gewesen war, sahen wir, daß es Zeiten waren, in denen sie sich von ihm enttäuscht fühlte. Zum Beispiel hatte Lisa, als sie ihren ersten Termin beim Geburtshelfer hatte, zu James gesagt, sie hätte gern, daß er mitkäme. Er sagte, er würde mitgehen. Am Tag ihres Arztbesuches rief er sie an und sagte, im Büro sei etwas schiefgegangen und er müsse dortbleiben und die Dinge wieder in Ordnung bringen. Er entschuldigte sich und sagte, sie würden sich später zu Hause sehen. Lisa reagierte zunächst damit, daß sie schrecklich bestürzt war; sie hatte das Gefühl, sie zerbröckle innerlich, und sie wollte weinen. Am Telefon ließ sie James gegenüber ihre Stimme lediglich fast bis zu einem Flüstern absinken und sagte, na schön, bis später. Nach der ersten halben Minute, in der sie sehr verstört gewesen war, wurde Lisa sofort wütend. Ihre Wut nahm von Minute zu Minute zu, bis sie das Gefühl hatte, sie wolle James gar nicht sehen, und sich schon vor dem Abend fürchtete. Als James nach Hause kam und fragte, wie's beim Arzt gewesen sei, murmelte Lisa nur, alles sei in Ordnung. Sie sprach in kurzen Sätzen und zeigte ihm praktisch »die kalte Schulter«. Später am Abend im Bett rollte sie sich auf ihrer Seite zusammen und drehte das Licht aus.

Wenn wir zur Zeit des Telefongesprächs zurückgehen, erkennen wir, daß Lisa dreißig Sekunden lang ihre Enttäuschung wirklich empfinden konnte. Sie wollte James körperlich und gefühlsmäßig bei sich haben, und sie fühlte sich auf beiden Ebenen von ihm im Stich gelassen. (Sie läßt ihn später auf dieselbe Weise im Stich, wie sie sich von ihm im Stich gelassen fühlt hat, und versucht so unbewußt, ihm mitzuteilen, was sie empfunden hat, indem sie es ihn spüren läßt.) Das Wachhalten dieser Gefühle fühlte sich zu schmerzhaft an; es hätte auch bedeutet, daß sie James gegenüber offen geblieben wäre. Das hätte ihr das Gefühl gegeben, zu verletzlich zu sein. Sie konnte es nicht zulassen, daß sie in der sehr verwundbaren Lage blieb, James noch zu brauchen, wo er doch nicht da war. Ihre Wut trat auf als schützender Abwehrmechanismus sowohl gegen die schmerzlichen Gefühle der Enttäuschung und Verlassenheit als auch gegen das erschreckende Gefühl, daß James gefühlsmäßig nicht »bei ihr« war. Die Wut diente daher der Sicherung ihrer Verbindung zu ihm.

In der Therapie gestand Lisa auch, daß sie tief im Inneren das Gefühl hatte, sie habe kein Recht, James zu bitten, mit ihr zu dem Geburtshelfer zu gehen. Sie meinte, es sei zuviel verlangt, wenn sie um Untersützung bat. Dieses Gefühl ist bei Frauen sehr verbreitet; es bringt uns zu einer weiteren Folge der weiblichen psychischen Entwicklung – zu den Schwierigkeiten, die Frauen mit dem Annehmen haben.

Alle Frauen wissen, daß sie geben müssen, um zu empfangen. Geben ist etwas, das Frauen von früh an lernen; es ist ein Überlebenswerkzeug; es ist ein tiefverwurzelter Teil ihrer psychischen Struktur und Selbsterfahrung; es ist der Preis, den sie für ihre wirtschaftliche Sicherheit zahlen. Aber die Frau fühlt, wie wir schon besprochen haben, unbewußt, daß sie tief innen nur einen hungrigen Teil ihrer selbst hat, der nehmen will; sie hat das Gefühl, sie habe nichts zu geben. Wie gesagt, dieses Begehren wehrt sie so gut ab, daß eine der Arten, wie es zum Vorschein kommt, das Gefühl der Frau ist, es sei nicht ihr Recht, Aufmerksamkeit zu bekommen. Erst nachdem eine Frau dem anderen etwas gegeben hat, fühlt sie sich berechtigt, etwas zu nehmen. Wenn jemand einer Frau etwas gibt, freundlich, anteilnehmend und aufnahmebereit ist, verspürt sie den Drang, es ihm hundertfach zu vergelten. Wenn eine Frau etwas geschenkt bekommt, einfach, weil sie es verdient, ist es oft ein verwirrender und bewegender Augenblick, weil sie sich selber nicht so sieht. Sie erwartet, wenn sie ihre Bedürfnisse zur Schau stellt, so sehr Ärger und Ablehnung, daß sie überrascht ist, wenn man ihr Beachtung schenkt.

Eine Frau, die erlebt, daß man ihr etwas gibt, wenn sie das Gefühl hat, nicht zuerst etwas gegeben zu haben, oder meint, sie werde nicht die Gelegenheit haben, die Gabe zu erwidern, reagiert vielleicht mit Mißtrauen. Warum sollte jemand ihr etwas geben ohne gleichzeitig etwas von ihr zu wollen?

Jackie sprach über die Begegnung mit einer Frau aus einem ihrer Kurse, die ihr gefallen hatte. Sie hatten miteinander Kaffee getrunken und ihre Telefonnummern ausgetauscht. Am folgenden Wochenende rief die Frau bei Jackie an, nur um ein langes

Telefongespräch mit ihr zu führen, und Jackie fragte sich, nachdem sie aufgehängt hatte, warum die Frau eigentlich angerufen habe, was sie wohl in Wirklichkeit gewollt haben könnte. Jackie konnte nicht akzeptieren, daß die Frau sie wirklich mochte und an ihr um ihrer selbst willen interessiert war.

Eine der Folgen dieser schmerzlichen und komplizierten Dynamik von Geben und Nehmen kann man daran sehen, wie Frauen Sexualität erleben. Paradoxerweise berichten viele Frauen, sie hätten Angst davor, befriedigt zu werden und etwas zu bekommen. Wenn eine Chance besteht, daß ihre eigenen Bedürfnisse befriedigt werden, ist dies so ungewohnt, daß es Konflikte erzeugen kann. Wir können dies verstehen, wenn wir uns an die Vorstellung erinnern, Frauen müßten sich den Bedürfnissen anderer unterordnen. Vielen Frauen fällt es leichter, dem Partner sexuelle Lust zu bereiten. Das Empfangen fühlt sich so an, als werde ihnen zuviel geschenkt. Die Frau gerät oft in eine Zwickmühle: Einerseits fällt es ihr schwer, ihre Bedürfnisse anzumelden, aber tief im Inneren grollt sie vielleicht, daß sie nichts bekommt. Sie ist vielleicht wütend auf sich selber und auf den Partner oder die Partnerin wegen der Situation, in der sie vor allem damit beschäftigt ist, die Bedürfnisse des anderen zu befriedigen und nicht ihre eigenen.

Noch etwas fällt den Frauen beim Sexualakt schwer: wirklich im Erleben zu sein, anstatt eine Beteiligte zu sein, die sich selber beim Erleben beobachtet. Frauen haben oft das Gefühl, *für* den Geliebten oder die Geliebte da zu sein, und sie sehen sich mit den Augen des anderen. Auch hier sehen wir wieder die Frau, die nicht in ihrer eigenen Haut steckt und mit ihren eigenen Bedürfnissen und ihrer eigenen Lust beschäftigt ist, sondern vielmehr mit den Bedürfnissen und der Lust des anderen.

Eine Frau erwartet in ihrer sexuellen Beziehung vielleicht vom Geliebten, daß er ihr ein Gefühl der Vollständigkeit gibt. Sie sehnt sich nach der Verbindung mit einem anderen, sie möchte geliebt und gehalten werden. Und wieder steht sie vor einem Dilemma, denn in bezug auf ihre Sexualität hat sie Gefühle der Angst und Scham. Sie muß die Vorstellung über weibliche

Sexualität überwinden, die durch die Kultur, in der sie lebt, aufgebaut worden ist.

Die Frau wird überall im Bezug zu ihrer Sexualität gesehen. Feministische Kommentatoren haben auf die zwiespältige Weise aufmerksam gemacht, in der Frauen angesehen werden und in der sie sich selbst und ihre Sexualität erleben. Auf der einen Seite steht das Bild der jungfräulichen Prinzessin, die Sehnsucht, als die noch unberührte Tochter des Vaters, Vaters Besitz, genommen zu werden. Die Frau ist rein, naiv, erwartungsvoll und anbetend; sie wird sich dem richtigen Mann hingeben, aber ihr Körper ist mehr spirituell als fleischlich. Auf der anderen Seite steht das Bild der Frau, die sexuell aktiv, vielleicht verhexend ist, Mata Hari oder die Hure, heißhungrig und raubgierig und sehr erregend. Die Frau, die außerhalb der Familie steht, die Unverheiratete, die Frau, die nicht in einer sexuellen Beziehung gebunden ist, stellt die frei verfügbare weibliche Sexualität dar. Sie hat eine Aura, auf die Männer wie Frauen mit Scheu und Furcht reagieren; sie bedeutet eine Bedrohung der bestehenden Ordnung.

Aber welcher Seite der Dichotomie die Frau auch nachstreben mag, wenn sie ihre Weiblichkeit zum Ausdruck bringt oder wenn sie versucht, beide Seiten zu verwirklichen, ihre Sexualität wird immer durch eine Vorstellung von dem Bild geformt, das sie erschaffen kann. Denn die weibliche Sexualität wird von der Frau nicht einfach als ein Aspekt ihrer selbst erlebt, den sie genießen und mitteilen kann; sie ist wegen ihrer sozialen Stellung sowohl ein Produkt für sie selbst als auch ihr Produkt in der Welt. Die weibliche Sexualität war ein Mittel, mit dessen Hilfe Frauen ihren Platz gefunden haben, welcher sozialen Schicht und welcher Rasse sie auch angehörten. Die paradoxe Situation, daß die Sexualität einer Frau gewissermaßen ihr Vehikel ist, um ein Heim zu finden, und daß sie, wenn sie es gefunden hat, ihre Sexualität verstecken oder sie ins Kinderkriegen kanalisieren muß, bedeutet, daß alle Frauen mit der Spaltung leben, zugleich sexuell sein und doch ihre Sexualität im Zaum halten zu müssen.

Wegen der psychischen Nichtablösung von der Mutter und wegen der Ermahnungen der Mutter in bezug auf die Sexualität der Frau – und der Tochter im besonderen – stellt manche Frau fest, daß ihre Mutterbindung sich darin ausdrückt, daß sie sie unbewußt »mit ins Schlafzimmer nimmt«. Die Tochter hat Schuldgefühle, wenn sie versucht, sich mit jemand anders zu verbinden; unbewußt fühlt sie, daß sie die Mutter im Stich gelassen hat.

Auf der Ebene der psychischen Struktur kann die Unabgelöstheit des Ichs der Frau bedeuten, daß die sexuelle Vereinigung mit einem Partner die Angst vor dem Verlust des Selbst mit sich bringt. Bei der sexuellen Betätigung erlebt die Frau, wie wichtig der Strang der Sinnlichkeit und Erotik in der menschlichen Verbindung ist. Ihre Sexualität durchströmt ihren Körper und verbindet sich mit der eines anderen. Andere Kommunikationsformen wie Sprache, bewußte Denkprozesse und Gespräche treten in den Hintergrund. Diese tief befriedigende sinnliche Kommunikation ist ein Erwachsenenideal. Aber wegen der falschen Grenzen bei Frauen (und Männern, deren falsche Grenzen auf ihre von Abwehr geprägte Ablösung von der Mutter beim Vorgang der Ablösung und Individuation zurückgehen) ist diese Form der Kommunikation oft problematisch.

Die ihrer Grenzen nicht sichere Frau ist vielleicht unfähig, ihren Kopf zu »verlassen« und in ihren Körper zu gehen und loszulassen. Vielleicht fühlt sie sich auch bei der sexuellen Verschmelzung mit dem Geliebten in Besitz genommen. Um ein lustvolles und befriedigendes sexuelles Erlebnis zu haben, muß man loslassen können. Um mit jemand anders verschmelzen zu können, muß man ein bestimmtes Selbstgefühl haben, zu dem man zurückkehren kann. Weil die erwachsene Sexualität Aspekte der präverbalen Sinnlichkeit zwischen Mutter und Säugling in ihrer einzigartigen Kommunikation wieder anklingen läßt, können Sexualität und Verschmelzung frühe körperliche Erlebnisse aus der Zeit vor der Entstehung eines bestimmten Selbstgefühls und vor der Sprache wieder heraufholen. Für Frauen, die sich ihrer Grenzen nicht sicher sind und die kein bestimmtes Selbstgefühl haben, ist das Schmelzen der körperlichen Grenzen eine erschreckende Aussicht, denn es wird für sie von dem Gefühl begleitet, vom Geliebten verschlungen zu werden, sich selbst zu verlieren.

7 Phobien und körperliche Symptome

Dies sind Frauen, die aus einer Atmosphäre stammen, in der sie rasch erwachsen werden mußten. Sie hatten wenig Gelegenheit zu echtem Selbstausdruck, besonders zum Ausdruck wärmerer Gefühle. Sie haben vielleicht großes Mitleid für die Leiden anderer gehabt, aber sehr wenig für ihre eigenen. Als Mädchen waren sie tüchtig und verließen sich auf sich selber, aber sie waren nicht wirklich ganz.

Alexandra Symonds[1]

Manche psychische Symptome betreffen Frauen, manche Frauen und Männer (wenn auch fast immer in sehr ungleichem Verhältnis). Viele Frauen leiden an körperlichen und phobischen Symptomen.[2] Diese sind auf seltsame Weise akzeptiert worden, und sie sind fast eine legitime Form, wie Frauen die Welt wissen lassen können, daß nicht alles in Ordnung ist. Gleichzeitig können derartige psychische Symptome oft verborgen bleiben. Gewisse Schwächen, und zwar jene, von denen man meint, sie setzten die Fähigkeit der Frauen, ihre ihnen von der Gesellschaft zugeteilte Rolle zu erfüllen, nicht herab, werden vielleicht indirekt gefördert und gebilligt; sie sorgen dafür, daß die Frauen wissen, »wo sie hingehören«.

Die Einschränkungen, denen das Leben einer Frau unterliegt, können verschleiern, daß sie wegen einer Phobie nicht reisen kann, ebenso ist es nicht offenkundig, wenn eine Frau keinen Orgasmus hat. Die Symptome der Frau sind, wie ein Großteil ihres inneren Selbsterlebens, häufig nicht sichtbar. Während wir verschiedene Symptome – Phobien, Zwänge, Anorexie und Freßsucht – beschreiben, beziehen wir uns auf das allgemeine Modell der psychischen Entwicklung der Frau, das wir vorgelegt haben, und besprechen die Symptome als Ausdruck innerer Kämpfe, die mit dem »Kleinmädchen-Teil« der Frau und der Struktur ihrer Psyche zu tun haben. Zunächst wollen wir aber

149

einige allgemeine Anmerkungen zur Aktivität der Frauen in der Welt machen. Die soziale Stellung der Frau hatte zur Folge, daß der Einflußbereich einer Frau und der Bereich ihres Selbstausdrucks auf das Haus beschränkt waren. Ihr Heim war weitgehend gleichbedeutend mit dem für sie gültigen Begriff von ihrer Welt. Wie wir gesehen haben, geht die psychische Entwicklung der Frau mit den Erfordernissen ihrer sozialen Rolle Hand in Hand. Frauen, die sich nicht mit ihrer Beschränkung abfinden können, versuchen auszubrechen. Sie tun es sowohl zielstrebig und aktiv als auch unbewußt. Ein unbewußter Ausdruck eines solchen Protests, solcher Wut oder Verzweiflung manifestiert sich oft in einem körperlichen oder phobischen Symptom.

Phobien

Wenn jemand auf einen bestimmten Gegenstand oder ein Ereignis phobisch reagiert, ist er in den Fängen eines Angst und Schrecken erregenden Erlebens, in dem er sich äußerst hilflos fühlt. Ihre gewohnte Befindlichkeit verläßt die Menschen, und sie werden von ungewohnten Empfindungen, Gefühlen der »Unwirklichkeit« und Verzerrungen der optischen Wahrnehmung überwältigt. Diese Erlebnisse sind so kräftezehrend und unangenehm, daß die Betroffene, wenn sie sie überstanden hat und wieder an sie denkt, sich oft nicht vorstellen kann, eine Wiederholung zu überleben. Eine Frau, die eine Phobie gegen das Fahrstuhlfahren hat, ist entsetzt bei der Vorstellung, einen Fahrstuhl betreten und in einem Fahrstuhl sein zu müssen. Die Vorstellung, diese Handlung durchstehen zu müssen, lähmt sie und kommt ihr absolut unmöglich vor.
Eine Phobie beginnt gewöhnlich unerwartet. Der davon betroffene Mensch hat häufig noch niemals vorher die Erfahrung gemacht, in psychischer Not zu sein. Wir bekommen in der Therapie viele Frauen zu sehen, die als Erwachsene phobisch geworden sind. Tatsächlich war die Phobie oft der Grund,

weshalb sie in die Therapie gekommen sind. Vielleicht fängt es damit an, daß sie im Fahrstuhl oder in der U-Bahn oder beim Autofahren einen Angstanfall haben. Sie bekommen dann Angst, daß eine solche Panik sie wieder überfallen könnte, und vermeiden von nun an vielleicht Fahrstühle, U-Bahnen oder Autos, soweit sie können. Es gibt Frauen mit mehrfachen Phobien, Frauen mit nur einem Typus der Phobie, Frauen, deren Phobien sich verschieben oder deren Phobien nur unter bestimmten Umständen auftreten. Es gibt Frauen, deren Phobien nur selten oder nur vorübergehend behindernd sind. Sie können zum Beispiel Vögel nicht leiden, können sie aber – indem sie sich von Parks fernhalten – ziemlich einfach meiden. In unserer Praxis haben wir jedoch viel von Frauen gehört, deren Angst sie ziemlich kontinuierlich begleitet – von Frauen also, die sich durch eine Phobie schwer behindert fühlen.

Man kann Phobien als Abwehrstrukturen innerhalb der Psyche verstehen. Negative Erfahrungen wie etwa die Ablehnung in der Dynamik von Abstoßung und Anziehung sind äußerst schmerzlich. Sie erzeugen zum Beispiel im kleinen Mädchen – später in der Frau – das Gefühl, selbst schlecht zu sein. Dieses Gefühl ist so unerträglich, daß die Betreffende kaum damit fertigwerden kann. Da derart mächtige Gefühle nicht ausgehalten werden können, werden sie ausgeklinkt und aus dem Bewußtsein ausgestoßen. Sie sinken ins Unbewußte, wo sie unzugänglich werden und in der Verdrängung verschwinden.

Dieses Phänomen der Spaltung und Verdrängung schlechter Gefühle kombiniert sich mit einem anderen psychischen Mechanismus – dem der Projektion. Projektion ist der Vorgang, durch den man unbewußt einen Teil seiner selbst oder Gefühle, die man vielleicht hat, nach außen und auf einen anderen Menschen oder ein Objekt verlagert. Zum Beispiel ist Alison wütend, aber sie fürchtet sich vor ihrer Wut. Ohne es zu erkennen, projiziert sie diese Wut auf John und denkt ihn sich und erlebt ihn als wütend. Anders ausgedrückt, sie sieht ihre eigene Wut in ihm. Man kann Phobien verstehen, wenn man diese beiden Begriffe – Spaltung und Projektion – erfaßt. Alisons Gefühle haben sich von ihrem eigenen Erleben abgelöst und sind woanders wieder angeheftet worden. Alison reagiert nun auf Johns »Wut«. Sie mag sich vor ihr fürchten; sie mag seine Fähigkeit bewundern, mit seiner Wut einverstanden zu sein; vielleicht stachelt sie ihn an, sie auszudrücken. Ihre Gefühle suchen nun in einem neuen und unvorhersehbaren Bereich nach Ausdruck. Wenn John zufällig wütend wird, erlebt Alison vielleicht eine gewisse Erleichterung dadurch, daß er seine Wut erkennen und ausdrücken kann. Indem sie sich an seiner Stelle sieht, erreicht sie ein gewisses Maß an Befriedigung. Wenn John jedoch selbst nicht wütend ist, wird sie sich frustriert und verwirrt und fern von ihren eigenen Empfindungen fühlen.

Bei einer Phobie versucht die Frau (unbewußt), ihre schlechten inneren Gefühle von sich selbst abzutrennen und sie an etwas anderes außerhalb ihrer selbst loszuwerden. Sie weiß nicht, daß diese Gefühle in ihr leben. Sie erlebt »das andere« als die Ursache ihrer Verstörung. Der Zug, das Flugzeug, die Spinne verkörpern die schlechten Gefühle, die sie aus sich selbst heraus auf sie geworfen hat. Die Gefahr existiert nun in einer bestimmten Form in der Welt, anstatt in ihr selbst. Die schlechten Gefühle werden entladen und außerhalb des Menschen angesiedelt, anstatt einfach verdrängt zu werden. Da die Schlechtigkeit nun in einem äußeren Objekt fest enthalten ist, gewinnt die Frau eine flüchtige Sicherheit und eine vorübergehende Distanz zu ihrem Leiden.

Ruth wurde von ihrer Mutter immer wieder enttäuscht, trotzdem hörte sie nicht auf, sie zu brauchen und etwas von ihr zu wollen. Mit 24 Jahren zog sie von ihrer Mutter weg und in eine andere Stadt. Jedesmal, bevor sie ihre Mutter besucht, hofft sie unbewußt, diesmal werde die Mutter anders sein – so wie Ruth sie braucht und sich wünscht, warm und liebevoll. Ruth sehnt sich danach, daß ihre Mutter ihr die Anerkennung und Liebe gibt, die sie sich so verzweifelt wünscht. Sie verlangt danach, akzeptiert zu werden, damit sie sich endlich in sich selber wohlfühlen und ein eigenständiger Mensch werden kann. Aber die Besuche sind unweigerlich schmerzlich. Ruth ist enttäuscht und unzufrieden. Einige Jahre später entwickelte sie eine Phobie, sie war nicht mehr fähig, alleine zu reisen, nicht einmal zu ihrer Mutter. Tatsächlich hat Ruth eine psychische Mauer errichtet, um ihre negativen Gefühle in bezug auf sich selbst draußen zu halten. Für die phobische Frau sind die schlechten Gefühle, die sie in bezug auf sich selbst hat, so überwältigend, daß sie sich ihnen nicht nähern kann. Sie stellen einen solchen Selbsthaß und eine solche Überzeugung von der eigenen Wertlosigkeit dar, daß es außerhalb einer therapeutischen Beziehung schwer ist, sich ihnen zu nähern und sie zu sezieren. In einer Therapiebeziehung können die schlechten Objektbeziehungen, die sie ausdrücken, untersucht werden. Die neue Beziehung schafft die Bedingungen, unter denen die abgespaltenen Erlebnisse gefahrlos und langsam integriert werden können.

Im allgemeinen wird der Beginn einer Phobie durch eine oder eine Reihe von schlimmen Situationen in der Außenwelt ausgelöst, wie den Verlust eines geliebten Menschen oder den Verlust entscheidender Bestandteile der eigenen emotionalen Sicherheit. Ein solcher Verlust schafft dann eine Lage des inneren Zusammenbruchs. Die Beziehungsverhältnisse der Frau mögen ihr ein Gefühl der Sicherheit verschafft haben. Ein bedeutsamer Verlust zerbricht dann die illusorische Sicherheit ihres Wohlbefindens und stürzt sie in einen Zustand, in dem sie mit sich und ihren »schlechten« inneren Beziehungen allein ist.

Sehen wir uns die psychische Struktur einer solchen Frau an, um zu verstehen, warum sie für Phobien anfällig wird. Die Frau hat keine ausreichende, beständige Zuwendung erfahren, also hat sie sich kein festes Selbstgefühl einverleibt. In ihrer Frühentwicklung hat sie nicht das einfühlsame Halten *gefühlt,* das einem die Erkenntnis ermöglicht, daß man verstörende Gefühle und Erfahrungen durchleben und ertragen kann. Die Frau, die unter einer Phobie leidet, hat in der frühen Zuwendung extreme Schwankungen erlebt. Sie hat sich nicht genug Sicherheit und Liebe einverleibt, so daß ihre psychische Struktur zerbrechlich ist. Sie hat kein Selbstvertrauen oder Sicherheitsgefühl in bezug auf ihr Dasein entwickelt. Es kommt ihr etwas gefährdet vor. Sie kann sich nicht selber beruhigen oder besänftigen. Wenn sie von schlechten Gefühlen überschwemmt wird, scheint sich ihr bereits brüchiges Selbst fast psychisch aufzulösen; ihre Fähigkeit, schmerzliche Gefühle zu überwinden, verschwindet, und wie würde psychisch zusammenbrechen, wenn sie diese Gefühle nicht aus sich hinausprojizieren würde. Anfänglich hat also die Phobie eine Schutzfunktion. Sie hält die Schlechtigkeitsgefühle in einer gewissen Distanz vom eigenen Selbst der Frau. Wenn das Symptom fortbesteht, kommt es jedoch möglicherweise dazu, daß die Frau sich wegen dieser Beeinträchtigung schämt und aufregt, und dadurch holen die schlechten Gefühle und die Verstörung sie wieder ein. Die Phobie hat sie umzingelt, und sie kann ihr nicht entfliehen.

Einige Merkmale einer Phobie muß die Therapeutin unbedingt verstehen. Alle phobischen Menschen haben dies gemeinsam: sie sind voll schrecklicher Angst vor ihren Gefühlen, und sie teilen diese Angst in der Therapie recht eindrucksvoll mit. Es ist äußerst hilfreich, wenn die Therapeutin sich durch die von der Klientin mitgeteilte Angst und Furcht nicht aus der Fassung bringen oder ängstigen läßt, sondern statt dessen die Zuversicht vermitteln kann, die Therpeutin werde der Klientin langsam und allmählich helfen, die in der phobischen Reaktion gebundenen Bedeutungen und Gefühle zu untersuchen. Die Frau selbst glaubt, die erschreckenden Gefühle nicht beherrschen zu können; sie könnten sie jeden Augenblick völlig überrumpeln und sie in einen Zustand der Panik versetzen. Tatsächlich bezeichnen viele Frauen Phobien als »Anfälle von Panik«. Bei manchen Frauen kann die Phobie auf die Weise erfolgreich eingegrenzt sein, daß nur bestimmte Situationen, wie etwa das U-Bahn-Fahren oder das Überqueren von Brücken, die Panik herbeiführen. Diese Frauen erleben unter Umständen gar nicht wirklich, daß sie in psychischer Not sind. Sie haben vielleicht das Gefühl, auf die spezifische Tätigkeit sonderbar zu reagieren. Bei anderen Frauen ist das Erleben des Leidens einschneidender. Sie erleben fortwährend diese Panik und das potentielle Entsetzen, von der Schlechtigkeit und den aufgelösten Gefühlen überwältigt zu werden. Das ist oft die

Angst, die hinter der Phobie steckt. Die Frau fürchtet, sie werde im Schrecken festsitzen oder auseinanderfallen.

Wenn wir nach der wahren Bedeutung spezifischer Phobien suchen, ist es sehr wichtig, die Spannweite der Bedeutungen für die betroffene Frau zu untersuchen. Wenn eine Frau zum Beispiel eine Reisephobie hat – wovor hat sie so schreckliche Angst? Ist es die Fortbewegung von einem Ort zum anderen? Ist es das »Im-Übergang-Sein«? Ist es das Gefangensein in einer Falle? Ist es das Schweben über einer Brücke ohne Rampe? Wenn eine Frau nicht den Weg von A nach B zurücklegen kann, mag es daran liegen, daß sie A nicht verlassen – daß sie die Sicherheit, die sie in A gefunden hat, so unbefriedigend sie auch sein mag, nicht aufgeben kann. Es kann aber auch sein, daß sie mit einer neuen Situation nicht fertigwerden kann; sie erwartet nicht, daß die neue Situation ihr etwas Gutes zu bieten hat, weil ihre früheren Erfahrungen so unbefriedigend waren.

Vielen Frauen fehlt eine innere Kontinuität und sie haben das Gefühl, daß sie bei der Bewegung von A nach B Gefahr laufen, sich selbst zu verlieren. Wir haben oft gehört, nicht das Nichterreichen von B oder das Verlassen von A sei die Schwierigkeit, sondern das Gefangensein in einer Situation (wie im Zug oder im Flugzeug) gebe der Frau das Gefühl, sie habe kein Selbst, sie werde »verrückt«. Im Flugzeug zu sein, stellt symbolisch dar, daß sie ihre Gefühle und ihre Verwundbarkeit nicht steuern kann. Sie ist in gewissem Sinn allein und mit ihrem entleerten Selbst eingesperrt. Sie kann nicht entfliehen und muß sich zugleich einem anderen anvertrauen. Sie ist in dem Flugzeug eingesperrt, zusammen mit all den schlechten Gefühlen, die sie zu ersticken drohen. Bei dieser Art phobischer Reaktion liegt die psychische Konzentration auf dem Schutz eines zerbrechlichen inneren Selbst, das sich unzusammenhängend fühlt.

Dies ist anderer Art als eine weitere ziemlich häufige Flugzeugphobie, in deren Zentrum nicht das Eingesperrtsein, sondern der Absturz steht. Bei einer solchen Phobie fürchtet die Frau, ihre Fähigkeit aufgegeben zu haben, für Sicherheit zu sorgen. Sie hat sich in die Hände eines vielleicht unzuverlässigen Piloten/

Betreuers gegeben, dem sie vertrauen muß. Ihr Schicksal liegt in seiner Hand. Sie hat keine Möglichkeit, den Ausgang zu beeinflussen. Was sie auch tun mag, der Ausgang hängt von ihm ab. Diese Situation macht sie äußerst ängstlich, und sie unternimmt vielleicht alles mögliche Nebensächliche, in der Hoffnung, dadurch Sicherheit zu gewinnen. Sie fliegt zum Beispiel nur mit besonderen Flugzeugtypen oder zu bestimmten Tageszeiten. Indem sie solche Entscheidungen trifft, fühlt sie sich weniger passiv und ohnmächtig. Sie hat das Gefühl, ihre Entscheidungen beeinflußten den Ausgang des Fluges. Sie weigert sich psychisch, ihre Macht ganz an einen anderen abzutreten, denn das kommt ihr zu gefährlich vor.

Das Vorhandensein falscher psychischer Grenzen bei Frauen ist höchst dramatisch am Symptom der Agoraphobie zu erkennen. Fünfundneunzig Prozent der Agoraphobie-Patienten sind Frauen. Wir müssen verstehen, warum eine bestimmte Frau Angst hat, ihr Haus zu verlassen. Was fürchtet sie? Fürchtet sie, den heimischen Stützpunkt zu verlassen? Ist das Heim der einzige sichere Ort für sie? Fürchtet sie sich davor, woanders anzukommen? Vor dem Zusammensein mit anderen Leuten? Vor dem Alleinsein? All diese Dinge haben verschiedene Bedeutungen, die zur psychischen Entwicklung und zur Abwehrstruktur der betreffenden Frau in Beziehung stehen. Bei der Frau mit einer Agoraphobie ersetzen die Grenzen ihres eigenen Heims die psychischen Grenzen. Sie hat sich falsche Grenzen schaffen müssen, weil sie in ihrer Entwicklung nicht die Möglichkeit zu echter Eigenständigkeit hatte. Eine Frau fürchtet vielleicht, wenn sie aus dem Haus tritt, könnte sie die Grenzen verlieren, auf die sie sich verlassen gelernt hat, und sie werde deshalb sich selber verlieren. Bei vielen Frauen geht die Agoraphobie mit Klaustrophobie einher. Die falschen äußeren Grenzen dienen nicht nur dazu, die Betroffene zu halten und zu »schützen«, zugleich halten sie sie auch gefangen. Wieder leidet die Frau darunter, daß sie von ihrer Not umzingelt ist und nicht von ihr wegkommen kann. Agoraphobie und Klaustrophobie stellen das psychische Gefängnis dar, in dem die Frau sich befindet.

Manche Frauen werden nach der Heirat phobisch, wenn sie ihr Elternhaus verlassen haben und ein Leben mit dem Partner ihrer Wahl beginnen. Auf den ersten Blick gibt die Heirat der Frau die Möglichkeit des Lebens mit einem beständigen liebenden Partner. Die Heirat, besonders der Mythos von der romantischen Liebe, stellt einem die Möglichkeit in Aussicht, nun werde man endlich verstanden, empfangen und geschätzt. Natürlich finden viele Frauen und Männer ihre Ehen erfüllend, aber für eine Frau, deren psychische Struktur nicht integriert ist, kann die Ehe eine psychische Erschütterung bedeuten, denn sie kann auf einer unbewußten Ebene die Fantasie zerstören, sie könnte bei ihrem Partner so akzeptiert werden, wie sie es sich bei ihrer Mutter immer gewünscht hatte (siehe nächstes Kapitel). Dies kann so verheerend sein, daß es eine Art Verlust ist. Die Zerstörung der Fantasie und der Hoffnung, sie werde endlich angenommen werden, führt einen inneren Zusammenbruch herbei. Sie wird phobisch; damit wehrt sie die Verzweiflung und die Depression ab, die auf den Zusammenbruch folgen. Symbolisch offenbart ihre Phobie ihr Abhängigkeitsbedürfnis und ihren Wunsch nach Verbundenheit. Sie verkündet ihre Unfähigkeit, auf die alte Weise weiterzumachen. Sie ist ein Hilfeschrei. Aber die Frau schämt sich vielleicht so sehr wegen der Phobie und verachtet sich, besonders wenn sie lange dauert, so sehr, daß der Kern der Botschaft: »Man hat mir nicht erlaubt, abhängig zu sein«, vielleicht nicht gehört wird.

Eine Phobie nach der Heirat kann auch durch eine Liebesbeziehung ausgelöst werden. Diese kann psychisch verwirrend sein, weil sie im Gegensatz zu dem steht, woran sich die Frau gewöhnt hat. Sie hat sich vielleicht nach einer engen Beziehung gesehnt, aber die Verwirklichung kann sie überwältigen. Eine neue Beziehung voller Liebe kann all die verborgenen Gefühle der Wut, des Verlusts und der Kränkung wegen der Enttäuschung mit dem ursprünglichen Liebesobjekt wieder aufsteigen lassen. Die neue Intimität fördert diese Gefühle zutage und macht das »kleine Mädchen« sichtbar. Wenn die Frau diese Gefühle nicht aushalten kann, werden sie somatisiert. Die Heirat kann auch den unbewußten Wunsch nach Verschmelzung mit dem Partner auslösen. Die falschen Grenzen lösen sich auf, und die Frau »verschmilzt« mit ihrem Partner. Sie nimmt seine Grenzen als ihre eigenen und will ständig bei ihm sein. Die Phobie stellt dann gleichzeitig ihr Bedürfnis dar, versorgt zu werden – sie kann nicht reisen, nicht hinausgehen –, und hält sie andererseits abgesondert in psychischer Isolierung. Ihre Anhänglichkeit in der Ehe mag ihre Bedürfnisse nach dem anderen deutlich herausstellen, und so wird eine wirkliche, äußerliche Trennung unmöglich. Die Phobie ist ein Symptom der Schwierigkeit, die die Frau damit hat, auf eigenen Beinen zu stehen, weil sie in der frühen Kindheit nicht genügend abhängig sein durfte.

Ein Symptom, das die Somatisierung der psychischen Schwierigkeit mit Grenzproblemen sehr direkt veranschaulicht, ist der Vaginismus. Vaginismus ist die unwillkürliche Anspannung der Vaginalmuskeln, die die Penetration verhindert. Man kann den Vaginismus als die Angst der Frau verstehen, in Besitz genommen zu werden, eingenommen zu werden und sich selbst zu verlieren. Ihre psychischen Grenzen kommen ihr unzuverlässig vor, daher ist ihr physikalischer Körper die einzige Grenze, die sie »kennt«. Unbewußt erlebt sie Geschlechtsverkehr als ein Eindringen in ihre Grenzen, eine Einnahme ihrer selbst. Vaginismus ist ein physischer Ausdruck der Errichtung falscher Grenzen in dem Versuch, ein Selbstgefühl aufrechtzuerhalten oder aufzubauen. Die starren Grenzen, ausgedrückt durch das Verschließen der Vagina verhindern die Verschmelzung, denn die Verschmelzung bedeutet Auseinanderfallen und Sich-Verlieren im anderen.

Zwanghafte Ängste

In unserer klinischen Praxis begegnet uns oft das Symptom zwanghafter Ängste. Eine Frau zum Beispiel, die aus dem Haus geht, muß vielleicht zehnmal umkehren, um zu kontrollieren, ob sie das Gas abgedreht oder die Tür zugeschlossen hat, bevor sie beruhigt fortgehen kann. Eine andere muß vielleicht ihre Töpfe immer häufiger schrubben, um beruhigt darüber zu sein, daß sie sauber sind und keine Spur von Schmutz mehr an sich haben. Bei manchen Frauen muß nicht eine wirkliche Tätigkeit ständig wiederholt werden, sondern sie stehen vielmehr unter dem Einfluß eines in ihrem Kopf festgesetzten Vorgangs oder einer Reihe psychischer Rituale, die, wenn sie erst einmal angefangen haben, zu Ende geführt werden müssen, bevor sie sich etwas anderem zuwenden können. Diese Rituale sind bei jeder Frau wieder anders. Eine Frau muß vielleicht in allen Einzelheiten noch einmal das Gespräch überdenken, das sie mit dem Menschen geführt hat, dem sie gleich begegnen wird. Sie denkt endlos darüber nach und vergewissert sich, daß sie nicht drängend, unverschämt oder unfreundlich war. Sie hat die ganze Zeit Schuldgefühle wegen ihrer negativen Gefühle und sie besänftigt sich selber mit dem Wissen, daß sie keine negativen Gefühle zum Ausdruck gebracht hat. Eine andere Frau stellt vielleicht fest, daß sie in einem Zählritual befangen ist. Sie zählt jeden Schritt, den sie macht, in Dreiergruppen und macht dann aus diesen eine neue Gruppe. Bevor sie am Ziel ankommt, muß sie die Dreier in einem vorher festgelegten Schema untergebracht haben, sonst kann sie nicht weitergehen.

Wie die Phobien unterliegen auch diese Symptome nicht der Willenssteuerung. So sehr sich die Frau auch bemüht, den Zwang zu unterbrechen, sie kann es nicht. Er überfällt sie, und sie fühlt sich gedrängt, die Gedanken oder Handlungen auszuführen, die er ihr anzeigt. Wenn sie nicht direkt in der Zwangshandlung steckt, fühlt sie sich unter Umständen durch den Zwang schrecklich belastet oder gedemütigt. Infolgedessen widerstrebt es ihr vielleicht, über den Zwang zu sprechen – sowohl im allgemeinen als auch in der Therapie.

In den Fällen, wo eine Frau zu sich wiederholenden Gedanken oder ständig zu inneren Zwiegesprächen veranlaßt ist, drückt der Zwang ihre Schwierigkeiten aus, in wirklich interaktiven Beziehungen Kontakt aufzunehmen und Vertrauen zu fassen. Ihre inneren Gedanken sind unwiderstehlich und nehmen sie ganz in

Anspruch. Sie sind relativ beruhigend, denn sie folgen bestimmten Mustern und betreffen einen psychischen Bereich, den man kennen und steuern kann. Man kann sich in einer Weise auf sie verlassen, die in Beziehungen, wo man verletzlich ist, unmöglich ist. Den in Zwängen enthaltenen Ängsten und Schwierigkeiten tritt man erfolgreich entgegen. Die Zwänge verschaffen einem eine Zuflucht vor enttäuschendem Umgang mit anderen. Das Ende einer Zwangsperiode schafft eine gewisse Beruhigung und Stille im Gemüt.

Wir können eine entwicklungspsychologische Erklärung für diese Zwänge finden, wenn wir uns daran erinnern, daß der Säugling in seiner Frühentwicklung die unangenehmen Erfahrungen in sich hineinnimmt und versucht, sie umzuwandeln, indem er zu seinen inneren Objekten eine andere Beziehung herstellt. Bei Zwängen haben wir es mit demselben psychischen Phänomen zu tun. Eine Frau ist zum Beispiel wegen einer bestimmten Situation verstört. Unbewußt (oder vielleicht bewußt) hat sie das Gefühl, nicht Herrin der Lage zu sein. Sie gerät in zwanghaftes Grübeln über diese oder eine andere Situation. Sie denkt immer wieder über sie nach und versucht im Geist, sie anders ausgehen zu lassen, weil sie das Gefühl hat, in Wirklichkeit gar keine Veränderung herbeiführen zu können. Ihr Grübeln und die Veränderung werden zu einem rein inneren Prozeß. Während die Frau immer mehr von dem Versuch absorbiert wird, innerlich die Situation zu manipulieren, vermeidet sie die schmerzhaften Gefühle, die aus der anfänglichen Realität der schwierigen Situation entstanden waren.

Eine Frau, die zum Beispiel ständig kontrollieren muß, ob sie ihre Wohnungstür abgeschlossen oder den Gashahn zugedreht hat, steht fortwährend vor der Frage, ob sie in Sicherheit ist, und ob sie für sich selber sorgen kann. Ihre Zwangshandlungen symbolisieren ihr Dilemma. Sie muß auf sich selbst aufpassen, weil niemand anders da ist, der es tut, und doch fürchtet sie, es nicht aufrichtig tun zu können. In der Therapie versuchen wir, dieses Dilemma offenkundig zu machen. Wir wollen der Frau helfen, das schmerzhafte Erlebnis zu untersuchen, das sie innerlich umzuwandeln versucht und von dem sie wegkommen möchte. Wir »setzen uns mit ihr ins gleiche Boot«. Wir sehen uns an, auf welche Weise ihre Abhängigkeitswünsche durchkreuzt wurden, und versuchen, ihre aktuellen Bedürfnisse in der Therapiebeziehung zu erfüllen.

Eßprobleme: Zwanghaftes Essen, Bulimie und Anorexie

Zwanghaftes Essen, Freßsucht und Magersucht hängen miteinander zusammen und haben gewisse Erscheinungsweisen gemeinsam. Sie betreffen eine Unmenge von Frauen und nehmen ständig zu. Zwanghaftes Essen, hat man geschätzt, kommt bei ca. 60% der weiblichen Bevölkerung im Alter zwischen 15 und 45 Jahren vor. Zwei von hundert Schulmädchen in den Vereinigten Staaten zeigen anorektische Tendenzen, und man schätzt, daß 50% der Collegestudentinnen Episoden von Freßsucht haben. Die Statistik kann aus zwei Gründen nur Annäherungswerte liefern. Erstens haben all diese Eßprobleme einen Aspekt des Geheimen an sich, im Gegensatz zur Fettleibigkeit, die sich ziemlich gut beweisen läßt, und zweitens sind sie als ernsthafte psychische Störungen erst vor kurzem ans Licht getreten, als sie bei der allgemeinen Bevölkerung immer mehr zunahmen. Die traditionelle soziale Stellung der Frau bedeutet, daß ihr Körper einer ihrer Hauptaktivposten ist, denn mit seiner Hilfe zieht sie einen Mann an, der ihr dann ein Zuhause und eine Familie und soziale Legitimation verschafft.[3] Der Körper einer Frau ist wesentlich dafür, daß sie die Stellung einer Ehefrau und Mutter erlangt. Zugleich rufen bestimmte Lebensaspekte der Frau unweigerlich Konflikte hervor, die auszudrücken vielleicht unmöglich ist. Das Leid, das eine Frau empfindet, die Konflikte, die sie erlebt, die Tabus gegen ihre Sehnsüchte zeigen sich oft – was nicht überrascht – auf dem ureigensten Gebiet der Frau: an ihrem Körper. Eine Frau drückt vielleicht unbewußt ihr Leiden durch ihren Körper und darin aus, welche Beziehung sie zur

Nahrung hat. Frauen mit zwanghaften Eßproblemen essen so, daß sie die physiologischen Signale, die Hunger und Sättigung anzeigen, gar nicht wahrnehmen. Diese Mechanismen werden unterdrückt, und Essen und Nahrung bekommen einen ganzen Komplex von psychologischen Bedeutungen.

Eine Frau, die zwanghaft ißt, kann zwischen zwei Formen des Essens abwechseln: einer ziemlich starren Art, bei der ihr bestimmte Nahrungsmittel versagt oder nur beschränkt erlaubt sind, und Freßorgien, bei denen sie große Mengen gerade von den Nahrungsmitteln verzehrt, die sie sich während der eingeschränkteren Zeiten nicht gestattet. Diese Art des Umgangs mit dem Essen führt zu Selbstekel und Selbstbeschuldigungen, die die Frau wiederum in neue Freßorgien oder erneuerte Entziehungsbemühungen hineintreiben. Zugleich drückt das zwanghafte Essen einen unbewußten Versuch aus, das eigene Körpervolumen zu ändern. Die Frau stellt sich vor, ihre Probleme würden verschwinden, wenn ihr Körpervolumen anders wäre. Genau wie bei jeder Zwangsvorstellung mag sie denken, ihr Körpervolumen – der Gegenstand ihrer Zwangsvorstellung – sei das Problem. In Wirklichkeit ist es natürlich nicht so, sondern verdeckt nur andere Schwierigkeiten. Der gesellschaftliche Hintergrund der zwanghaften Essensprobleme und des Wunsches, das eigene Körpervolumen zu ändern, ist an anderer Stelle besprochen worden;[4] hier wollen wir uns auf die Frage konzentrieren, wie sich dieser Druck entwicklungspsychologisch äußert. Beim zwanghaften Essen drückt eine Frau sowohl ein fundamentales Bedürfnis nach Besänftigung aus als auch ein Gefühl, daß sie auf einer sehr grundlegenden Ebene nicht angemessen auf ihre eigenen Bedürfnisse reagieren kann. Die Frau ist von ihrem eigenen Körper auf dieselbe Weise distanziert, wie sie unverbunden mit ihren emotionalen Bedürfnissen ist. Ihre Versuche, sich zu »nähren«, drücken ihre Bedürftigkeit aus, ihren Wunsch, etwas zu bekommen. Die Nahrung symbolisiert Trost und Gehaltenwerden, aber sie ist ein trügerischer Tröster, denn sie liefert nicht die Befriedigung, nach der die Frau sich so sehr sehnt. Ihr Rückgriff aufs Essen bedeutet immer einen positiven

Versuch, ein Bedürfnis zu bejahen, aber die Bedingungen, unter denen in ihrer Frühgeschichte ihre Bedürfnisse nicht befriedigt worden sind, bedeuten, daß sie in demselben Augenblick, in dem sie die Hände nach der Nahrung ausstreckt, nicht glauben kann, daß sie gerechtfertigt ist, irgendetwas zu wollen oder zu bekommen.

Genauso wie andere Abwehrmechanismen, die eingesetzt werden, um das bedürftige »innere kleine Mädchen« zu schützen, ist auch das zwanghafte Essen ein Schutzmechanismus. Das zwanghafte Essen enthält für die Frau die Angst, niemand werde ihr etwas geben, sie könne nicht bekommen, was sie möchte, sie habe nicht genug bekommen, sie sei unersättlich. Die Frau, die zwanghaft ißt, versucht, sich selber zu »nähren«, so kompliziert sie es auch anstellen mag. Auf einer unbewußten Ebene gibt die Frau ihr Bedürfnis zu, aber zugleich verdrängt sie das Bedürfnis auf einer emotionalen Ebene. Frauen mit Problemen des zwanghaften Essens messen verschiedenen Zuständen ihres Körpers unerhört viel Bedeutung bei. Viele Frauen haben das bewußte Wunschziel, schlank zu sein. Schlankheit bedeutet alles, was gut, gesund und sexuell ist. Dicksein ist ein Symbol für Traurigkeit, Isolierung und Selbsthaß. Unbewußt drücken diese Körperzustände oft ganz andere Bedeutungen aus; daraus erklärt sich, warum es der Frau so schwerfällt, ihre »Idealform« zu erreichen oder beizubehalten. Magerkeit kann zum Beispiel Verletzlichkeit oder Perfektion bedeuten, Dicksein ist ein Schutzschild. Für eine Zwangsesserin bedeutet das Schlanksein und das Aufgeben des Fettes »Verhungern« – emotionales Hungern, wobei Bedürfnisse ans Licht treten und unerfüllt bleiben. Es ist, als schreie die Bedürftigkeit laut heraus, wenn die Schutzschicht des Fetts weg ist. In entwicklungspsychologischer Hinsicht verdeckt das Fett das »innere kleine Mädchen«. Das Fett schafft eine äußere physikalische Grenze, die diesen Teil der Frau vor der Welt verbirgt.

Frauen mit Heißhunger (Bulimie) verbinden mit Körperzuständen ähnliche Vorstellungen. Das Hauptmerkmal der Bulimie ist der stark ausgeprägte Zyklus von Freßorgien und Entleerung

163

großer Mengen von Nahrung, der täglich, häufig mehrmals täglich abläuft. Die Frau fühlt den Drang, zu essen, kann aber die Nahrung, nach der es sie so sehr verlangt, nicht bei sich behalten. Sie ißt heimlich und hastig, wobei sie weiß, daß sie das Gegessene wieder erbrechen und eine Art Erleichterung empfinden wird. Sie ist Gefangene einer schrecklichen Spannung des Wollens, ohne haben zu dürfen.

Die anorektische Frau ißt von Zeit zu Zeit zwanghaft und erbricht manchmal ihr Essen. Ihr Verhältnis zum Essen ist gekennzeichnet von einem zwanghaften Interesse und einer standhaften Weigerung, mehr als sehr wenig zu essen. Bei der Anorexie versucht die einzelne Betroffene, die schmerzlichen und schlimmen Erfahrungen, die sie gemacht hat und aktuell macht, abzuspalten. Sie kann ihre Gefühle nicht ertragen. Ihr Gefühlsleben empfindet sie als einen Angriff auf ihre eigene Person, und sie versucht, es in Schach zu halten, damit ihre Gefühle sie nicht verschlingen. Sie versucht, ihren Körper und ihre Seele in die Hand zu bekommen, indem sie in ihrem Inneren eine ganz neue Person erschafft. Anders ausgedrückt: Sie lehnt ihr bedürftiges, hungriges, verlangendes Selbst ab und versucht, es extremen Regeln und Vorschriften zu unterwerfen und dabei für sich eine »Persona« zu schaffen, die sie annehmbar findet. Sie nimmt also eine extreme Diät oder ein Übungsprogramm auf sich, das ihr zum Beispiel täglich mehrere Kilometer Dauerlauf vorschreibt oder sie veranlaßt, anstrengende Übungen zu machen, damit sie sich einmal eine halbe Stunde hinsetzen darf. Die Unterwerfung unter das Übungsprogramm wiederum schafft eine Grenze zwischen der Frau und ihren Bedürfnissen. Sie empfindet sich als stark, aber es ist eine falsche Stärke, da sie von ihrer Wachsamkeit abhängt und Gefahr läuft, jeden Augenblick zusammenzubrechen. Um diese Stärke aufrechtzuerhalten, muß die Frau sich selbst verleugnen und dabei eine Person erschaffen, die sie bewundern kann, *einen Menschen, der keine Bedürfnisse und keine Begierden zu haben scheint.*

Die anorektische Frau verhält sich ihrem Körper gegenüber genauso wie ihrem Gefühlsleben gegenüber. Zu gewissen Zeiten ihres Lebens hat sich gezeigt, daß ihr Körper sich nicht von ihr beherrschen ließ, denn er hat Menstruation, Brüste und Hüften hervorgebracht. Ihr Körper beharrt darauf: »Hier bin ich. Ich verändere mich. Du hast mich nicht in der Hand.« Sie meint: »Ich kann dich doch beherrschen, ich werde dich verwandeln. Ich will keine Brüste haben, keine Hüften und keine Menstruation. Ich will keine Frau sein. Ich will nicht sein wie du, Mutter. Ich will dein Leben nicht wiederholen, und ich will dein Essen nicht essen. Ich will dich nicht in mich aufnehmen, ich werde etwas anderes aus mir machen, anders als du bist.« Das Paradoxon ist natürlich, daß die Frau, während sie versucht, ihre Gefühlsseite in Schach zu halten, ihren Körper zerstört und sich vielleicht selbst verliert.

Anorektiker rebellieren zuweilen gegen ihre selbstauferlegten Einschränkungen. Dies drückt sich oft in Freßorgien aus.[5] Leider können sie die Nahrung, die sie sich zubilligen, nicht bei sich behalten; sie müssen sich wieder davon befreien, durch Abführmittel oder durch Erbrechen. Aber der Teil der Frau, der sie zu der Freßorgie veranlaßte, versuchte, Zuwendung, Nahrung, Liebe und Leben zu erlangen. Dieser nach dem Leben strebende Teil der Klientin ist derjenige, den die Therapeutin packen und mit dem sie arbeiten kann.

Bei der klinischen Arbeit ist es am wichtigsten, die symbolische Bedeutung der Körperzustände für Zwangsesserinnen, Freßsüchtige und Anorektikerinnen zu verstehen. Man muß sich auch klarmachen, daß diese Formen der Eßstörung ausgewachsene Zwangskrankheiten sein können, und wir erinnern daran, daß Zwänge Ablenkungen von den wirklich zugrundeliegenden Nöten sind. Sie sind Lösungsversuche für schmerzliche Probleme. Bei Anorexie, Bulimie und zwanghaftem Essen sehen wir Frauen bei dem Versuch, die Form ihres Lebens zu ändern, indem sie die Form ihres Körpers verändern.

8 Die Dynamik in Paarbeziehungen und Folgerungen für die Beratung bei Paaren

Was wir über die Psychologie der Frau wissen, wirft ein neues Licht auf das, was Frauen in ihren intimen Sexualbeziehungen suchen. Wir können auch die Dynamik betrachten, die in Paarbeziehungen häufig auftritt, und einige der psychologischen Bestandteile besser verstehen, die zu diesem Puzzle beitragen.

Frauen und Männer haben gleichermaßen ein Bedürfnis nach emotionalem Kontakt. Freunde, Freundinnen, Arbeitskolleginnen und Kollegen, Angehörige und Nachbarn spielen alle bei der Erfüllung dieser sehr menschlichen Bedürfnisse eine Rolle, und die Menschen entwickeln mehr oder weniger enge und intime Beziehungen, die nicht-sexueller Art sind. Für die meisten Menschen jedoch scheint ein tiefer, intimer Kontakt, also das Mitteilen der innersten Gedanken und Gefühle, ja, des innersten Selbstgefühls, nur innerhalb einer sexuellen »Paarbeziehung« möglich zu sein.

Zum Gewebe der Intimität gehören drei Elemente: Grenzen, Abhängigkeit und Eigenständigkeit.[1] Wenn eine Beziehung beginnt, sieht sie vielleicht wie ein einfaches Sich-Öffnen aus, wie die Begierde, einem anderen nahe zu sein. Zugleich geht jeder der beiden in die Beziehung mit Schutzmechanismen und Abgrenzungen hinein, weil noch kein emotionales Vertrauen aufgebaut worden ist. Das Gernhaben, die Sanftheit, das Verstehen, die Erregung, Wärme und Anteilnahme der Partner baut zwischen beiden Vertrauen auf. Währenddessen nimmt die Distanz zwischen den beiden Menschen ab, und die Intimität erlangt eine neue Tiefe. Es ist jedoch kein leichtes Unterfangen, eine wirklich befriedigende und »gesunde« Beziehung zustande zu bringen, denn die Partner bringen alle Komplexität ihrer Psyche mit: Schutzmechanismen, Furcht, Unsicherheit, Wut, Schwierigkeiten, Liebe zu empfangen und zu geben, dazu noch Probleme der Sexualität. Jeder bringt auch eine Reihe von Erwartungen mit, auch wenn sie unbewußt sind, die sich darauf beziehen, wer dieser andere für ihn sein wird.

Nach unserer Erfahrung bei der Beratung von Paaren sucht das Paar gewöhnlich dann einen Therapeuten auf, wenn in der Beziehung eine schwere Krise eingetreten ist, die das Paar nicht allein durcharbeiten kann.[2] Das Paar hat ziemlich lange miteinander gelitten und konnte nicht aus den Verstrickungen heraus, in denen es sich gefangen fühlt. Die Kommunikation zwischen den Partnern ist erheblich gestört, und jeder fühlt sich vielleicht vom anderen mißverstanden. Sie mögen das Gefühl haben, als hätten ihre Liebe und Zärtlichkeit von früher sich verkehrt; sie haben nun Verstörung, Wut und schlechte Gefühle zwischen sich. Sie können sich auf die wechselseitigen guten Gefühle nicht mehr verlassen.

Anne und Bob kamen zur Paarberatung, weil sie das Gefühl hatten, die Kommunikation zwischen ihnen sei äußerst mangelhaft geworden. Sie waren seit acht Jahren zusammen und meinten, die letzten drei Jahre seien für sie schwierig gewesen. Ihre sexuelle Beziehung hatte fast aufgehört, sie zankten sich regelmäßig und fanden, daß sie in ein Schema des fortwährenden gegenseitigen Einander-Kritisierens und Nörgelns hineingeraten waren.

In den Sitzungen beobachteten wir, daß sie jedesmal, wenn sie einander nahekamen, fast sofort wieder in Streit gerieten, bei dem sie einander Kritik und Mißbilligung an den Kopf warfen. Sie erkannten allmählich, daß sie in Augenblicken der Nähe in Wirklichkeit ganz angstvoll und beunruhigt waren.

Nach und nach kam heraus, daß Anne sich vor der Nähe fürchtete, weil sie zugleich fürchtete, verletzt zu werden. Sie berichtete von mehreren Fällen, in denen sie sich von Bob verletzt, abgewiesen oder im Stich gelassen gefühlt hatte, als sie ihm gegenüber gerade verletzlich und offen gewesen war. Bob fürchtete sich vor der Nähe, weil er das Gefühl hatte, immer etwas falsch zu machen, was Anne aus dem Gleichgewicht brachte. Er hatte keine Ahnung, warum das so war, und er meinte, ständig einen Eiertanz aufführen zu müssen, damit es nicht geschähe. Er fühlte sich abgelehnt und auf schwankendem Boden, und er zweifelte immer mehr an seiner Fähigkeit zu geben. Dann wurde er wütend auf Anne, und das trug wiederum zu der Spannung und Entfremdung zwischen ihnen bei. Mit jeder Drehung dieses schmerzhaften Kreises nahmen der Kontakt und die Kommunikation zwischen Bob und Anne ab.

In den Beratungsgesprächen erfuhren wir, daß Annes Eltern eine sehr unglückliche Ehe geführt hatten. Während Annes ganzer Kindheit hatten sie gestritten, oft sehr heftig. Annes Mutter pflegte sich der Tochter »anzuvertrauen« und ihr zu sagen, wie schrecklich nach ihrer Meinung der Vater sei; er sei selbstsüchtig und unfähig, für jemand anders als sich selbst zu sorgen. Weil Annes Mutter so unglücklich war, konnte sie Anne gefühlsmäßig wenig geben. Die Mutter leugnete, indem sie Anne ins Vertrauen zog, deren Bedürfnisse als kleines Mädchen. Statt dessen bekam Anne das Gefühl, sie müsse für ihre Mutter sorgen und versuchen, sie glücklich zu machen, um sie für alles zu entschädigen, was sie zu leiden hatte.

Als Anne Bob heiratete, wußte sie nicht, in welcher Weise die Ehe ihrer Eltern sie beeinflußt hatte. In ihren ersten Ehejahren war Anne in ihrer Liebe zu Bob überglücklich. Sie empfand ihn als zärtlich und fürsorglich und hatte das Gefühl, nicht nur einen Ehemann, sondern auch einen Freund gefunden zu haben. Endlich hatte sie jemanden, auf den sie sich stützen konnte.

Im vierten Jahr ihrer Ehe hatte Bob mit seinem Geschäft eine schwierige Periode durchzustehen, und seine geschäftlichen Angelegenheiten nahmen ihn sehr in Anspruch. Er blieb länger bei der Arbeit, und wenn er zu Hause war, gingen ihm gewöhnlich geschäftliche Probleme durch den Kopf. Er stand Anne gefühlsmäßig nicht mehr zur Verfügung.

Bobs verändertes Verhalten weckte bei Anne ein unbewußtes Echo. Seine Unfähigkeit, ihr emotional etwas zu geben und mit ihr in Verbindung zu treten, rührte an Gefühle des Abgelehntwerdens und des Im-Stich-gelassen-Werdens, die Anne in ihrer Beziehung zur Mutter empfunden hatte. Genau wie Annes Mutter gefühlsmäßig von ihren eigenen Ehenöten in Anspruch genommen war, konnte auch Bob nicht mehr angemessen für Anne sorgen. Annes »inneres kleines Mädchen«, das am Anfang der Ehe Bob gegenüber wehrlos gewesen war, ging in den Untergrund. Ihre tief unbewußte Furcht, wieder im Stich gelassen zu werden, schien sich zu bestätigen. Im Gegenzug gegen die fortwährende Enttäuschung und Verletzung, die Anne nun von ihrem Mann befürchtete, verstärkte sich ihre Abwehr. Wenn sie einmal einen gewissen Grad von Intimität erreichten, tauchten Annes unbewußte Ängste und Erwartungen auf und sie »suchte« geradezu nach den Möglichkeiten, wie Bob sie enttäuschen und kränken könnte, und wenn Enttäuschungen eintraten, stürzte Anne sich auf sie und hielt sie Bob als Beweis für ihren Verdacht vor, er sei unzulänglich und könne nicht für sie sorgen.

Wir können die Situation von Bob und Anne benützen, um den feministischen Ansatz in der Paarberatung zu veranschaulichen. Zunächst erkennen wir, daß Anne bei ihrer Eheschließung eine Mutter suchte. Das tun Frauen und Männer auf vielerlei Art. Anne brauchte eine Erfahrung, die anders war als die mit ihrer Mutter. Sie erwartete von Bob die Fürsorge und Zuwendung, die ihre Mutter ihr nicht hatte geben können.

Zweitens begreifen wir, daß die Botschaft, die Annes Mutter ihr durch ihr Verhalten und durch ihr Beispiel in der eigenen Ehe übermittelte, lautete: »Erwarte keine emotionale Fürsorge«, »Männer sind eine Enttäuschung«, »Männer stehen gefühlsmäßig nicht zur Verfügung und verletzten einen« und »du mußt selber für dich sorgen«. Anne hatte diese Botschaften in sich aufgenommen und erwartete daher, von Bob abgelehnt und im Stich gelassen zu werden. Es war ihr unmöglich, während seiner geschäftlichen Krise die guten und sicheren Gefühle ihm gegenüber aufrechtzuerhalten, weil sie dieses »Verlassenwerden« unbewußt schon seit einiger Zeit gleichsam erwartet hatte. Wir können eine weitere Dimension der Psychologie der Frau darin sehen, daß Anne die Erfahrung machte, schließlich wie ihre Mutter zu sein. Sie hatte das Gefühl, in einer unglücklichen Ehe mit einem gefühlsmäßig nicht verfügbaren Mann ihrer Mutter auf dem Fuß zu folgen. Eine glückliche Ehe und ein ganz anderes Leben zu führen als ihre Mutter rührte bei Anne an Probleme der psychischen Ablösung, auf die sie psychisch nicht vorbereitet war. Der feministische Ansatz half Bob zu verstehen, warum seine Unzulänglichkeitsgefühle in bezug auf Anne so leicht ans Licht kamen und warum sie von heftiger Wut begleitet waren. Bobs eigene Übertragungsprobleme hingen mit seiner Mutter zusammen und waren ein deutlich erkennbarer Teil der Dynamik zwischen ihm und Anne. Es gab eine psychische Entsprechung, die die Probleme zwischen ihnen verklammerte. Daß es Anne schwer fiel zu glauben, sie könne sich wirklich darauf verlassen, daß Bob ihr emotionale Zuwendung geben würde, ist ein Phänomen, welches in Paarbeziehungen häufig vorkommt. Abhängigkeit ist ein Zentralproblem in allen Beziehungen; besonders kritisch ist es bei intimen Sexualbeziehungen. Je mehr die Intimität in einer Beziehung zunimmt, desto stärker werden die Beteiligten emotional voneinander abhängig. Man erkennt die Fürsorge, die Verbindung, die emotionale Zuwendung, die einer dem anderen schenkt, die gebraucht werden und die man sich wünscht. Ein Gefühl der Verpflichtung und der Verantwortlichkeit gegenüber dem anderen sind Facetten dieser Abhängigkeit. Meistens stellen wir fest, daß einer der Partner, gewöhnlich die Frau, die Unsicherheit und die Abhängigkeitsgefühle für beide auf sich nimmt. Wenn sich einer in der Beziehung unsicher und sehr abhängig fühlt, kann sich der andere ganz geborgen fühlen und darauf vertrauen, daß er nicht verlassen werden wird. Wenn der eine ordentlich festhält, kann sich der andere sicher fühlen.

Zwar haben Männer wie Frauen Schwierigkeiten mit ihren Abhängigkeitsbedürfnissen, aber die Frau kann aufgrund der Dynamik im Umgang der Geschlechter miteinander als der abhängige Partner erscheinen, das heißt die Frau scheint den Mann mehr zu brauchen, als der Mann die Frau zu brauchen scheint. Rekapitulieren wir noch einmal, warum diese Dynamik, daß die Frau die Abhängigkeitsbedürfnisse trägt, zustande kommt. Männer gehen von ihren Müttern weiter zu anderen Frauen; im großen und ganzen haben sie in ihrem Leben immer die Geborgenheit bei einer Frau. Sie können sich auf die Beziehung verlassen. Dieses Gefühl, daß man da jemanden hat, und die Sicherheit, die es erzeugt, gestattet es dem Mann in einer Beziehung, sich eigenständiger zu fühlen, sich an Betätigungen außerhalb der Beziehung zu beteiligen, im Vertrauen darauf, daß die Frau da ist und auf ihn wartet.

Bei der Frau erzeugen jedoch ihre Kindheitserfahrungen und ihre Psyche die Angst, sie werde den geliebten Menschen verlieren, sie werde ihr Abhängigkeitsbedürfnis zügeln müssen, sie dürfe nicht erwarten, emotional versorgt zu werden, sie werde weggestoßen werden. Bei der Mutter ist ihr das passiert. Auch der Vater kommt und geht. Für die Frau gibt es also kein solches Vertrauen darauf, daß ein geliebter und gebrauchter Mensch sicher für sie da sein wird. Da ihre Bedürfnisse nach emotionaler Abhängigkeit abgeschnitten werden und weil sie sie nicht direkt ausdrücken kann, zeigt sie in einer intimen Beziehung vielleicht eine gewisse Tendenz, sich anzuklammern. Weil sie unsicher ist, nistet sie sich vielleicht übermäßig im Leben ihres Geliebten ein, um eine sichere Kontinuität empfinden zu können. Sie erschafft die Kontinuität von sich aus.

Wenn wir in der Paarberatung diese Themen untersuchen, stellen wir gewöhnlich fest, daß der Mann ebenso von der Frau abhängig ist wie sie von ihm. Die Abhängigkeitsbedürfnisse der Männer werden jedoch weniger anerkannt. Das Geschlechtsrollenstereotyp von der abhängigen Frau und vom unabhängigen Mann geht in unserer Kultur sehr tief und formt die Art, wie wir diese Dynamik bei Paaren ansehen. In unserer Arbeit werden die Unsicherheit des Mannes und seine Angst, den Menschen zu verlieren, von dem er abhängig ist, deutlich, besonders dann, wenn die Frau eine gewisse Autonomie und Eigenständigkeit an den Tag legt. Seine emotionale Abhängigkeit wird aufgedeckt.

Die Menschen haben die Fähigkeit, einander aufzuspüren, jemanden zu finden, der psychisch zu ihnen »paßt«. Dies ist Teil der Anziehung, und es hat positive und fragwürdige Seiten. Bei der Paarberatung erkennen wir oft, daß der eine Partner seine Grenzen fest geschlossen hält, während der andere nach Kontakt zu streben scheint. In der Zeit der Werbung kann das zur Herausforderung gehören, aber im fortwährenden Zusammenleben eines Paares kann es Frustration erzeugen. Es ist, als müsse einer immer die Grenzen bewahren. Dieses unglückliche Zusammentreffen, das durch die Furcht vor Intimität entsteht, führt zu einer bösen Spiralbewegung, bei der der eine, je mehr der andere die Grenzen dichtmacht, um so stärker versucht, sie zu durchbrechen. Jedoch, je mehr dieser bei dem Versuch drängt, Kontakt herzustellen und dem anderen nah zu sein, desto mehr baut dieser eine feste Abwehrmauer auf – wegen der Angst vor der Intimität. Durch diese Dynamik werden beide Partner in ihren Befürchtungen bestätigt. Derjenige, der die Grenzen geschlossen hält, fürchtet, der andere wolle ihn beherrschen, bestimmen und ersticken, und die Erfahrung, daß der andere versucht, die Grenzen zu durchbrechen, scheint die Berechtigung seiner Angst zu bestätigen. Die Versuche, näher zu kommen, werden als gewaltsame Zudringlichkeit oder als gewalttätige Forderung verstanden. Wer versucht, den Kontakt herzustellen, fürchtet, vom Partner abgewiesen zu werden, und auch diese Furcht erweist sich als gerechtfertigt, ebenso das Gefühl, zu »hungrig« oder zu fordernd zu sein.

Wenn die Frau diejenige ist, die aktiv Kontakt sucht, scheint sich auch ihre Furcht zu bestätigen, ein unendliches Bedürfnis in sich zu haben, unersättlich zu sein, denn je mehr sie in der Distanz gehalten wird und je weniger sie bekommt, desto mehr empfindet sie ihr Bedürfnis und desto größer erscheint es ihr. Sie hat das Gefühl, ihr »inneres kleines Mädchen« sei überwältigend, unlenkbar und unliebenswürdig. Die Sozialisation der Männer andererseits bereitet sie nicht darauf vor, emotionale Nahrung zu spenden; so kommt es, daß Männer sich oft vor den Bedürfnissen der Frauen fürchten. Sie haben oft das Gefühl, das, was von ihnen gefordert wird, sei erschreckend, und das Bedürfnis der Frau nach Kontakt und emotionaler Intimität sei unaufhörlich oder unersättlich. Der Mann fürchtet, von der Bedürftigkeit der Frau unterjocht oder aufgefressen zu werden. Unbewußt klingt in ihm seine frühere Verschmolzenheit mit der Mutter wieder an. Die Folge ist dann, daß der Mann feste Grenzen zieht, und daß die Frau sich ausgesperrt und kontakthungrig fühlt.

Bei vielen Paaren bleibt diese Dynamik gleich, und jeder Partner bleibt in seiner Stellung. Bei manchen Paaren geht diese Dynamik jedoch hin und her wie beim Cha-Cha-Cha-Tanz[3], wo ein Partner vorwärts, der andere rückwärts geht, und dann umgekehrt. Der Wechsel tritt ein, wenn der Partner, der die Abhängigkeit auf sich genommen, festgehalten und die Grenzen zu durchstoßen versucht hatte, innehält und einen Schritt zurücktritt. Er mag das aus Frustration, Wut, Enttäuschung oder aus Hoffnungslosigkeit tun, an den anderen jemals heranzukommen. Da sich der eine Partner zurückzieht, entsteht nun ein neuer leerer Raum zwischen den beiden, der vorher durch die Sehnsucht des einen ausgefüllt war. In diesem Raum geschieht mehrerlei. Erstens empfindet der Partner »hinter der Mauer« das Fehlen dessen, was er als Druck erlebt hat. Aber noch wichtiger ist, daß er das Fehlen der Aufmerksamkeit des anderen empfindet. Die Dicke der Mauer vermindert sich vielleicht ein wenig, wenn der zweite anfängt, sein Bedürfnis nach dem anderen zu erleben. Er (oder sie) fühlt sich nun vielleicht verlassen, fürchtet, den anderen zu verlieren, und merkt seine Abhängigkeitsgefühle stärker. Dieser Cha-cha-cha kann für beide Partner sehr verstörend und frustrierend sein, weil die Nähe, die sie möglicherweise beide suchen, so schwer zu erreichen ist.

Diese Schwierigkeiten, die mit der Abhängigkeit unter Paaren zu tun haben, wurzeln in den in unserer Gesellschaft vorgeschriebenen Geschlechtsrollen – von Jungen wird nicht erwartet, daß sie zu emotional gebenden Erwachsenen heranreifen, während das Selbstgefühl der Mädchen sehr stark davon abhängt, ob sie diese Eigenschaft haben. Das Ungleichgewicht verursacht psychische Schäden bei beiden Geschlechtern.

Wenn wir ein Beispiel für ein »gesundes« erwachsenes Paar beschreiben sollten, könnten wir sagen, beide Partner treten in die Beziehung mit einem sicheren, festumrissenen und allgemein positiven Selbstgefühl ein; zugleich können sie Liebe geben und empfangen. Weil beide dieses sichere Selbstgefühl haben, bringen auch beide die Fähigkeit mit in die Beziehung, den jeweils anderen eigenständig sein zu lassen. Der eine erwartet nicht vom anderen, er solle seine innere Leere füllen. Vielmehr kommen zwei »ganze« Menschen zusammen, teilen Liebe und Intimität miteinander und verschmelzen emotional, physisch und sexuell ohne Furcht miteinander. Das bedeutet – wieder im Idealfall –, daß jeder Partner sich öffnen, mit dem anderen verschmelzen und sich wieder von ihm trennen kann, ohne zu fürchten, sich selbst oder den anderen zu verlieren.

Dieses Modell des »gesunden« Paares ist keinem von uns sehr vertraut; nur wenige erreichen diesen Zustand. Bei Paaren, die Schwierigkeiten haben und deshalb in die Beratung kommen, ist ein unbestimmteres Gefühl von Grenzen zu beobachten, ein Mangel an sicherem Selbstgefühl; jeder sucht im anderen den ersehnten liebevollen Menschen, den er braucht, oder das ersehnte Selbst, das er nicht sein kann.

Da die Frau ermutigt wird, sich durch ihre Beziehungen zu finden und zu definieren, erwartet sie vielleicht von ihrem Partner, Teile ihrer selbst zu verwirklichen, von denen sie meint, sie fehlten ihr. Diese Erscheinung wird oft von Psychoanalytikern mißdeutet, die sie Penisneid nennen. Das Verlangen der Frau nach dem fehlenden Teil ist in Wirklichkeit ihre Suche nach sich *selbst*. Menschen sehen an denen, die sie lieben, Eigenschaften, die sie bewundern und die sie selbst gern hätten. Bei vielen Paaren sieht es von außen so aus, als hätten ihre Persönlichkeiten ganz gegensätzliche Merkmale. Auch dies ist wieder Teil der Anziehung, der Herausforderung und des Erregenden in einer Beziehung. Jeder Partner möchte durch die Paarbeziehung verborgene Aspekte seiner Persönlichkeit erweitern und ausdrücken. Diese Dynamik der Projektion kann aber auch Probleme erzeugen, weil durch die sexuelle Intimität die Grenzen sich verwischen können. Jeder Partner kann im anderen auch einen unerwünschten Aspekt seines eigenen Selbst erkennen und ihn verurteilen. Jemand, dem seine eigene Verletzlichkeit nicht geheuer ist, wird sich vielleicht dagegen wehren, sie beim Partner zu sehen.

Karen gab an, sich in gesellschaftlichen Situationen mit Pete unbehaglich zu fühlen. Sie hatte das Gefühl, Petes Bemerkungen zu verschiedenen Dingen seien »dumm«, und sie bildete sich ein, andere Anwesende dächten, er sei nicht sehr »helle«. Jedesmal, wenn von aktuellen Angelegenheiten und von der Weltlage die Rede war, zog sie den Kopf ein, weil Pete sich immer beteiligte und seine Meinung sagte. Karen begann, sich in derlei Situationen immer ängstlicher zu fühlen und sah allmählich, daß ihr in Wirklichkeit vieles an Pete nicht gefiel. Sie legte größere Abstände zwischen ihre Begegnungen. Als wir in der Therapie darüber sprachen, entdeckten wir, daß Karen sich in Wirklichkeit ihrer eigenen Teilnahme an diesen Gesprächen recht unsicher war und daß ihre Ängste auf ihre unbewußte Verschmelzung mit Pete zurückgingen. Sie hatte das Gefühl, in solchen Situationen ausreichend »in Deckung« zu gehen, und sie verstehe es, »genug zu sagen, ohne Unwissenheit zu zeigen«. Sie meinte, Pete tue dies nicht, und auf Grund ihrer eigenen unklaren Grenzen fühlte sie sich jedesmal bloßgestellt, wenn er etwas sagte. Sie mußte sich von der Beziehung distanzieren, um ihr Gefühl der Beherrschung und der Abgrenzung aufrechtzuerhalten.

Außer dieser Projektionsdynamik haben Paare auch noch die Tendenz, ihre Hoffnungen, Wünsche, Erwartungen und Ängste aufeinander zu übertragen. Mit sexuellen Beziehungen scheint eine Empfindlichkeit einherzugehen, die in Freundschaften nicht zu finden ist. Es ist, als seien die Grenzen der Enttäuschung, der Wut und der Kränkung viel leichter zu überschreiten. In Freundschaften können die Menschen oft ihre Gefühle »angemessener« in Schach halten. In sexuellen Beziehungen scheinen die Grenzen, die physisch überschritten worden sind, Wege offen zu lassen, auf denen sich die Gefühle bewegen. Unausgesprochene Forderungen, Annahmen und Erwartungen sind Bestandteile der sexuellen Beziehung, so daß Enttäuschung und Wut leicht ausgelöst werden, oft, ohne daß es der Geliebte weiß oder merkt.

Schwierigkeiten mit Verschmelzung und Eigenständigkeit werden sichtbar, wenn die Unterschiede zwischen den Partnern bloßgelegt werden. Der eine überträgt vielleicht seine Ansichten zu einem bestimmten Thema oder Erlebnis auf den anderen und nimmt an, der andere spiegele sie wider. Verwicklungen können aus versteckten Erwartungen entstehen und aus den Schwierigkeiten, die jeder der beiden damit hat, die Unterschiede zwischen ihnen aufzudecken oder das zu akzeptieren, was am Partner anders ist. Wenn der Partner nicht mit einem übereinstimmt oder die eigene Ansicht nicht unterstützt, ist es, als hätte man eine persönliche Beleidigung erlitten. Wenn man annimmt, der Partner sei eine Erweiterung des eigenen Selbst, ist eine Meinungsverschiedenheit, die plötzlich die Grenzen zwischen den beiden hervorhebt, erschütternd.

Bei der Paarberatung versucht der Therapeut, dem Paar zu helfen, diese Erwartungen und Annahmen aufzudecken und auseinanderzunehmen, damit zwischen beiden eine klarere Kommunikation stattfinden kann. Ein feministischer Ansatz bringt ein besonderes Gewahrsein der Probleme von psychischer Eigenständigkeit und Verschmelzung mit sich.

Außerdem hegen in heterosexuellen Beziehungen sowohl der Mann als auch die Frau infolge der stereotypisierten Geschlechtsrollen in der patriarchalischen Gesellschaft allerlei Annahmen und Erwartungen. Einige davon sind offenkundig, aber das heißt nicht, daß sie nicht bei uns allen in der Psyche tief eingebettet sind. So kommen zum Beispiel die Bedeutung des Wunsches einer Frau nach einem »starken« Mann oder die Bedeutung des Wunsches eines Mannes nach einer »sanften, fürsorglichen« Frau in der Beziehung zum Ausdruck. Die feministische Therapeutin hat sie vor Augen und benützt sie als wichtigen Teil der Arbeit, die in dem Versuch besteht, einem Paar zu helfen, zu einer stärker gleichberechtigten, interdependenten Intimität zu gelangen.

In lesbischen Beziehungen entstehen die gleichen Probleme, wie wir sie vorher in bezug auf Intimität, Grenzen, Abhängigkeit und Eigenständigkeit besprochen haben, aber auf andere Art. Vor allem und am allerwichtigsten: Die lesbische Beziehung steht in einem Zusammenhang, in dem Spannung dadurch entsteht, daß man in einer Beziehung lebt, die in der allgemeinen Kultur nicht akzeptiert wird. Zwar ist vielleicht ein Großteil der emotionalen Dynamik derjenigen in heterosexuellen Beziehungen ähnlich, aber die Beziehung existiert in einem anderen Zusammenhang. Die »Gesetze« der patriarchalischen Kultur erlauben die heterosexuelle Liebe und ächten sexuelle Liebe zwischen Frauen. Für ein lesbisches Paar besteht die ständige Bedrohung, daß die Kultur in den Zusammenhang der Beziehung hineinwirkt und Verurteilung, Strafe und Anfälle von Scham und Schuldgefühlen mit sich bringt. Selbst Anfang der achtziger Jahre bekommen lesbische Paare wenig Unterstützung, es sei denn aus den Reihen der Lesbierinnen. Deshalb ist es für Lesbierinnen sehr schwierig, die Probleme innerhalb ihrer Beziehung aufzudecken, weil die allgemeine Reaktion der Umwelt immer noch darin besteht, das Problem eher in einem Zusammenhang mit der Wahl der sexuellen Ausrichtung zu sehen, als daß es als Folge der emotionalen Dynamik unter den Partnerinnen betrachtet würde. Natürlich nimmt niemand an, es könne auch bei heterosexuellen Paaren so sein – niemand glaubt, vielleicht könnte der Umstand, daß jemand sich entschieden hat, heterosexuell zu sein, die Probleme verursacht haben.

Die Frage von Grenzen und Nähe hat eine andere Dimension, wenn es um zwei Frauen geht. Nach unserer Erfahrung geht häufig die Mutter-Tochter-Dynamik in lesbischen Beziehungen kreuzweise von den Partnerinnen aufeinander über. Probleme entstehen wie das der Frau, die versucht, sich als jemand zu definieren, der von einer anderen Frau unabhängig und eigenständig ist; die versucht, sich als verschieden von ihrer Geliebten zu erleben; die einer anderen Frau gegenüber Liebe ausdrückt, Liebe gibt und empfängt; und die unvermeidlichen Projektionen und Identifikationen, die zwischen zwei einander nahestehenden Frauen auftreten. Möglicherweise verstärkt die Furcht vor der Verschmelzung mit einer anderen Frau die unbewußte Erinnerung an die frühere Beziehung zur Mutter.

In lesbischen Beziehungen sind sowohl zwei »kleine Mädchen« als auch zwei potentielle »Mütter« in den Kulissen. Jede Frau bringt ihr »inneres kleines Mädchen« mit in die Beziehung, das sich danach sehnt, von einer anderen Frau geliebt, versorgt und bestätigt zu werden. Aber das »innere kleine Mädchen« bringt, wie wir gesehen haben, auch Gefühle enormer Bedürftigkeit, Angst vor Ablehnung, Verlassenwerden, Enttäuschung, aber auch Wut mit. Lesbische Beziehungen enthalten die Möglichkeit, daß zwei Frauen einander Zuwendung und Liebe schenken. Beide sind dazu erzogen worden, zu »bemuttern« – für andere zu sorgen, emotionale Antennen zu haben. Es kann sein, daß sie einander wechselseitig emotional »nähren«.

In der Paarberatungssituation sehen wir, welche Schwierigkeiten die Frauen damit haben, jeweils mit dem »inneren kleinen Mädchen« der anderen fertigzuwerden. Weil es den meisten Frauen schwer fällt, diesen Teil ihrer selbst zu akzeptieren, wehren sie sich dagegen, daß er ans Licht gezogen wird. Das gilt in lesbischen Beziehungen genauso; hier versuchen oft beide Frauen gleichzeitig, ihre Bedürftigkeit zu zügeln, während die Bedürfnisse der Geliebten die eigenen wecken. Es kann eine Identifikation der beiden »inneren kleinen Mädchen« eintreten, die schwer zu akzeptieren und schwierig zu bewältigen ist. Eine feministische Therapeutin versucht, den beiden Frauen zu helfen, ihre eigenen emotionalen Bedürfnisse auszudrücken und sie ebenso wie die ihrer Partnerinnen zu akzeptieren, so daß die angemessene gegenseitige Fürsorge stattfinden kann.

Andere Dynamiken, die wir in unserer Praxis bei lesbischen Beziehungen zu sehen bekommen, entsprechen denen, die im allgemeinen in Beziehungen unter Frauen zu finden sind: Gefühle von Neid, Konkurrenz, Verrat und Wut. In einem lesbischen Paar sind zwei Frauen mit einer weiblichen Psyche; daher sind viele der im 6. Kapitel besprochenen Aspekte in der Beziehung vorhanden. Die sexuelle Beziehung verstärkt häufig die Intensität dieser Gefühle.

Feministische Therapeutinnen müssen vor allem an die sozialen und politischen Schwierigkeiten denken, denen sich lesbische

Paare gegenübersehen. Nur wenn die Therapeutin dieses Gewahrsein hat, kann ein lesbisches Paar um Beratung bitten, ohne daß ihre Partnerwahl in den Vordergrund ihrer Probleme geschoben zu werden droht.

Sowohl lesbische als auch heterosexuelle Beziehungen bringen Probleme der Selbständigkeit und der Intimität zum Ausdruck. Die Frage der Eigenständigkeit der Frau erweist sich in heutigen Beziehungen offensichtlicher als Problem, da die Frauenbewegung Bewußtseinsveränderungen hervorgerufen hat. Sowohl Frauen als auch Männer sehen in der Eigenständigkeit der Frauen etwas, das man fürchten muß (siehe 2. Kapitel); daher verbünden sich manche Paare vielleicht unbewußt, um die Frau in der Einschränkung zu halten, so daß sie in der Beziehung nicht eigenständig sein kann. Ihre Selbständigkeit macht Schwierigkeiten. Für Männer und Frauen war die erste abhängige und primäre Beziehung die zu einer Frau, und wir alle tragen eine wunde Stelle der Angst vor dem Verlassenwerden und vor dem Verlust einer Frau mit uns herum. Die Eigenständigkeit einer Frau in einer Paarbeziehung weckt diese tief verwurzelten Gefühle.

In der Beratung sehen wir, wenn erst die Bedürftigkeit der Frau nicht mehr als das Hauptproblem angesehen wird (als was sie zunächst so oft gilt), viele der Gefühle, die die Männer im Hinblick auf ihre eigene Unzulänglichkeit in der emotionalen Zuwendung und im Aufnehmen intimer Beziehungen haben. Wir stellen vielleicht fest, daß der Mann sehr erschrickt, wenn er sieht, daß die Frau aufgebracht oder wütend auf ihn ist, und er versucht vielleicht, sich zu schützen und sich gegen seine eigene Verletzlichkeit zu wehren. Er mag sich wie ein kleiner Junge fühlen, dem gesagt worden ist, er habe seine Mutter enttäuscht, geärgert oder aufgebracht. Er weiß vielleicht nicht, wie oder was er geben soll. Die Verletzlichkeit und die Unzulänglichkeitsgefühle der Männer verwandeln sich oft in Wut. Die Wut dient als Abwehr, um die Gefühle der Verletzlichkeit zu verdecken und sie vor der Bloßstellung zu schützen. Dies veranschaulicht eine häufige »Entsprechung« bei heterosexuellen Paaren. Die abwehrende Wut des Mannes greift ineinander mit der Angst der Frau vor Wutausbrüchen und ihrem eigenen Gefühl, keine Rechte zu haben. Die Wut entmutigt sie vielleicht, das zu verfolgen, was sie sich wünscht.

Unser allgemeines Ziel wäre, daß beide Partner in der Beziehung ihre Liebe zueinander und ihr Bedürfnis nach einander erkennen, während sie zugleich psychische Eigenständigkeit und Selbständigkeit erlangen können. Das Zustandebringen »gesunder« intimer Beziehungen – Beziehungen, in denen beide Partner gleichberechtigt und wechselseitig voneinander abhängig sind – hat fundamentale Folgen für die Struktur der Familie. Heterosexuelle Beziehungen sind heute auf Ungleichheiten zwischen Männern und Frauen aufgebaut. Im nächsten Kapitel werden wir dazu übergehen, über die Zukunft zu spekulieren, die dann einträte, wenn solche dramatischen Veränderungen in der Psyche von Frauen und Männern stattfinden würden.

9 Ausblick

Die Art der Theorie, die wir vorgelegt haben, sieht die psychische Struktur als etwas Fließendes an. Sie wird unter besonderen Bedingungen auf besondere Weise aufgebaut, und die heutige psychische Struktur der Frauen stammt von den üblichen Arrangements der Kinderaufzucht her, also, daß Frauen in der patriarchalischen Gesellschaft die Kinder aufziehen. Wir gehen davon aus, daß unsere psychische Struktur auf einer Übertragung von Kultur, von materiellen Bedingungen, von tatsächlichen persönlichen Beziehungen, auf den Machtverhältnissen innerhalb der Familie und der Psychodynamik dieser Verhältnisse beruht. Jedwede Veränderung psychischer Strukturen auf fundamentaler und auf Massenebene kann nur aus einer Veränderung der materiellen Bedingungen entstehen, unter denen Kinder aufgezogen werden, und aus einer Veränderung der sozialen Stellung der Frau. In diesem Kapitel wollen wir über die sich wandelnde Stellung der Frauen reden und darüber, wie man die individuelle Psyche verändern kann, da diese beiden Fragen beim Durchbrechen des Zyklus von beschädigendem Selbsthaß, der zwischen Generationen von Frauen wirksam ist, eine wichtige Rolle spielen.

Die Aufdeckung der Art und Weise, wie Weiblichkeit stets reproduziert wird, ist Hand in Hand mit den Aktivitäten und Einsichten der Frauenbewegung gegangen. Die Frauenbewegung hat die Möglichkeit eröffnet, zu erkennen, wie man anfangen kann, den tragischen Zyklus der von Müttern an die Töchter weitergegebenen Sozialisation zu durchbrechen. Neue Formen der Kindererziehung und der Familienbeziehungen sind im Entstehen. Wir beginnen zu verstehen, daß die Art, wie »Frauen gemacht werden«[1], untrennbar mit der sozialen Stellung der Frauen verbunden ist. Adrienne Rich schreibt in *Von Frauen geboren:*

Eine Frau, die ihrem eigenen Körper gegenüber Achtung und Zuneigung empfindet, die ihn nicht als unsauber oder als Sexualobjekt sieht, wird ihrer Tochter wortlos vermitteln, daß ein Frauenkörper ein Ort ist, an dem sich gut und gesund leben läßt. Eine Frau, die stolz darauf ist, weiblich zu sein, wird nicht ihre Selbstverachtung an ihrer kleinen Tochter vergelten.[2]

Es wird mehrere Generationen dauern, diese soziale Stellung – und damit das Selbsterleben der Frauen – zu ändern. Bis dahin plädieren wir dafür, daß sich beide Eltern gleichermaßen an der Kindererziehung beteiligen und daß in der frühen Kindheit beide Geschlechter vorhanden sind. Wir brauchen zum Beispiel Kinderwärter und Kindergärtner. Wenn wir keinen Schritt in Richtung auf ein Gleichgewicht zwischen den Geschlechtern tun, werden sich die allgemeine Stellung der Frau – selbst wenn einige Frauen als Individuen vielleicht den schrecklichen Gefühlen des Selbstzweifels und der Wertlosigkeit entkommen – und die ständige Reproduktion der Struktur der weiblichen Psyche, wie wir sie beschrieben haben, nicht ändern.

Verschiebungen der psychischen Struktur von der Art, wie wir sie für nötig halten, sind in einer Generation nicht vollständig zu verwirklichen. Frauen und Männer tragen heute tiefsitzende Gefühle der Weiberfeindschaft und des unbewußten Sexismus in sich. Selbst bei veränderten Formen der Kindererziehung werden diese Einflüsse ihre Wirkung auf die erste von beiden Eltern aufgezogene Generation haben, denn zum Fortschritt der psychischen Entwicklung gehört, wie wir gesehen haben, die Einverleibung der Psyche unserer Betreuer am Beginn des Lebens. Das soll nicht entmutigen, sondern vielmehr die Gewichtigkeit des vorliegenden Problems betonen, ebenso die Notwendigkeit eines Langzeitansatzes gegenüber solchen Strukturveränderungen.

Die Veränderungen in der Familie und in der Praxis der Kindererziehung werden vielfältige Wirkungen haben. Wenn Väter an der Erziehung und Pflege beteiligt sind, wird sich die Psyche des Vaters selbst verändern. Männer werden sich radikal ändern und Bereiche ihrer selbst entwickeln müssen, die bisher unerforscht sind. Sie werden die Gefühle der Unzulänglichkeit, der Angst und Verletzlichkeit empfinden müssen, die unerläßlich sind, wenn man die Künste des »Nährens« erlernen, sich ihnen öffnen und sie in sich aufnehmen will. Wenn sie diesen Teil ihrer selbst entwickeln und ausdrücken, werden sie ihre Verletzlichkeit kundtun. Männer, die lernen, Pfleger und Väter zu werden, werden natürlich die Psyche der Kinder dramatisch beeinflussen. Für einen kleinen Jungen, der sowohl vom Vater als auch von der Mutter aufgezogen wird, werden viele Dinge ganz anders sein als bei der herkömmlichen Bemutterung. Erstens wird er ein Gefühl für das männliche Geschlecht entwickeln können, indem er sich mit seinem Vater identifiziert. Er wird ein sicheres Gefühl seiner selbst als männliches Wesen entwickeln, das nicht davon abhängt, daß er abwehrend Unterschiede zu Frauen herausstellt. Noch entwickelt der Junge sein Selbstgefühl in Opposition zu seiner Mutter, die weiblich und »anders« ist.[3] Die Psyche, die der Junge verkörpert, wird die Psyche seiner beiden Eltern enthalten. Sowohl seine positiven als auch seine negativen Erlebnisse werden mit beiden Geschlechtern zu tun haben. Er wird sowohl von einem Mann als auch von einer Frau die Macht der Zuwendung, der Grenzziehung und der Einschränkung erfahren. Er wird starke Liebe und starke Wut und Haß gegenüber Mann und Frau erleben. Diese Veränderungen werden zur Umwandlung des frauenfeindlichen Charakters der männlichen Psyche beitragen.

Jungen, die von Vater und Mutter aufgezogen werden, werden ihre Zuwendungsfähigkeit auf bisher unbekannte Weise entwickeln dürfen, ja, man wird sie dazu ermutigen. Indem der Junge seinen Vater, ein männliches Wesen, bei einer Vielfalt von pflegerischen und häuslichen Tätigkeiten sieht, wird er das Gefühl bekommen, auch dies sei seine Welt. Dieser Einfluß wird in den Beziehungen des Jungen innerhalb und außerhalb der Familie zu spüren sein. Er wird sowohl in seine Beziehungen zu Gleichaltrigen wie in seine intimen Sexualbeziehungen ein zuwendungsfähiges Selbst mitbringen.

Auch ein kleines Mädchen, das von Vater und Mutter aufgezogen wird, wird radikale Veränderungen seiner Psyche erleben. Vor allem wird es eine frühe enge Beziehung zum Vater haben. Väter (und also auch Männer) verlieren das Geheimnisvolle – sie werden nicht länger als fern und unergründlich angesehen. Emotionalität wird als etwas angesehen werden, das mit beiden Geschlechtern verbunden ist, und das Mädchen wird zu einer Frau heranwachsen, die vernünftigerweise erwarten kann, von Männern emotionale Zuwendung und Beständigkeit zu bekommen.

Wenn zwei Erwachsene die Elternfunktionen ausüben, werden sich in der Entwicklung der psychischen Struktur des Mädchens während der Zeit der infantilen Abhängigkeit dramatische Veränderungen ergeben. Die Freuden der auf diese Weise geteilten Elternschaft werden sich auch dem Baby mitteilen. Zuwendung, Vertrauen, Lust und zuträgliche Hingabe sind Bestandteile der Beziehung. Die Zufriedenheit und Geborgenheit des Babys teilen sich wiederum den Eltern mit und erhöhen ihr Vertrauen und ihre Lust an der Elternschaft.

Mindestens in der ersten Generation der von beiden Eltern aufgezogenen Kinder werden die Psyche der Mutter und die Psyche des Vaters, die sich das kleine Mädchen einverleibt, Aspekte des negativen Selbstbildes und der Bedürftigkeit der Mutter und Aspekte der Angst und Weiberfeindschaft des Vaters widerspiegeln. Die Mutter fühlt sich vielleicht weniger bedürftig, weil sie nicht allein für ihr Kind verantwortlich ist und weil sie die Unterstützung ihres Partners spürt, aber das wird nicht all ihre Mangelgefühle und ihre Unsicherheiten in bezug auf ihre Rechte abschaffen. Ähnlich werden sich die Väter der ersten Generation, die ihre Kinder pflegt, in ihrer neuen Rolle etwas unsicher und nervös fühlen. Sie übertragen vielleicht Gefühle der Unzulänglichkeit und Ressentiments auf ihre Kinder.

Aber gehen wir einige Generationen weiter und projizieren wir die neue psychische Struktur für Mädchen. Wenn zwei Eltern zusammen Kinder aufziehen, können wir annehmen, daß es ihnen leichterfallen würde, mit der Not eines Kindes fertigzuwerden. Wir haben gesehen, daß die Not eines weiblichen Babys in der Mutter eine spezielle Identifizierung mit ihrer eigenen Not

auslöst und ihre Ängste vor unzureichender Bemutterung widerspiegelt; wenn sie ihre Tochter in ihrem Leid tröstet, schwingt
zugleich ihr Wunsch mit, dieses Leid wegzuschieben. Wenn
zwei Eltern vorhanden sind, von denen sich keiner übermäßig mit
der Tochter identifiziert, wird das kleine Mädchen vielleicht
fähig, schmerzliche Erfahrungen zu ertragen und das Gefühl zu
bekommen, es könne sie überleben; außerdem seien seine
Gefühle nicht so gefährlich.

Auf der Ebene der psychischen Struktur werden sich nicht alle
negativen Erfahrungen des Kindes um die Mutter zentrieren.
Also werden, ebenso wie sich das Mädchen (und der Junge) bei
den positiven, förderlichen Erfahrungen, die die Ich-Entwicklung vorantreiben, zwei Eltern einverleibt, auch die negativen
und schwierigen Erfahrungen mit zwei Eltern verbunden sein,
mit zwei Menschen verschiedenen Geschlechts. Nicht mehr alles
Schlechte wird von Enttäuschungen mit Frauen herstammen. Die
Folgerungen für die Ausrottung von Frauenfeindschaft sind in
bezug auf die Psyche des Mädchens weitreichender Art. Es wird
nicht die tief eingeprägte Erfahrung haben, daß im Grunde das,
was die Mutter ist, was es selber ist und sein kann, was alle
Frauen sind, zugleich ganz gut und ganz schlecht ist.[4]

Mit einer Veränderung des tiefen psychischen Mißtrauens gegen
Frauen wird eine Veränderung darin einhergehen, wie Mädchen
Frauen und Männer in ihren Geschlechtsrollen sehen. Da Männer
und Frauen an der Hausarbeit beteiligt wären, die so sehr Teil des
Alltagslebens ist, würden kleine Mädchen und kleine Jungen, die
häusliche Fertigkeiten erlernen würden, die Hausarbeit nicht als
Arbeit zweiter Klasse anzusehen lernen; sie würde – zu Recht,
wie wir glauben – als notwendiger Teil des Lebens betrachtet und
weder irrtümlich unter- oder überbewertet werden. Das Gefühl
der Ungleichwertigkeit der Geschlechter, das heute mit der
Arbeitsteilung verbunden ist, würde sich ändern und eine Ver-
schiebung in der Selbstachtung der Frau bewirken. Sie würde das
Gefühl bekommen, daß sie an einer menschlichen Tätigkeit
teilnimmt, anstatt ein Mensch zu sein, dessen Arbeit sowohl
unsichtbar ist als auch falsch beurteilt wird.

Mit der Abkehr von der alleinigen Verantwortung der Frauen für Haushalt und Kinderaufzucht müßte eine Veränderung der Beschäftigungsmöglichkeiten für Frauen und Männer und eine Umstrukturierung des Arbeitsprozesses einhergehen. Dies wiederum hätte einen Einfluß darauf, wie Mädchen das Frausein erleben. Ein Kind, das in einer Umwelt aufwächst, in der beide Eltern Verpflichtungen bei der Arbeit und außerhalb der Familie haben, wird ein ganz anderes Gefühl davon bekommen, was Frauen und Männer sind und was es von ihnen zu erwarten hat.

Veränderungen der Art, wie wir sie befürworten, werden nicht ohne erhebliche Umwälzungen sowohl auf psychischer als auch auf sozialer Ebene zustande kommen. Es ist zum Beispiel unrealistisch, zu glauben, die Frau könnte leicht auf die Macht und den Einfluß verzichten, die sie heute in der Familie hat, auf die Organisation des Haushalts und die Sozialisation der Kinder. Selbst wenn sie von wichtigen Interessen außerhalb der Familie in Anspruch genommen wird, empfindet sie einen Verlust an Selbstdefinition und sozialer Anerkennung, weil sie von dem Weiblichkeitsbild abgewichen ist, das sie in sich trägt. Wenn eine Frau einen Teil ihrer Herrschaft aufgibt, empfindet sie vielleicht einen Verlust und fühlt sich desorientiert; sie mag in Verlegenheit geraten und sich gedemütigt fühlen, wenn ihr Partner Seiten einer sozialen Rolle übernimmt, die früher als richtig für sie, für ihn aber als falsch angesehen wurde. Ähnlich mögen sich Männer, die die besten Absichten haben und sich verpflichtet fühlen, das politische Verständnis der Geschlechterrollen zu verändern, in ihrer neuen Rolle als Pfleger und gleichberechtigte Partner unbeholfen und am falschen Platz fühlen, unzulänglich und schwerfällig.

Die Möglichkeit, daß Mädchen und Jungen von beiden Eltern aufgezogen werden, wird eine tiefgreifende Wirkung auf das psychologische Profil von Weiblichkeit und Männlichkeit haben. Mädchen und Jungen werden die Chance haben, ihre eigenen »nährenden« Seiten zu entwickeln – nicht aus einer Bedürftigkeit heraus, wie es heute bei Mädchen so oft der Fall ist, oder aus Gründen der Abwehr, wie Männer unter Druck solche Eigenschaften entwickeln – sondern aus der Position eines Menschen, der eine unzweideutige, gesunde Kindheit erlebt hat, die von Zuwendung erfüllt war.

Mädchen und Jungen werden sich von einer Position der Stärke und einem Gefühl der Ganzheit aus von ihren Eltern psychisch ablösen. Zur Zeit schaffen Mädchen die psychische Ablösung nur selten, und die psychische Ablösung der Jungen ist durchtränkt von Abwehr. Falsche Grenzen werden sich bei beiden Geschlechtern mit einem echten Erleben des Selbstseins auflösen. Die Mutter wird nicht länger der Mensch sein, der die Macht hat, einem alles zu geben oder alles vorzuenthalten.

Welche neuen Arten des Umgangs miteinander diese Veränderungen mit sich bringen werden, ist noch unvorhersehbar. Wir können von der Fülle der Möglichkeiten in Freundschaft, sexuellen Beziehungen und Elternschaft gerade die Umrisse erraten, aber Einzelheiten kaum ahnen. In der Freundschaft werden vielleicht alle Frauen das erreichen können, was man infolge der Arbeit der Frauenbewegung zu erreichen beginnt: aufrichtige, liebevolle Beziehungen, die nicht auf Furcht, Verrat, Konkurrenz, Neid oder Solidarität in der Gegnerschaft zu Männern aufgebaut sind, sondern Beziehungen, die auf Teilhabe, Kontakt zwischen Gleichberechtigten und Unterstützung der Selbständigkeit beruhen. Bei Freundschaften zwischen Frauen und Männern können wir auf einen gleichberechtigten Austausch von Emotionalität und Stärke hoffen. Freundschaften unter Männern werden eine Offenbarung des eigenen Selbst und die Erkenntnis zulassen, daß Männer einander Zuwendung schenken und einander unterstützen können.

Bei heterosexuellen Beziehungen können wir voraussehen, daß eine Frau und ein Mann als zwei eigenständige und unabhängige Menschen zusammenkommen, die Intimität suchen, von denen keiner Frauen fürchtet, und wo die Frau von dem Geheimnis befreit ist, das »einen Mann zu haben« umgibt. Mit psychischer Eigenständigkeit und wirtschaftlicher Unabhängigkeit können Frauen und Männer zueinander auf der Grundlage gleichberechtigten Austauschs in Beziehung treten, anstatt auf der Basis, daß der Mann die finanzielle Sicherheit und die Frau emotionale Zuwendung bietet. Beide Partner werden anerkennen können, daß sie voneinander abhängig sind; sie werden ihre Gefühlswelt miteinander teilen und die Cha-Cha-Cha-Dynamik aufgeben. Die Achtung, die eine Frau vor sich selber empfinden wird, bedeutet, daß sie es nicht mehr länger nötig hat, eine Bestätigung ihres Selbstwerts durch die Billigung eines Mannes zu erstreben. Ähnlich wird das sichere Wissen des Mannes um seine eigenen Grenzen dafür sorgen, daß er nicht gezwungen ist, sich im Gegensatz zu einer Frau zu profilieren.

Bei lesbischen Beziehungen können wir auf zwei starke, geliebte Frauen hoffen, die einander etwas geben, nicht aus Bedürftigkeit oder übermäßiger Identifizierung heraus und mit Ressentiments, sondern auf der Basis der Wertschätzung, indem eine Frau eine andere liebt, die wie sie ist, aber selbständig. Bei homosexuellen Beziehungen können wir vermuten, daß bestimmte schmerzliche Aspekte von Selbsthaß und Feindseligkeit gegen Frauen sich auflösen werden, so daß die Liebe, die Männer füreinander empfinden, gedeihen kann.

Die Art der von uns projizierten Veränderungen ist ein Ausblick in eine bestimmte Richtung. Das Herstellen neuer Zusammenhänge in unserem Leben, der Kampf gegen das Patriarchat, erfordert soziale Umwälzungen, die sich über viele Generationen erstrecken werden. In unseren Tagen ist die Kernfamilie stark in Frage gestellt worden, gleichzeitig ist die Scheidungsrate angestiegen, es gibt mehr und mehr alleinerziehende Mütter und Väter, Wohngemeinschaften und größere Arbeits- und Lebensgemeinschaften. Einige dieser Abweichungen von alten Formen und neuen Formen der Elternschaft sind absichtlich herbeigeführt worden[5], während andere noch mit der Vorstellung von und dem Wunsch nach der Kernfamilie im Hintergrund praktiziert werden. Es wird einige Generationen lang dauern, bis man die Wirkungen der Elternschaft in neuer Form auf die psychische Struktur abschätzen kann, und es wird ein einfühlsames Verstehen der vielerlei Wege erfordern, die die Menschen heute erkunden.

Anhang

Anmerkungen

1 Wo die feministische Psychotherapie steht

1 Phyllis Chesler, *Frauen, das verrückte Geschlecht?* Reinbek, 1974.
2 Siehe Phil Brown (Hrsg.), *Radical Psychology,* New York, 1973;
Jerome Angel, *The Radical Therapist,* New York, 1971.
3 Pauline Bart, »Depression in Middle-Aged Women« in: V. Gornick
und B. K. Moran (Hrsg.), *Women in Sexist Society,* New York, 1971.
4 I. K. Broverman, D. M. Broverman, F. E. Clarkson, P.S. Rosenkrantz und S. R. Vogel, »Sex-Role Stereotypes in Clinical Judgements
of Mental Health«, *Journal of Consulting and Clinical Psychology,* Bd.
34, 1970, S. 1–7.
5 Siehe *International Journal of Psycho-analysis,* Bd. 57, 1976.
6 Siehe N. Chodorow, *The Reproduction of Mothering,* Berkeley,
1978; N. Friday, *Wie meine Mutter,* Frankfurt/M., 1980; A. Rich, *Von
Frauen geboren,* München 1979; S. Hammer, *Töchter und Mütter,*
Frankfurt/M., 1978; L. Irigay in *Signs,* Bd. 7, Nr. 1, Herbst 1981; E. G.
Belotti, *Was geschieht mit kleinen Mädchen?,* München, 1975.
7 Zwischen dem Vorgang des Bewußtwerdens und der feministischen
Psychotherapie gibt es vier Hauptverbindungen. Die erste besteht darin,
daß die Frauenbewegung erklärte, das persönliche Leben sei eine
politische Angelegenheit. Das war natürlich eine direkte Herausforderung an die progressiven linken Bewegungen der sechziger Jahre, die
die Sorge um persönliche Dinge als individualistisch ansahen. In den
Selbsterfahrungsgruppen (CR-Gruppen) war die Erfahrung jeder einzelnen, die Lebensgeschichte jeder Frau von Interesse. Wir begriffen, daß
wir, indem wir uns die Erfahrungen einzelner anhörten, ein viel reich-
haltigeres Bild der Zusammensetzung der Gesellschaft gewinnen konnten. Die Sexualpolitik vermittelte uns die Erkenntnis, wie die Gesellschaft auf ideologischer wie auch auf materieller Ebene funktioniert,
und vertiefte das Verständnis der Linken von der menschlichen Erfahrung. Die Frauenbewegung baute eine Gesellschaftsanalyse auf, die
sich auf die praktischen Einzelheiten der individuellen Lebenserfahrung
gründete. Sie erweiterte die vorherige Auffassung von der sozialen,

wirtschaftlichen und politischen Grundlage der Gesellschaft und stellte diese Auffassung in Frage.

Bei der Psychotherapie geht es in ähnlicher Weise um die Einzelheiten der individuellen Erfahrung. Auf Grund der Tiefenanalyse des bewußten und unbewußten Lebens des Individuums haben Psychoanalytiker Theorien über die Wirkungen der Gesellschaft aufgestellt, denn die Erforschung der Psyche eines Menschen offenbart die Gesamtheit sozialer Beziehungen.

Das zweite, was die CR-Gruppe mit der Psychotherapie verbindet, ist das Augenmerk, das sie auf die Familien richtet. In der Märchenfamilie, wie die Medien sie noch immer darstellen, verdient der Vater das Geld und arbeitet außer Haus, während die Mutter zufrieden zu Hause arbeitet, die Kinder aufzieht, die Räder des Hauswesens ölt und Gefühlswärme liefert. Auch wenn unsere eigene Familie diesem Bild nicht entsprach (z. B. wenn ein Elternteil fehlte oder der Vater nicht das Geld verdiente oder beide Eltern außer Haus arbeiteten), war sie trotzdem nach Geschlechtszugehörigkeit organisiert, wobei Frauen und Männer klar definierte Rollen und Verantwortungsbereiche hatten. In der CR-Gruppe und in der Psychotherapie entdeckten wir, wie wichtig die Familie bei der Gestaltung unserer eigenen Kindheit war, und wie sehr sie unser Erleben des Erwachsenwerdens bestimmt hat. Wir konzentrieren uns auf Beziehungen innerhalb der Familie, auf die Erwartungen, Zuneigungen, Belohnungen und Einschränkungen, die unser Verhalten und unsere Einstellungen als kleine Mädchen und später als Frauen beeinflußt haben.

Die Familie war unsere erste soziale Welt. In ihr haben wir zunächst unsere Geschlechtsrolle gelernt. Feministinnen haben sich mit der Geschichte der Familie befaßt und gezeigt, daß sie in ihrer gegenwärtigen Form eine nicht sehr alte Entwicklung darstellt. Die Wandlung von einer Feudalwirtschaft zum modernen kapitalistischen Staat ist mit Veränderungen der Familieneinheit einhergegangen, die zur Arbeitsteilung nach Geschlechtern innerhalb der Familie und zur Verweisung der Frau auf eine untergeordnete Stellung als Ehefrau und Mutter geführt haben. Eine feministische Psychotherapie will wissen, wie die sozialen Praktiken einer bestimmten Kultur an ihre Angehörigen übermittelt werden, und wie sich das Individuum die Machtverhältnisse, die Geschlechtsrollen und die Psychodynamik der Familie zu eigen macht.

Die dritte Gemeinsamkeit zwischen Bewußtwerdung und Psychotherapie liegt darin, daß es bei beiden Prozessen um das Gefühlsleben des Individuums geht. In der CR-Gruppe fühlten sich Frauen allmählich erleichterter; sie schämten sich weniger der starken Gefühle, die sie in sich entdeckten. Wut, Schmerz, Depression und Traurigkeit wurden als begreiflicher Ausdruck der psychischen Erlebnisse einer Frau verstanden. Dieselbe Art der Aufdeckung und Freisetzung tabuierter Gefühle ist ein wichtiger Teil des psychotherapeutischen Prozesses. Angesichts des Grundprinzips der Unbestreitbarkeit des Gefühlslebens schauen Bewußtwerdung wie Psychotherapie über Inhalt und Aufbau bestimmter Gefühle hinaus; z. B. werden romantische oder leidenschaftliche Gefühle nicht für bare Münze genommen, sondern auf Hinweise nach ihrer Herkunft untersucht, und man versucht zu erfassen, warum solche Gefühle im individuellen und kollektiven Leben der Frauen so wichtig sind.

Das vierte Verbindungsglied betrifft die Sexualität, die früher ein tabuiertes Thema war. Von Freud an haben sich Psychotherapeuten mit einer Untersuchung der Sexualität auf emotionaler, philosophischer und politischer Ebene beschäftigt. In CR-Gruppen haben Frauen begonnen, sich um ein Verständnis dessen zu bemühen, was Sexualität ist – wie sie geformt worden ist, was sie in unserem Leben bedeutet hat, welche Art von Unzufriedenheit (und Befriedigung) wir gehabt haben, ob die Sexualität etwas Unverletzliches war, ob sexuelle Beziehungen in gewissem Sinn auch politische Beziehungen waren usw. In den CR-Gruppen versuchten wir, die sexuellen Phantasien von Frauen zu verstehen. Das gab wiederum Aufschluß über die sexuellen Erfahrungen von Frauen. Außerdem sahen wir uns Heterosexualität und lesbische Liebe an und formulierten nicht nur eine Kritik der heterosexuellen Gesellschaft, sondern unterstrichen auch, wie wichtig es ist, die politische Beziehung zwischen Frauen und ihrer Sexualität zu verstehen.

8 Dieses Vorurteil hatte damals progressive Elemente, besonders angesichts des Ende der fünziger Jahre in den USA herrschenden intellektuellen Klimas. Siehe insbesondere Betty Friedan, *Der Weiblichkeitswahn oder die Mystifizierung der Frau*, Reinbek, 1966, in bezug darauf, was der Freudianismus zu jener Zeit in bezug auf die Psychologie der Frau bedeutete.

9 Begriffe wie Penisneid, Kastrationskomplex und Ödipuskomplex sind heutzutage in den allgemeinen Wortschatz eingegangen, und sie sind zu ideologischen Grundsteinen geworden, auf denen Theorien über die weibliche Sexualität und die weibliche Psyche errichtet werden. Freud beschrieb ein weibliches Erleben, von dem er in seiner klinischen Praxis gehört hatte und das er dort zu sehen bekam. Die Ereignisse, Gefühle und Schattierungen, der er beobachtete, haben späteren Generationen eine Menge nützlichen Materials geliefert. Freud sah jedoch das, was er über die Psychologie der Frau und die Weiblichkeit erfuhr, durch eine patriarchalische Brille. Entweder war ihm seine patriarchalische Voreingenommenheit nicht bewußt oder er kümmerte sich nicht um sie; die Theorie, die er aus seinen klinischen Daten ableitete, leidet daher unter einem eingeschränkten Sehvermögen. Außerdem konstruierte er zunächst eine Theorie der weiblichen Sexualität und stülpte sie dann dem klinischen Material über. Spätere freudianische Analytiker, die über die Psychologie der Frau schrieben, behielten diese Voreingenommenheit konsequent bei, obwohl sie die Theorie in anderer Hinsicht revidierten.

Gemeinsam mit vielen anderen Feministinnen haben wir mehrere Einwände gegen Freud und die postfreudianische Ansicht von der Psychologie der Frau. Sie richten sich alle gegen ein Vorurteil, das die weibliche Sexualität als etwas ansieht, das an die Fortpflanzung und an die Befriedigung männlicher, auf die Frau gerichteter Sexualtriebe gebunden ist, an die Minderwertigkeit der Frau, weil Frauen anders sind als Männer, und an die Beherrschung und Unterwerfung von Frauen. Als solche stellen die Theorien eine weibliche Sexualität nach männlicher Vorstellung und auf den Penis bezogen dar. Zum Beispiel haben nur wenige Analytiker darüber gesprochen, welche Bedeutung es im Leben eines Mädchens haben kann, wenn es den Körper seiner Mutter als positive Kraft erlebt, oder über den Neid der Männer auf den weiblichen Körper, den Körper, der sie alle auf die Welt gebracht hat. Die Freudsche Ansicht von der psychischen Entwicklung der Frau paßt in ein Schema, nach dem weibliche Genitalien und Weiblichkeit überhaupt unzulänglich, wenn auch unvermeidlich sind.

Frauen, die als Töchter in einer patriarchalischen Gesellschaft aufwachsen, sehen sich als minderwertig an. Dieses Minderwertigkeitsgefühl entsteht nicht in der ödipalen Phase, wenn das Mädchen merkt, daß es kein Junge ist; es hängt eng mit dem ersten Lebensbeginn des Mädchens und dem Erwerb seiner Geschlechtsidentität zusammen. Dieser Geschlechtssinn ist mit dem Gewebe der frühesten Erfahrungen verwoben: Man wendet sich schon Säuglingen als Mädchen oder Jungen zu – mit allem, was zu diesen Begriffen gehört. Wenn eine Frau offenbart, daß sie sich unbefriedigt, unzulänglich und leer fühlt, spricht sie davon, wie sie es innerlich erlebt, in unserer Gesellschaft eine Frau zu sein. Diese Gefühle entstehen, weil sich in der psychischen Sphäre spiegelt, daß sie eine Frau in einer patriarchalischen Kultur und ein Staatsbürger zweiter Klasse ist.

10 Jean Strouse hat eine ausgezeichnete Sammlung von Artikeln über Psychoanalyse zusammengestellt, die die Bereiche erhellt hat, in denen psychoanalytische Praxis und Theorie für ein Verständnis der Psychologie der Frau äußerst nützlich sein könnten. Siehe Jean Strouse, *Women and Analysis,* New York, 1974. In den frühen siebziger Jahren fühlten sich Feministinnen innerhalb der Psychoanalyse von den frühen Werken Wilhelm Reichs angezogen. Wilhelm Reich war der Psychoanalytiker, der die Psychologie des Individuums ausdrücklich politisch zu der Welt, in der wir leben, in Beziehung setzte. In *Die sexuelle Revolution* (Frankfurt/M., 1966) erörtert er auf der Grundlage der Familienanalyse von Friedrich Engels, wie die Familie eine besondere psychische Umgebung schafft. Er wies auf ihre wirtschaftliche Funktion (als wirtschaftliche Produktions- und Konsumeinheit) hin, auf ihre soziale Funktion (als Schutz für die ihrer wirtschaftlichen und sexuellen Rechte beraubten Frauen und Kinder) und auf ihre politische Funktion (als Übungsfeld für bürgerliche Sozialbeziehungen, bei denen der Vater der Exponent und Vertreter der Staatsautorität in der Familie ist). Reich zeigt die psychischen Folgen einer solchen Einrichtung auf, ebenso die psychische Wirkung der wirtschaftlichen Untergeordnetheit von Frauen und Kindern auf die weibliche Sexualität. Er entwarf die Grundzüge einer Forschung, die die Verbindung zwischen Charakterstruktur und wirtschaftlichen und sozialen Beziehungen herstellen sollte. Seine frühen Arbeiten in Praxis und Theorie der Psychologie erschlossen neue Gebiete und haben auf die Psychotherapeuten, denen daran lag, die Welten der Gesellschaft und der Psyche zueinander in Beziehung zu setzen, ungemein anregend gewirkt.

Andere Feministinnen wurden von den Arbeiten von *Karen Horney, Clara Thompson, Harry Stack Sullivan* und *Erich Fromm* angezogen, die alle als Vertreter der Amerikanischen oder Kulturellen Schule der Psychoanalyse bezeichnet werden. Unter Berücksichtigung der Arbeit von Anthropologen und unter Bezugnahme auf die sozialen Verhältnisse der Zeit, in der sie arbeiteten, haben besonders Horney und Thompson eine soziologische Analyse der Erkenntnisse Freuds über die Weiblichkeit versucht. Sie betonten die Wirkung der sozialen Welt auf die psychische Struktur des Individuums. Es ging ihnen aber weniger um die persönliche Internalisierung der Außenwelt, sondern mehr um die Wirkung herrschender sozialer Einstellungen auf die Gestaltung der Persönlichkeit. Sie betrachteten z. B. andere Kulturen und stellten fest, daß die Frauen in allen eine untergeordnete Stellung einnahmen. Trotzdem hatten Frauen für ihre Tätigkeiten und Erfahrungen in den verschiedenen Kulturen unterschiedlichen Spielraum zur Verfügung. Auf Grund dieser Erkenntnisse konnten sie also folgern, daß Weiblichkeit und Männlichkeit Konstruktionen sind, die eng mit bestimmten Kulturen zusammenhängen. Sie verstanden zwar die Wirkung kultureller und sozialer Kräfte auf die Kindererziehung, analysierten aber nicht die Psychodynamik, durch die die Außenwelt in ihre besondere Form in der Psyche des Individuums verwandelt wird.

Karen Horney versuchte, eine Theorie von der Psychologie der Frau zu entwickeln. Sie sprach darüber, daß Frauen an Macht äußerst interessiert sind, und gab zu verstehen, Macht und nicht Libido sei die sie motivierende Kraft, und die Probleme, die im Unbewußten der Frau entstünden, kreisen um ihre Machtlosigkeit. Sie machte auch darauf aufmerksam, daß Männer an »Gebärmutterneid« leiden können. Clara Thompson stellte in den Mittelpunkt, daß der Penisneid ein Symbol für das Verlangen der Frauen nach der Macht der Männer sei, und daß es nichts besonders Gesundes sei, wenn eine Frau ihr Los im Leben akzeptiere – seinerzeit unerhörte Auffassungen.

Die Schriften von Horney und Thompson sind zugänglich und eine aufregende Lektüre. Sie waren unter den Psychoanalytikern Revolutionäre und brachten als erste eine feministische Perspektive in die Psychoanalyse. Für uns als ausübende Therapeutinnen liegt ihre Schwäche darin, daß sie die Besonderheiten der weiblichen Psyche nicht erklären konnten. Trotzdem erschlossen sie neue Gebiete, indem sie eine weibliche Sicht der Psychologie der Frau anboten.

Die Arbeit von Jacques Lacan ist von europäischen feministischen Theoretikerinnen aufgenommen worden. Die hilfreichsten Gedanken dieser Art finden sich in *Psychoanalyse und Feminismus* (Frankfurt/M., 1976) von Juliet Mitchell. Ihre Deutung Freuds, nach der Auseinandersetzung mit Lacan, ermöglicht ein eingehenderes Verständnis der Unzulänglichkeitsgefühle des kleinen Mädchens in der ödipalen Phase. Mitchell erläutert, daß das Mädchen durch seine Entdeckung der anatomischen Geschlechtsunterschiede gezwungen wird, sich mit dem Umstand auseinanderzusetzen, daß es die Liebe seiner Mutter nie auf dieselbe Weise gewinnen kann wie der Vater. Nach Mitchell bekommt die Penislosigkeit für das Mädchen die Bedeutung, daß es nicht nur den Verlust seiner ersten Liebe akzeptieren muß, sondern auch, daß seine *aktive* Liebe in die Niederlage einbezogen ist. Das Mädchen kommt zu der Überzeugung, es selbst, seine Mutter und daher alle Frauen seien beschädigt und minderwertig. Da das Mädchen seiner unterlegenen Position gewahr geworden ist, wendet es sich dem Vater zu und versucht, ihn zu umwerben. Mitchells Darstellung verläuft zu der Freudschen insofern parallel, als sie feststellt, Jungen und Mädchen lernten in der ödipalen Phase im Bezug zum Vater, welchen Platz sie in der Welt haben. Sie erklärt so das Patriarchat. Jungen erfahren, daß sie eines Tages der Vater sein werden, während Mädchen erfahren, daß sie sowohl von der Mutter abgewiesen als auch niemals den Platz des Vaters einnehmen werden. Juliet Mitchell versucht, sich mit der freudianischen Theorie auseinanderzusetzen, und sie hat sie auf schöpferische Weise erweitert. Ihr Hauptbeitrag liegt in der Erörterung des gesamten Konzepts von Passivität und Aktivität. Sie äußerst die Ansicht, ein Mädchen müsse Passivität erst lernen und die aktive Verfolgung einer Beziehung aufgeben. Außedem lenkt sie das Augenmerk auf die Beziehung der Tochter zur Mutter und darauf, wie die Mutter dem Mädchen verlorengeht.

Aber weder Freuds noch Mitchells Erklärung stimmt mit unseren Erfahrungen in der klinischen Praxis überein. Wir haben keine Beweise dafür gefunden, daß die Art, wie Frauen sich als unvollständig oder unzulänglich empfinden, irgendwie mit der Phantasie von einem Penis oder einem Baby zusammenhängt. Außerdem glauben wir, daß Weiblichkeit ein untrennbarer Bestandteil des Erlebens eines Mädchens von Geburt an ist und nicht etwas, das sich in der ödipalen Phase herausbildet. Wir sind nicht davon überzeugt, daß Libido- und Aggressionstriebe die menschliche Psyche formen.

11 Siehe z. B. Hogie Wycoff, *Solving Women's Problems,* New York, 1977.

12 Siehe z. B. Susie Orbach, *Anti-Diätbuch,* München, 1979; Sheila Ernst und Lucy Goodison, *Selbsthilfe Therapie. Ein Handbuch für Frauen,* München, 1982. Teresa Bernardez-Bonesatti, eine feministische Psychiaterin, trifft eine provokante Feststellung, wenn sie in einer Studie über sechzig Frauen das Entwicklungsniveau von feministischen und nicht-feministischen Frauen bespricht, die in die Psychotherapie kommen. Sie folgert, daß die Erfahrung der Erweiterung des Bewußtseins feministische Frauen befähigt habe, ihre Wut zu äußern und sich auf den Vorgang der Loslösung und Individuation zuzubewegen (Siehe *Heresies,* Nr. 2, Mai 1977).

13 Die Arbeit der »Britischen Schule der Objektbeziehungen« entwickelte sich in den späten dreißiger Jahren dadurch, daß Melanie Klein auf der Grundlage ihrer Analyse mit kleinen Kindern die Theorie der Psychoanalyse neu durchdachte. Sie behielt zwar die Betonung der Triebe, insbesondere des Todestriebes, in der Organisation des Seelenlebens bei, aber ihre ausführliche Untersuchung von Phantasien und Spielen der Kinder ermöglichten eine reichhaltigere Deutung der Freudschen Theorie. Sie lenkte ihr Augenmerk auf die ersten Lebensjahre und beschrieb die innere Welt des Kindes und die Anordnung seines Seelenlebens.

Was Melanie Klein in ihrer Praxis zu sehen bekam, war in Wirklichkeit viel reichhaltiger, als es ihre Erklärung vermuten läßt, denn ihre Beobachtungen verfallen dadurch ständig Kurzschlüssen, daß sie darauf beharrt, das innere Triebleben als triebhaft und nicht als sozial anzusehen. Für den Feminismus liegt ihre tiefgreifendste Entdeckung in den frühesten Objektbeziehungen von Kindern, die von der Mutter aufgezogen werden. Indem sie das Interesse auf die ersten Lebensjahre und die Errichtung der Persönlichkeit in dieser Zeit verlagert, wird herausgestellt (obwohl Klein selbst dies nicht betont), wie wichtig der frühe Erwerb von Weiblichkeit und Männlichkeit lange vor der Freudschen ödipalen Phase ist. Eine weitere wichtige Entdeckung angesichts der Kleinschen frühen Objektbeziehungen unterstreicht Dorothy Dinnerstein in *Das Arrangement der Geschlechter*. Sie argumentiert folgendermaßen: Da alle Säuglinge ihr Innenleben um die Person der Mutter herum anordnen, und da alle Säuglinge an der Mutterbrust und in ihrem sozialen Reich gute und schlechte Erfahrungen machen, und da sich alle Säuglinge allmählich mit der Person der Versorgerin identifizieren, die zugleich die geliebte und die gefürchtete und gehaßte Person ist, nehmen alle von Frauen aufgezogenen Kinder ein Bild in sich auf, das die Frau als einerseits all-gute und mächtige und andererseits als versagende Figur darstellt. Dinnerstein erklärt also, indem sie die Theorie Kleins benützt, die Weiberfeindlichkeit all unserer Psychologien.

Ronald Fairbairn war der erste Analytiker, der radikal von Freuds Triebtheorie Abstand nahm und die Libidotheorie revidierte. Er entwickelte eine Objektbeziehungstheorie der Ich-Entwicklung, die auf sozialen Beziehungen beruhte. Er glaubte, die Bedeutung des Objekts für den Menschen liege nicht darin, daß es ein Mittel zur Triebbefriedigung sei, sondern in seiner entscheidenden Stellung bei der Ich-Entwicklung. Fairbairn war der Ansicht, das Ich, die Person, das Selbst, entwickle sich *nur* in Beziehungen. Während Freud glaubte, die Libido strebe vor allem nach Befriedigung, meinte Fairbairn, das Individuum habe einen Drang nach Beziehungen, einen Drang nach Kontakt mit einem anderen Menschen. Der Säugling hat also ein primäres Bedürfnis nach menschlichem Kontakt. Die Ich-Entwicklung beginnt bei der Geburt und im Bezug zur Hauptversorgerin, der Mutter. Diese ist die beständigste Person in der Welt des Säuglings. Diese Frühperiode, die Fairbairn »infantile Abhängigkeit« nennt, ist der Drehpunkt der Ich-Entwicklung.

Fairbairn erkannte, daß im Lauf der Ich-Entwicklung ein Teil des Menschen sich zurückzieht und sich versteckt. Er nennt diesen »Rückzug«, diese Ich-Spaltung, die »schizoide« Spaltung, und mit ihr befaßt sich ein Großteil seiner Arbeiten über schizoide Persönlichkeiten.

D. W. Winnicotts berufliches Interesse an der Psychoanalyse entwickelte sich aus seiner Erfahrung mit Kindern als Kinderarzt, daher gründeten sich die Erkenntnisse und die weitreichenden Wirkungen seiner Arbeit auf seine Beobachtungen der frühen Beziehungen zwischen dem Säugling und der Mutter. Für Winnicott standen die sehr frühen Stadien des Lebens außerhalb des Mutterleibs im Mittelpunkt. Sein Werk steht zwar sehr stark in der psychoanalytischen Tradition, aber es stellt doch eine entscheidende Abweichung von den Formulierungen Freuds und Kleins dar, denn er war im Kern ein Materialist. Seine berühmte Bemerkung: »Etwas wie einen Säugling gibt es nicht, was natürlich bedeutet, überall da, wo man einen Säugling vorfindet, findet man auch mütterliche Fürsorge, und ohne mütterliche Fürsorge gäbe es keinen Säugling«, legt das Hauptgewicht auf die Beziehung zwischen Säugling und Pflegeperson, die es dem Baby ermöglicht, eine Person zu werden. Winnicott prägte den Ausdruck »Ich-Bezogenheit«, womit er die Fähigkeit des Ichs meinte, durch ausreichend gute Bemutterung ein Gefühl der Geborgenheit in sich selbst und in seiner Umgebung zu entwickeln. Er konzentriert sich auf den Zeitraum kurz vor und kurz nach der Geburt und schreibt über die Identifikation, die Mütter mit ihren Säuglingen empfinden, von ihrem Einfühlungsvermögen, ihrer Fähigkeit, eine psychische Nabelschnur herzustellen, die das sich entwickelnde Ich nährt. Er hat auch über das wahre und das falsche Selbst geschrieben: Das wahre Selbst ist der eigentliche Kern der menschlichen Existenz, die Fähigkeit, zu sich selber und zu anderen in Beziehung zu treten. Das falsche Selbst entsteht als Schutz gegen ein unterernährtes Ich, das sich nicht geborgen fühlt. Mängel und Versagen der frühen mütterlichen Fürsorge verursachen ein falsches Selbst und hemmen die Entwicklung eines vollständigen Ichs.

Winnicott hat einen wichtigen Beitrag zur Theorie und Praxis der Psychotherapie geleistet. Er hat in seiner therapeutischen Arbeit seine Erkenntnisse der frühen Prozesse in die Praxis umgesetzt. Seine Arbeiten sind äußerst nützlich, aber er geht davon aus, daß das System des Kinder-Aufziehens in der zeitgenössischen Gesellschaft in Ordnung ist, und daß die Probleme, die durch schlechte mütterliche Fürsorge entstehen, nur mit Fehlern in der Mutter-Kind-Beziehung zusammenhängen, und nicht mit Mängeln der gegenwärtigen Organisation des Großziehens von Kindern.

Harry Guntrip, ein Analysand von Fairbairn, nahm die Beiträge von Fairbairn und Winnicott auf und erweiterte die Analyse des Entwicklungsstadiums schizoider Phänomene. Anders ausgedrückt, er erkannte, daß diese frühe Spaltungsdynamik für die Ausbildung von Persönlichkeitsaspekten entscheidend ist. Seine Bescheidenheit und seine klare Auslegung der Arbeit von Fairbairn und Winnicott machen es einem schwer zu erkennen, wo sein eigener Beitrag beginnt und wo die ihrigen enden. Sehr auffallend ist die Menschlichkeit, die er in sein Verständnis des Menschen und der Beziehung zwischen dem Selbst und anderen einbrachte. Guntrips klinische Arbeit ist eindeutig radikaler Art. Ihm lag sehr viel an der Qualität der therapeutischen Beziehung, und er fand, der Therapeut müsse das unintegrierte oder verborgene Selbst aufspüren, das die schizoide Persönlichkeit in der Sicherheit einer vertrauensvollen Beziehung offenbart. Er sah wie Winnicott die Therapie mit leidenden Menschen als eine Art Reparaturarbeit an, welche die Reifungsprozesse wieder in Gang bringen sollte, die zum Stillstand gekommen waren. In der Beschreibung, die Guntrip von seiner Arbeit und seinen Klienten gibt, tritt deutlich zutage, wie wichtig in der therapeutischen Beziehung das Hegen und Pflegen ist. Diese Auffassung ist ein Eckstein unserer feministischen Psychotherapie.

Unsere Theorie hat zwar viel mit den Arbeiten von Fairbairn, Guntrip und Winnicott gemeinsam, aber wir müssen betonen, daß wir von den Objektbeziehungstheoretikern abweichen, denn wir sind überzeugt, daß die Mutter kein Objekt, sondern eine Person, ein soziales und beseeltes Wesen ist. Unter diesem Blickwinkel ist das, was internalisiert wird, also nicht das Objekt, sondern die verschiedenen Aspekte der Mutter. Die Objektbeziehungstheoretiker haben es unterlassen, die Psyche der Mutter und die Wirkung zu berücksichtigen, die die soziale Stellung der Frau auf sie ausübt.

14 Siehe besonders Harry Guntrip, *Schizoid Phenomena and Object Relations Theory,* London, 1968; D. W. Winnicott, *Von der Kinderheilkunde zur Psychoanalyse,* München, 1976; Michael Balint, *Die Urformen der Liebe und die Technik der Psychoanalyse,* Bern und Stuttgart, 1966.

15 Der Begriff »Ich« wird von verschiedenen Richtungen der Psychoanalyse unterschiedlich gebraucht. Bei uns bedeutet das Ich das Gefühls- und Seelenleben des Menschen, einschließlich unbewußter und bewußter Aspekte der Persönlichkeit. Das Ich schließt die ganze psychische Struktur ein, im Gegensatz zu Freuds Konstruktion von Es, Ich und Über-Ich.

16 Siehe René A. Spitz, *Vom Säugling zum Kleinkind,* Naturgeschichte der Mutter-Kind-Beziehungen im ersten Lebensjahr, Stuttgart, 1967. Spitz vertritt überzeugend die Ansicht, daß diese frühe elterliche Versorgung für das Überleben und die Entwicklung des Säuglings zum ausgewachsenen Menschen entscheidend wichtig ist.

17 »Man könnte einwenden, die Mutter sei ja nicht der einzige Mensch in der Umgebung des Kindes; sie sei nicht die einzige, die einen emotionalen Einfluß ausübt; zu seiner Umwelt gehörten doch auch der Vater, die Geschwister, Verwandte und andere Menschen, die alle für das Kind von affektiver Bedeutung sein könnten. Selbst das kulturelle Milieu und seine Sitten hätten schon während des ersten Lebensjahres ihren Einfluß auf das Kind. Dies alles ist selbstverständlich; wir denken jedoch nicht immer daran, daß in unserer westlichen Kultur alle diese Einflüsse dem Kind durch die Mutter oder ihre Stellvertreterin vermittelt werden (...) man könnte auch sagen, die Mutter *ist* der Repräsentant der Umwelt.« René A. Spitz, a.a.O., S. 118–119.

18 »Reife und die Fähigkeit, allein zu sein, setzen voraus, daß das Individuum die Möglichkeit gehabt hat, durch ›ausreichend gute Bemutterung‹ einen Glauben an eine wohlwollende Umwelt aufzubauen.« D. W. Winnicott, »Die Fähigkeit zum Alleinsein« in *Reifungsprozesse und fördernde Umwelt,* München, 1974, S. 40.

19 Wie Dorothy Dinnerstein, (*Das Arrangement der Geschlechter,* Stuttgart, 1979, S. 146) dies ausgeführt hat:
»Solange der primäre Elternteil eine Frau ist, wird die Frau unausweichlich in die Doppelrolle einer unentbehrlichen quasi-menschlichen Hüterin und einer tödlichen quasi-menschlichen Feindin des menschlichen Selbst gepreßt werden. Es wird als ihre Natur angesehen werden, die Individualität anderer zu nähren; sie wird als das geborene Publikum betrachtet werden, in dessen Bewußtsein sich die subjektive Existenz anderer spiegeln kann; als das Wesen, das so unbedingt benötigt wird, um Wert, Macht und Bedeutung anderer zu bestätigen; und wenn sie ihnen diesen Dienst nicht erweist, ist sie ein anomales, nutzloses Ungeheuer. Gleichzeitig wird sie aber auch als diejenige angesehen, die andere nicht ›sein‹ lassen will, die ihre Lieblinge von der Selbstheit wegdrängt, die sie verschlingen, zerstören, ertränken, ersticken möchte.«

20 M. S. Mahler u. a., *Die psychische Geburt des Menschen,* Frankfurt/M., 1978. Margaret Mahler und ihre Kollegen beobachteten viele Interaktionen zwischen Säuglingen und ihren Betreuerinnen und gaben eine Darstellung vom Übergang vom Säugling zum Kleinkind, wobei sie die Entwicklung psychischer Strukturierung betonten. Mahler erkannte, daß das Baby in menschlichen Beziehungen zum Menschen wird, daß die psychische Geburt des Menschenkindes außerhalb des Mutterleibes stattfindet und durch Beziehungen geformt wird.

21 Über diesen Sachverhalt sind wir anderer Meinung als Robert Stoller und Nancy Chodorow, die sich auf die Schwierigkeiten konzentrieren, die Jungen bei der Ablösung wegen ihrer ursprünglichen Verschmolzenheit mit der Mutter haben. Sie glauben, die Ablösungsschwierigkeiten der Jungen würden durch diese Geschlechtsverschiedenheit vermehrt, während wir glauben, daß sie ihnen bei der Ablösung hilft.

22 R. J. Stoller, *Sex and Gender,* New York, 1968, London, 1969.

23 Die anthropologischen Untersuchungen von Margaret Mead zeigen die Plastizität dieser Unterschiede in verschiedenen Kulturen. Sie bemerkte, daß »in allen Kulturen, ohne jede Ausnahme, männliche Aktivität als Leistung gesehen wird; was immer Frauen tun – Samensammeln, Pflanzen, Jäten, Korbmachen, Töpfern – wird weniger geschätzt, als wenn dieselbe Tätigkeit in irgendeiner anderen Kultur von Männern ausgeführt wird.« (In: *Women and Analysis,* hrsg. von Jean Strouse). Außerdem entdeckte sie, daß in der einen Kultur eine Eigenschaft Frauen zugeschrieben und in einer anderen als männliches Attribut gepriesen wird: »Einmal sind es die Jungen, von denen man glaubt, sie seien unglaublich verletzlich und bräuchten eine besonders liebevolle Fürsorge, ein andermal sind es die Mädchen. In manchen sind es die Mädchen, für die die Eltern eine Mitgift anhäufen oder einen Männerfang-Zauber vollführen müssen, in anderen haben die Eltern Sorge mit der Schwierigkeit, die Jungen zu verheiraten.« *Male and Female*, Harmondsworth, 1976, S. 30. (Gekürzte deutsche Ausgabe: *Mann und Weib*, Reinbek b. Hamburg).

24 J. Money und A. Erhardt, *Man and Woman, Boy and Girl: The Differentiation and Dimorphism of Gender Identity from Conception to Maturity*, Baltimore, Md., 1972, London, 1973.

2 *Der Aufbau der Weiblichkeit*

1 E. G. Belotti, *Was geschieht mit kleinen Mädchen?* München, 1975, S. 54.

2 Psychologen haben dies als einen Teil der »normalen« Entwicklung beobachtet, ohne die Bedingungen zu berücksichtigen, die es ermöglichen, und ohne die Wirkung auf die Psyche von Mutter und Tochter zu beachten. Z. B. schreibt Winnicott bei der Schilderung der Fähigkeit der Mutter, im ersten Lebensjahr auf die Bedürfnisse ihres Kindes einzugehen: »... die Mutter (ist) gegen Ende der Schwangerschaft und während einiger Wochen nach der Geburt eines Kindes vor allem eingestimmt auf (oder besser »hingegeben an«) die Versorgung ihres Babys, das ihr zunächst wie ein Teil ihrer selbst vorkommt; außerdem ist sie sehr stark mit dem Baby identifiziert und weiß sehr gut, wie sich das Baby fühlt. Dafür benützt sie ihre eigenen Erfahrungen als Baby.« (*Reifungsprozesse und fördernde Umwelt*, München, 1974, S. 109). Winnicott bezeichnet die primäre Mütterlichkeit der Mutter als eine »außerordentliche Verfassung, die fast wie eine Krankheit ist ...« (*Familie und individuelle Entwicklung*, München, 1978, S. 28). In der Zeit, in der die Mutter für die Bedürfnisse des Säuglings sorgt, ist sie selber verletzlich: »Auf diese Weise ist die Mutter selbt in einem abhängigen Zustand und verletzlich.« (*Reifungsprozesse ...*, München, 1974, S. 109).

3 Aus Gesprächen mit Andrea Egan, die eine Untersuchung über die Erfahrung der Mutterschaft durchführt, haben wir erfahren, daß viele der befragten Frauen feststellten, nach der anfänglichen Periode des Verschmolzenseins, wenn sich das Baby mehr der Welt zuwandte, habe die Mutter etwa sechs Monate gebraucht, um ihr Interesse wieder auf anderes als den Säugling zu richten.

4 Nancy Friday, *Wie meine Mutter,* Frankfurt/M., 1980, S. 292f.

5 Adrienne Rich, *Von Frauen geboren*, München, 1979, S. 228.

6 ebd.

7 Von der Zeit an, als Freud den Ödipuskomplex entwickelt hatte, sehen wir während der ganzen psychoanalytischen Theoriebildung den Versuch der Analytiker, den Vater als Zentralfigur in der psychischen Entwicklung hinzustellen. Freud selbst erkannte die Wichtigkeit der ersten Lebensjahre für die Psyche des Mädchens und nannte diese Phase prä-ödipal – d. h. er mußte den Vater im Bild behalten und alles andere in bezug zum Eintritt des Vaters in die Welt des Kindes benennen. Selbst Melanie Klein konnte den Vater nicht beiseitelassen; sie war daher der Ansicht, der ödipale Konflikt ereigne sich im ersten Lebensjahr.

8 Die Psychologie des Mannes ist natürlich nicht das Thema dieses Buches, aber eine Erklärung der Angst der Männer vor Frauen findet sich bei Robert J. Stoller, *Sex and Gender,* New York, 1968, London, 1969; Dorothy Dinnerstein, *Das Arrangement der Geschlechter,* Stuttgart, 1979; Luise Eichenbaum und Susie Orbach, *What do Women Want? Exploding the Myth of Dependency,* New York, 1983.

9 Nancy Chodorow, *The Reproduction of Mothering: Psychoanalysis and the Sociology of Gender,* Berkeley, 1978; Jean Baker Miller, *Die Stärke weiblicher Schwäche,* Frankfurt/M., 1977; und Carol Gilligan, *In a Different Voice,* Cambridge, 1982. Sie alle haben eine positive Ansicht von den Einwirkungen der dehnbaren Grenzen der weiblichen Psyche auf die Entwicklung. Sie weisen auf die Gewißheit der Annahme bei der Zuwendung hin und sprechen von der Art und Weise, wie eine weibliche Weltsicht Sicherheit und Geborgenheit schafft.

3 Die feministische psychotherapeutische Beziehung

1 Carol Gilligan, *In a Different Voice,* Cambridge, 1982, S. 63.

2 Ein Überblick über heutige Einstellungen zu Übertragung, Gegenübertragung und zur Therapiebeziehung findet sich in *The Patient and the Analyst* von J. Sandler, C. Dare und A. Holden, London, 1973.

3 Es ist interessant, daß kein Freud-Nachfolger den Ödipus-Komplex über Bord werfen konnte, obwohl die Werke aller deutlich zeigen, was durch eine Untersuchung der frühen Objektbeziehungen zu erreichen war.

4 Wir schildern unsere Praxis im Frauen-Therapiezentrum, wo die Beziehung jeweils zwischen Frauen bestand. Dadurch entsteht die interessante Frage, die uns mehrmals gestellt worden ist, ob ein Mann ein feministischer Therapeut sein und für eine Frau in der Therapie diese wiedergutmachende Beziehung schaffen kann. Wir sind hier der Meinung, daß ein Mann auf der Grundlage feministischer Anschauungen arbeiten kann und in der Lage ist, sich auf die Mutter-Tochter-Aspekte der Übertragungsbeziehung und die Schwierigkeiten zu konzentrieren, denen eine Frau gegenübersteht. Während der ganzen Therapie wäre immer wieder eine Bearbeitung der Geschlechtszugehörigkeit notwendig, so daß die Bedeutung des männlichen Therapeuten als »Mensch mit Mutterfunktion« auf all ihren Ebenen verständlich würde.

5 In unseren Ausbildungssitzungen fühlen wir uns oft veranlaßt, die Therapeutinnen aufzufordern, daran zu denken, wie es war, als sie sich zum ersten Mal in Therapie begaben, um sie dafür zu sensibilisieren, in welchem Zustand ihre neue Klientin sein mag. Das erscheint deshalb notwendig, weil ein Großteil der Ausbildung eine besondere Art von Distanz zwischen Therapeut und Klient fördert. Das kann zu einer bedauerlichen Situation von »wir« und »sie« führen. Wir haben z. B. Therapeutinnen klagen hören, die neue Klientin habe in der ersten Sitzung eine Menge unangebrachter Fragen gestellt; sie hatten vergessen, sich klar zu machen, daß die Klientin noch nicht weiß, was sie tun oder wie sie es anfangen soll. Therapeutinnen werden natürlich sehr geübt im Handeln in der Therapiebeziehung und können vergessen, wie gut sie ihre Regeln in sich aufgenommen haben. Sie sind z. B. ans Schweigen gewöhnt und werden Schweigeperioden, die in einer Sitzung vorkommen, auf bestimmte Weise verstehen und beurteilen. Sie werden nicht beunruhigt oder besonders aufgeregt sein, wenn es im Zimmer fünf Minuten still ist. Eine Klientin kann jedoch in Verwirrung oder Angst geraten. Zum normalen sozialen Umgang mit einem Fremden gehört das Schweigen selten. Die Klientin weiß vielleicht nicht, daß Schweigezeiten in diesem Zusammenhang in Ordnung und nützlich sind, als Zeit des Nachdenkens und der Erinnerung von Gefühlen.

6 Wir verstehen unter dem Begriff »Gegenübertragung«: »Gegenübertragung ... als spezifische nicht neurotische Reaktion von Seiten des Analytikers auf die Übertragung des Patienten ... Gegenübertragung ist in Wirklichkeit das notwendige *Gegenstück der Übertragung*. Die eine bedingt die andere im Sinn einer Übertragungs-Gegenübertragungs-Gleichung. *Sie bilden eine Funktionseinheit.* ... Die hier angebotene Definition betrachtet also die Gegenübertragung als Produkt, als Ergänzung der Übertragung. Sie wird durch den Patienten im Analytiker induziert.« Michael Lukas Moeller, »Self and Object in Countertransference«, *International Journal of Psycho-Analysis 58,* 1977, S. 365–374.

7 Nach manchen Schulen kann eine Abwehrdeutung wie ein Angriff klingen. Wir lehnen diesen Ansatz ab. Zum Beispiel: Ein Klient kommt zum ersten Mal zu einem Therapeuten; dieser weiß nichts vom Klienten, der Klient weiß nichts vom Therapeuten. Der Analytiker meint, der Klient solle mindestens dreimal in der Woche zur Analyse oder Thera-

pie kommen. Der Klient, der noch sehr wenig über Therapie weiß, sagt: »Na ja, eigentlich hatte ich mehr daran gedacht, einmal in der Woche zu kommen; ich dachte, darum gehe es in der Therapie« und vielleicht auch noch: »Mehr kann ich mir nicht leisten«. Der Therapeut deutet den Wunsch des Klienten, nur einmal in der Woche zur Therapie zu kommen, als Abwehr und sagt: »Ich glaube, daß Sie vielleicht Angst davor haben, sich mir gegenüber zu öffnen. Sie wollen sich nicht helfen, Sie fürchten sich davor, sich gesund werden zu lassen.« Dieses Beispiel zeigt, wie etwas als Abwehr gedeutet werden kann, das wir selbst überhaupt nicht als Abwehr ansehen mögen, weil der Klient vielleicht einfach nichts von den »ungeschriebenen Gesetzen« weiß, wie oft man zur Therapie kommen soll. Wenn wir tatsächlich glauben würden, Therapiestunden dreimal in der Woche seien sehr wichtig, würden wir mit der Klientin besprechen, warum wir dieser Ansicht sind, und wir würden mit der Klientin darüber sprechen, was sie davon hielte, einmal, zweimal oder dreimal in der Woche zur Therapie zu kommen. Wichtig wäre, daß die Klientin die Wahl hat. Die Klientin ist die Hälfte der Therapiebeziehung, und wir würden während der gesamten Therapie, speziell am Anfang, ihre Macht und ihren Einfluß respektieren. Wir würden, um das Beispiel fortzusetzen, vielleicht sagen: »Na gut, warum fangen wir nicht mit einem Mal pro Woche an und sehen, wie es geht, und reden später darüber, wie es mit mehreren Stunden pro Woche wäre.« Wenn der Wunsch, nur einmal in der Woche zu kommen, wirklich Folge einer Selbstschutzhaltung oder Abwehr wäre, würden wir uns diese Information über die Klientin merken und zu einem späteren Zeitpunkt mit ihr darüber reden, wenn sie andere Aspekte ihrer Persönlichkeit widerspiegeln würde und ihr von Nutzen sein könnte.
8 Hier ist eine feministische Analyse wirklich zentral, und sie leitet uns in unserer Arbeit mit Frauen, denn es ist leicht zu begreifen, daß man ohne ein Bewußtsein von der Bedeutung der Sozialisation aufs weibliche Geschlecht hin in Versuchung sein könnte, eine derartige Haltung der Klientin für bare Münze zu nehmen und so unbewußt dazu beizutragen, daß ihre Bedürfnisse nicht zum Ausdruck kommen. (Dieses Thema kommt während der gesamten Therapie immer wieder. Wenn die Bedürfnisse ans Licht kommen, ist es der Klientin unangenehm. Wer ist es schließlich wirklich gewöhnt, die Bedürfnisse von Frauen zu sehen?)
9 Siehe Luise Eichenbaum und Susie Orbach, *What Do Women Want? Exploding the Myth of Dependency,* New York, 1983.
10 Die Konzentration auf diese Seiten der weiblichen Psyche und die Art, wie sie in der Therapiebeziehung erfolgt, machen die Therapie speziell feministisch. Die Therapeutin schiebt diese Gefühle nicht weg, sondern hofft zuversichtlich, sie könne mit der Verstörung und der Sehnsucht fertigwerden. Bei der Supervision der Arbeit anderer haben

wir oft bemerkt, daß die Therapeutin die Klientin mehr oder weniger subtil spüren läßt, daß ihr solche Gefühle unbehaglich sind, wodurch sie, ohne es zu merken, gewisse Aspekte der Dynamik von Abstoßung und Anziehung wiederholt. Wir glauben, daß dies geschieht, weil die Zentralität der Geschlechtszugehörigkeit und der weiblichen Sozialisation (in der Ausbildung) übersehen worden ist und weil die Therapeutin, ohne es zu merken und möglicherweise selber noch auf der Hut vor ihren eigenen Abhängigkeitsbedürfnissen, die von der Klientin geäußerten als negativ empfindet.

11 Wir haben festgestellt, daß viele Therapeuten sich durch diese »Tests« frustriert fühlen und sie unabsichtlich verlängern, indem sie sie als Widerstand deuten. Dies kann die Klientin zu diesem Zeitpunkt in der Therapie als ein Wegstoßen empfinden; dadurch fühlt sie sich in ihrer Ansicht bestätigt, sie könne der Therapeutin nicht trauen. Anders ausgedrückt: Die Abwehr funktioniert zu gut. Sie erreicht ihr Ziel. Sie stößt die Therapeutin weg.

12 Siehe Dorothy Dinnerstein, *Das Arrangement der Geschlechter,* Stuttgart, 1979.

13 D. W. Winnicott vertritt die These, daß das, was in der Therapie gemacht wird, der Versuch ist, den natürlichen Vorgang nachzuahmen, der das Verhalten jeder Mutter ihrem eigenen Säugling gegenüber kennzeichnet. Das Paar Mutter-Säugling kann die Grundprinzipien lehren, auf die Therapeuten ihre Arbeit gründen können.

14 Dies ist ein »Gebot«, das sich geschlechtsabhängig auswirkt. Männer sind vielleicht abgeneigt, sich Hilfe zu verschaffen, weil es eine Schande ist, Verletzlichkeit zu zeigen. Oft drückt sich jedoch ihr Bedürfnis nach Zuwendung auf uneingestandene Weise aus. Frauen andererseits bitten oft um Hilfe und stellen tatsächlich eine erlernte Hilflosigkeit zur Schau, aber diese Hilfe hat gewöhnlich die Form, daß man sie wieder auf die Beine bringt, damit sie ihre Aufgabe erfüllen können – d. h. für andere sorgen – wie vorher, bis zum nächsten Zusammenbruch. Unser Ansatz bringt die Vorstellung ins Spiel, daß eine Frau sich in sich wohler fühlen kann und dennoch das Recht hat, etwas zu bekommen.

15 Zwar sind diese Ziele und Errungenschaften nicht nur in der feministischen Psychotherapie bekannt, aber sie sind oft Begriffe, die nicht spezifisch für Frauen gelten. Solche Gefühle sind bei Frauen ungewöhnlich, und sie schlagen den Regeln des Patriarchats ins Gesicht. In diesem Sinn ist das Ziel also erfüllt von feministischem Protest und feministischer Sicht.

16 Natürlich können Therapeuten, die von einer Institution zur anderen gehen oder deren persönliche Verhältnisse sich ändern, so daß sie wegziehen, dieses Ideal nicht immer verwirklichen. Im allgemeinen glauben wir, selbst unter diesen Umständen, wo die Therapie beendet worden ist, weil es mehr oder weniger an der Zeit war, sollte die Therapeutin in irgendeiner Form für die Frau verfügbar sein – vielleicht in Form der Bereitschaft, auf einen gelegentlichen Brief zu antworten. Wenn die Therapie nicht beendet worden und die Klientin zu einem anderen Therapeuten gegangen ist, ist die Fortsetzung des Kontakts natürlich problematischer. Allgemein gesagt glauben wir nicht, daß eine Verwandlung der therapeutischen Beziehung in irgendeine andere Art von Beziehung, in Freundschaft z. B., von großem Nutzen sein kann.

4 Themenzentrierte Frauen-Workshops und Psychodynamische Frauen-Therapiegruppen

1 Jede Woche finden etwa zwölf Workshops statt; durchschnittlich nehmen daran wöchentlich hundert Frauen teil.

2 Einige der Gruppen im Frauentherapiezentrum sollen Selbsthilfegruppen ohne Gruppenleiterin werden und sind entsprechend strukturiert. Siehe Sheila Ernst und Lucy Goodison, *Selbsthilfe Therapie. Ein Handbuch für Frauen,* München, 1982.

3 In einer Fabrik sind vielleicht nur Frauen am Fließband, aber diese Struktur wird von Direktoren geschaffen, die meist Männer sind. Im Haushalt ist die Frau vielleicht mit ihren Freundinnen zusammen, aber dadurch entsteht keine reine Frauenumwelt; oft kommt es einer Verbannung gleich.

4 Die Form der Frauengruppe hat natürlich ihren Ursprung in der Frauenbewegung, wo Frauen sich zuerst mit anderen Frauen zusammentaten und sich in Selbsterfahrungsgruppen oder zum »Schuttabladen« trafen.

5 Siehe Jean Baker Miller, *Die Stärke weiblicher Schwäche.* Frankfurt/ M., 1977, dort findet sich eine Erörterung derartiger positiver Aspekte des weiblichen Erlebens, die zutiefst zur Psyche jeder Frau gehören.

6 In einer reinen Frauen-Therapiegruppe besteht weniger die Gefahr, daß Gefühle, ein Bürger zweiter Klasse zu sein, innerhalb einer Gruppe nichts zu taugen, verstärkt werden, weil hier Frauen nicht mit Männern konkurrieren müssen. Eine reine Frauen-(oder Männer-)gruppe schafft eine ganz andere Macht-Dynamik. Die Einführung eines Mannes in eine Frauengruppe durchbricht und verändert diese Dynamik.

Eine von einer feministischen Therapeutin geleitete gemischte Therapiegruppe wird sich der Bedeutung der Geschlechtszugehörigkeit in der Gruppendynamik bewußt. Unter feministischem Blickwinkel bemerkt man: das politische Verständnis der Geschlechterrollen in der Gruppe; wie die Anwesenheit von Frauen und Männern beide Geschlechter beeinflußt; wie Frauen zu Männern in Beziehung treten; wie Frauen zu Frauen in Beziehung treten, wenn Männer dabei sind; wie Männer zu Frauen in Beziehung treten, und natürlich: wie Männer zu anderen Männern in Beziehung treten, wenn Frauen dabei sind. Man merkt auch, daß die Frauen vielleicht anderes Material auswählen, wenn sie in einer gemischten Therapiegruppe sind, als sie es in einer reinen Frauengruppe täten. Man könnte vieles zu einer feministischen Sicht von gemischten Gruppen sagen, aber das ist hier nicht unser Thema. Konzentrieren wir uns nur auf drei Fragen, die bei der Durchführung einer gemischten Gruppe auftauchen.

Erstens, was geschieht, wenn sich ein Mann in der Therapiegruppe tatsächlich öffnet? Wer schenkt ihm Aufmerksamkeit, wer Zuwendung? Sind es die Frauen, sind es die Männer? Fühlen sich die Männer unzulänglich, wenn sie affektive Zufuhr geben sollen, und übernehmen deshalb die Frauen diese Rolle? Oder wird dies in der Gruppe in Frage gestellt? Wie kommen Männer mit der Verstörung und Bedürftigkeit der Frauen in der Gruppe zurecht? Laufen sie davor weg und überlassen sie es anderen Frauen, damit fertigzuwerden, oder kämpfen sie mit ihren eigenen Ängsten und Unzulänglichkeiten?

Zweitens, wie manifestiert sich Wettbewerb in der gemischten Gruppe, wie zwischen Frauen und Männern, wie bei den Männern untereinander? Dies ist ein sehr interessanter Aspekt des Umgangs der Geschlechter miteinander, den man zu sehen bekommt.

Außerdem rührt sich drittens natürlich ungeheuer viel Wut. Die Wut der Männer auf die Frauen, weil sie so mächtig und so vorenthaltend sind, und all die Vorstellungen von Weiblichkeit und von der Sexualität der Frau, und natürlich die Wut der Frauen und die besänftigende Haltung von Frauen gegenüber Männern.

Eine feministische Therapeutin kann also sehr nützlich sein, um in einer gemischten Therapiegruppe diese Dynamiken aufzuzeigen.

In unseren Ausbildungsworkshops für Hochschulabsolventinnen im Frauentherapiezentrum sehen wir uns folgende Fragen an:

a) Wer nimmt in der Gruppe Raum ein (damit verbundene Probleme)?

b) Wer kümmert sich in gemischten Therapiegruppen um wen?

c) Wie reagieren Frauen und Männer unterschiedlich auf einen Therapeuten oder eine Therapeutin?

d) Wie werden Probleme der Autonomie oder Gebundenheit von Frauen von Gruppenmitgliedern erlebt, und wie werden sie von der Therapeutin gedeutet?

e) Besteht in der Gruppe Angst in bezug auf die Eigenständigkeit von Frauen?

f) Wie wird die weibliche/männliche Sexualität in Gruppen bearbeitet?
g) Sind Fragen der Verletzlichkeit für Männer schwieriger? Haben sie das Gefühl, sie müßten ein Image aufrechterhalten?
h) Was halten Frauen in der Gruppe von der Verletzlichkeit oder den Unzulänglichkeitsgefühlen der Männer?
i) Wie beeinflußt eine feministische Analyse der Familie und der auf sexueller Grundlage bestehenden Machtverhältnissen die Deutung der Gruppendynamik?
j) Wie beeinflußt eine feministische Analyse der Familie Übertragungsdeutungen in bezug auf die Therapeutin und auf andere Gruppenmitglieder?

5 Fragen für die Psychotherapeutin

1 Zu unserer Sichtweise von Gegenübertragung vgl. Anmerkung 6 im 3. Kapitel.
2 Supervision bezieht sich auf die Praxis, die eigene klinische Arbeit mit einer oder mehreren Kolleginnen auf bestimmte Weise zu besprechen; sie ist eine Überwachungseinrichtung, die technische Ratschläge ermöglicht, und ein Ort für die Exploration der Gegenübertragungsprobleme.

6 Die psychische Entwicklung der Frau: Themen und Konsequenzen

1 Simone de Beauvoir, *Das andere Geschlecht,* Reinbek b. Hamburg, 1961.
2 Unsere Ansicht überschneidet sich interessanterweise mit dem theoretischen Ansatz Alice Millers, die Depression als Erscheinung betrachtet, die mit Selbstverlust zu tun hat. Siehe Alice Miller, *Das Drama des begabten Kindes* und die Suche nach dem wahren Selbst, Frankfurt (Main), 1980.
3 D. W. Winnicott entwickelte den Begriff von der »genügend guten Mutterpflege« zur Bezeichnung der Fähigkeit einer Mutter, auf befriedigende Weise eine liebevolle und haltende Umgebung für ihren Säugling herzustellen.

1 Alexandra Symonds, »Phobias after Marriage: Women's Declaration of Dependence«, *The American Journal of Psychoanalysis*, Nr. 31 (2), 1979, S. 144–152.

2 Joy Melville zitiert Untersuchungen, nach denen 95% der an Platzangst Leidenden Frauen sind. Siehe ihr Buch *Phobias and Obsessions*, London, 1977. Die Symptome der Männer erscheinen in deutlich anderen, eher direkt somatischen Formen wie Geschwüren und Herzschmerzen. Nach unserer klinischen Erfahrung und unseren informellen Beobachtungen scheinen Zwangsängste auf beide Geschlechter gleichmäßig verteilt zu sein.

3 Siehe Susie Orbach, *Anti-Diätbuch*, München, 1979, und *Fat Is A Feminist Issue II*, London, 1982.

4 Ebd. Dies empfinden immer noch viele, viele Frauen, auch wenn es heute immer mehr Möglichkeiten gibt. Die Sorge um die Körpergestalt und die Unzufriedenheit mit dem eigenen Körper sind so allgemein verbreitet, daß es ist, als seien sie nur ein Aspekt des Frau-Seins, der als selbstverständlich hingenommen wird.

5 Eine Vielfalt von Verhaltensweisen kann anorektisch sein. Siehe John Sours, *Starving to Death in a Sea of Objects*, Jason, New York, 1980. Eine Betrachtung der Anorexie unter feministischem Blickwinkel findet sich bei Susie Orbach, »The Psychotherapist and Anorexia«, *British Journal of Medicine*, Juli, 1981.

8 *Die Dynamik in Paarbeziehungen und*
  Folgerungen für die Beratung bei Paaren

1 Siehe Luise Eichenbaum und Susie Orbach, *What Do Women Want? Exploding the Myth of Dependency*, New York, 1983.

2 In unseren Ausbildungsworkshops am Frauentherapiezentrum haben wir diesen Rahmen verwendet, um Psychotherapeuten auf die Dynamik in Paarbeziehungen aufmerksam zu machen.

I. *Intimität*. Warum ist Intimität so schwer zu erlangen? Welche Ängste werden mit emotionaler Intimität verbunden?

a) Psychische Entsprechungen: Was zieht Menschen aneinander an? Gibt es emotionale Entsprechungen, die zwischen Menschen funktionieren bzw. nicht funktionieren?

b) »Grenz-Fragen«: Hält der eine seine Grenzen geschlossen, um sich gegen Intimität zu schützen, während der andere Kontakt sucht? Empfinden die Partner Intimität als Verschmelzung und Verlust des Selbst?

Übernimmt der eine die »Herrschaft« über den anderen und nimmt ihn in Besitz? Ist es möglich, daß zwei ganze, eigenständige Menschen miteinander ein Paar bilden?

c) Das Cha-Cha-Cha-Phänomen

II. *Abhängigkeit.* Warum erscheint so oft der eine Partner in der Beziehung abhängiger als der andere? Warum ist dies in heterosexuellen Beziehungen meistens die Frau? Kann man in intimen Beziehungen eine wechselseitige Abhängigkeit erreichen? Welche Fragen greift der Therapeut auf – und wie?

a) Die Wirkung des Mangels an Eigenständigkeit der Frau in Paarbeziehungen: Liefert der Mangel an Eigenständigkeit der Frau das Sicherheitsnetz für den Mann, damit er eigenständiger sein kann?

b) Behindern die Schwierigkeiten, die Männer mit der Zuwendung haben, die Betätigungen der Frauen außerhalb ihres Heims und in der Welt?

c) Was bewirkt die Selbständigkeit und psychische Eigenständigkeit der Frau in einer Beziehung?

III. *Sexualität.* Welche Schwierigkeiten haben Paare damit, sexuelle Intimität zu erreichen? Sind die Probleme bei lesbischer und heterosexueller Intimität gleich oder verschieden? Wenn sie nicht gleich sind, welche Unterschiede sind vorhanden? Welchen Platz nimmt der Sex in der Intimität ein? Wie beeinflussen die Überzeugungen von Frauen und Männern in bezug auf die weibliche Sexualität sexuelle Beziehungen zwischen Männern und Frauen?

IV. *Gegenübertragung.* Was empfindet der Therapeut im Hinblick darauf, ob und wie die Frau ihre Bedürfnisse ausdrückt? Identifiziert sich der Therapeut (männlich oder weiblich) mit einem der Partner in der Beziehung?

3 Siehe Eichenbaum und Orbach, *What Do Women Want?*

9 Ausblick

1 Simone de Beauvoir, *Das andere Geschlecht*, Reinbek b. Hamburg, 1961.

2 Adrienne Rich, *Von Frauen geboren*, München, 1979, S. 237.

3 Siehe Robert J. Stoller, *Sex and Gender,* New York, 1968, London, 1969.

4 Dorothy Dinnerstein: *Das Arrangement der Geschlechter,* Stuttgart, 1979.

5 Siehe Diane Ohrensaft, »When Women and Men Mother«, *Socialist Review,* Januar 1980, S. 837–873.

Empfohlene Literatur

Deutschsprachig

Ariès, Philippe, *Geschichte der Kindheit*, München, 1978.

Badinter, Elizabeth, *Die Mutterliebe*, München, 1981.

Baker Miller, Jean, *Die Stärke weiblicher Schwäche*, Frankfurt/M., 1977.

Balint, Alice, *Psychoanalyse der frühen Lebensjahre*, München, Basel, 1966.

Balint, Michael, *Die Urformen der Liebe und die Technik der Psychoanalyse*, Bern und Stuttgart, 1966.

Barber, Virginia und Skaggs, Merrill Maguire, *Die Mutter*, Reinbek b. Hamburg, 1980.

Belotti, Elena Gianini, *Was geschieht mit kleinen Mädchen?* München, 1975.

Blanck, Gertrude und Blanck, Rubin, *Angewandte Ich-Psychologie*, Stuttgart, 2. Aufl. 1981.

Blanck, Gertrude und Blanck, Rubin, *Ich-Psychologie II*, Stuttgart, 1980.

Bowlby, John, *Bindung. Eine Analyse der Mutter-Kind-Beziehung*, Frankfurt/M., 1980.

Bowlby, John, *Verlust. Trauer und Depression*, Frankfurt/M., 1983.

Brownmiller, Susan, *Gegen unseren Willen. Vergewaltigung und Männerherrschaft*, Frankfurt/M., 1978.

Chasseguet-Smirgel, Janine, *Psychoanalyse der weiblichen Sexualität*, Frankfurt/M., 1976.

Chesler, Phyllis, *Frauen, das verrückte Geschlecht?* Reinbek b. Hamburg, 1974.

de Beauvoir, Simone, *Das andere Geschlecht*, Reinbek b. Hamburg, 1961.

Deutsch, Helene, *Psychologie der Frau*, Bern, 1948.

Dinnerstein, Dorothy, *Das Arrangement der Geschlechter*, Stuttgart, 1979.

Engels, Friedrich, *Der Ursprung der Familie, des Privateigentums und des Staates*, Frankfurt/M., 4. Aufl. 1978.

Ernst, Sheila und Goodison, Lucy, *Selbsthilfe Therapie. Ein Handbuch für Frauen*, München, 1982.

Fenichel, Otto, *Psychoanalytische Neurosenlehre*, Berlin, 1983.

Foucault, Michel, *Sexualität und Wahrheit,* Frankfurt/M., 1983.
Freud, Anna, *Das Ich und die Abwehrmechanismen,* Frankfurt/M., 9. Aufl. 1977.
Freud, Sigmund, *Studienausgabe,* Frankfurt/M.
Freud, Sigmund, *Drei Abhandlungen zur Sexualtheorie,* Frankfurt/M., 21. Aufl. 1983.
Friday, Nancy, *Wie meine Mutter,* Frankfurt/M., 1980.
Friedan, Betty, *Der Weiblichkeitswahn oder die Mystifizierung der Frau,* Reinbek, 1966.
Hammer, Signe, *Töchter und Mütter,* Frankfurt/M., 1978.
Hartmann, Heinz, *Ich-Psychologie und Anpassungsproblem,* Stuttgart, 3. Aufl. 1975.
Hite, Shere, *Hite Report,* München, 1982.
Horney, Karen, *Die Psychologie der Frau,* Frankfurt/M., 1983.
Jacobson, Edith, *Das Selbst und die Welt der Objekte,* Frankfurt/M., 1978.
Jacoby, Russell, *Soziale Anamnesie,* Frankfurt/M., 1977.
Kernberg, Otto, *Borderline-Störungen und politischer Narzißmus,* Frankfurt/M., 1983.
Kernberg, Otto, *Objektbeziehungen und Praxis der Psychoanalyse,* Stuttgart, 1981.
Klein, Melanie, *Die Psychoanalyse des Kindes,* Frankfurt/M.
Klein, Melanie und Riviere, Joan, *Seelische Urkonflikte,* München, 1974.
Mahler, Margaret S., *Symbiose und Individuation,* Stuttgart, 3. Aufl. 1983.
Mahler, Margaret S., Pine, Fred und Bergman, Anni, *Die psychische Geburt des Menschen,* Frankfurt/M., 1978.
Masters, William H. und Johnson, Virginia F., *Die sexuelle Reaktion,* Reinbek b. Hamburg, 1967.
Mead, Margaret, *Mann und Weib,* Reinbek b. Hamburg.
Miller, Alice, *Das Drama des begabten Kindes,* Frankfurt/M., 1980.
Millett, Kate, *Sexus und Herrschaft. Die Tyrannei des Mannes in unserer Gesellschaft,* Köln, 1983.
Millett, Kate, *Das verkaufte Geschlecht,* Reinbek b. Hamburg, 1983.
Mitchell, Juliet, *Psychoanalyse und Feminismus,* Frankfurt/M., 1976.
Mitchell, Juliet, *Frauenbewegung – Frauenbefreiung,* Berlin, 1981.
Orbach, Susie, *Anti-Diätbuch,* München, 1979.
Reich, Wilhelm, *Die sexuelle Revolution,* Frankfurt/M., 1966.
Reich, Wilhelm, *Die Massenpsychologie des Faschismus,* Köln, 1971.
Reich, Wilhelm, *Charakteranalyse,* Frankfurt/M., 1981.
Reitz, Rosetta, *Wechseljahre. Ermutigung zu einem neuen Verständnis,* Reinbek b. Hamburg, 1980.

Rich, Adrienne, *Von Frauen geboren,* München, 1979.

Schneider, Michael, *Neurose und Klassenkampf. Materialistische Kritik und Versuch einer emanzipativen Neubegründung der Psychoanlayse,* Reinbek b. Hamburg, 1973.

Searles, Harold F., *Der psychoanalytische Beitrag zur Schizophrenieforschung,* München, 1974.

Segal, Hanna, *Melanie Klein. Eine Einführung in ihr Werk,* Frankfurt/ M., 1983.

Shuttle, Penelope und Redgrove, Peter, *Die weise Wunde. Menstruation,* Frankfurt/M., 1982.

Spitz, René A., *Vom Säugling zum Kleinkind,* Naturgeschichte der Mutter-Kind-Beziehungen im ersten Lebensjahr, Stuttgart, 1967.

Sullivan, Harry S., *Die interpersonale Theorie der Psychiatrie,* Frankfurt/M., 1983.

Thompson, Clara, *Die Psychoanalyse. Ihre Entstehung und Entwicklung,* Zürich, 1982.

Winnicott, Donald W., *Kind, Familie und Umwelt,* München, 3. Aufl. 1980.

Winnicott, D. W., *Reifungsprozesse und fördernde Umwelt,* München, 1974.

Winnicott, D. W., *Von der Kinderheilkunde zur Psychoanalyse,* München, 1976.

Winnicott, D. W., *Familie und individuelle Entwicklung,* München, 1978.

Zaretsky, Eli, *Die Zukunft der Familie. Emanzipation und Entfaltung der Persönlichkeit,* Frankfurt/M., 1978.

Englischsprachig

Arcana, Judith, *Our Mother Daughters,* Berkeley, 1979.

Baker Miller, Jean, *Psychoanalysis and Women,* London, 1973.

Bardwick, Judith, *Psychology of Women: A Study of Bio-cultural Conflicts,* New York, 1971.

Bernard, Jessie, *The Future of Marriage,* New York, 1972.

Bernard, Jessie, *The Future of Motherhood,* New York, 1974.

Broverman, I. K., Vogel, S. R., Broverman, D. M., Clarkson, F. E. und Rosenkrantz, P. S., ›Sex Role Stereotypes: A Current Appraisal‹, *Journal of Social Issues,* Bd. 28, Nr. 2, 1972, S. 59–78.

Brown, Bruce, *Marx, Freud and the Critique of Everyday Life,* New York, 1973.

Chodorow, Nancy, *The Reproduction of Mothering: Psychoanalysis and the Sociology of Gender,* Berkeley, 1978.

Daly, A., *Mothers,* London, 1976.

Eichenbaum, Luise und Orbach, Susie, *What Do Women Want? Exploding the Myth of Dependency,* New York, 1983.

Erikson, Erik, ›Womanhood and the Inner Space‹ in Robert Jay Lifton (Hrsg.), *The Woman in America,* Boston, 1964.

Fairbairn, W. R. D., *Psychoanalytic Studies of the Personality,* London, 1952.

Frieze, Parsons, Johnson, Ruble, Zellman, *Women and Sex Roles. A Social Psychological Perspective,* New York, 1978.

Gagnon, John H. und Simon, William, *Sexual Conduct: The Social Sources of Human Sexuality,* Chicago, 1973.

Garfield Barback, Lonnie, *For Yourself: The Fulfillment of Female Sexuality,* New York, 1975.

Gilligan, Carol, *In a Different Voice,* Cambridge, 1982.

Gornick, Vivian und Moran, Barbara K. (Hrsg.), *Woman in Sexist Society: Studies in Power and Powerlessness,* New York, 1971.

Guntrip, Harry, *Personality Structure and Human Interaction: The Developing Synthesis of Psychodynamic Theory,* New York, 1964.

Guntrip, Harry, *Schizoid Phenomena and Object Relations Theory,* New York, 1969.

Guntrip, Harry, *Psychoanalytic Theory, Therapy and the Self,* New York, 1971.

Hammer, Signe, *Women, Body and Culture,* New York, 1975.

Hershberger, Ruth, *Adam's Rib,* New York, 1948.

Howell, Elizabeth und Bayes, Marjorie (Hrsg.), *Women and Mental Health,* New York, 1981.

Kaplan, J. L., *Oneness and Separateness, From Infant to Individual,* New York, 1978.

Klein, George S., *Freud's Two Theories of Sexuality: Psychological Issues,* Nr. 9.

Klein, Melanie, *Envy and Gratitude,* New York, 1975.

Klein, Melanie, *Love, Guilt and Reparation,* New York, 1975.

Klein, Melanie, u. a., *Developments in Psychoanalysis,* London, 1952.

Lazarre, Jane, *The Mother Knot,* New York, 1976.

Lerner, Harriet, »Early Origins of Envy and Devaluation of Women: Implications for Sex-Role Stereotypes«, *Bulletin of the Menninger Clinic,* Bd. 38, Nr. 6, 1974.

Lerner, Harriet, »Internal Prohibitions Against Female Anger«, *The American Journal of Psychoanalysis,* Bd. 40, Nr. 2, 1980.

Maccoby, Eleanor und Jacklin, Carol, *The Psychology of Sex Differences,* Stanford, 1974.

Money, John und Erhardt, Anke, *Man and Woman, Boy and Girl: The*

Differentiation and Dimorphism of Gender Identity from Conception to Maturity, Baltimore, 1973.

Money, John und Tucker, Patricia, *Sexual Signatures: On Being a Man or a Woman,* Boston, 1975.

Oakley, Ann, *Sex, Gender and Society,* New York, 1973.

Orbach, Susie, *Fat is a Feminist Issue II,* London, 1982.

Person, Ethel, *Sexuality as the mainstay of identity: Psychoanalytic perspectives, Signs,* Sommer 1980, 605–630.

Reich, Wilhelm und Teschitz, K., *Selected Sex-Pol Essays, 1934–37,* London, 1973.

Sharpe, Sue, *Just Like a Girl: How Girls Learn to be Women,* London, 1976.

Sherfey, Mary Jane, *The Nature and Evolution of Female Sexuality,* New York, 1966.

Stoller, Robert J., *Sex and Gender: On the Development of Masculinity and Femininity,* New York, 1968.

Stoller, Robert J., *Splitting: A Case of Female Masculinity,* New York, 1973.

Strouse, Jean, *Women and Analysis,* New York, 1974.

Thompson, Clara, *On Women, New York, 1964.*

Thompson, Clara, *Interpersonal Psychoanalysis: The Selected Papers of Clara Thompson,* New York, 1964.

Weideger, Paula, *Female Cycles,* New York, 1975.

Williams, Elizabeth Friar, *Notes of a Feminist Therapist,* New York, 1977.

Winnicott, D. W., *Primary Maternal Preoccupation: Collected Papers,* London, 1978.

Zimbalist Rosaldo, Michelle und Lamphere, Louise, *Woman, Culture and Society,* Stanford, 1974.

Register

215

219

221

Sheila MacLeod

Hungern, meine einzige Waffe

Der verzweifelte
Kampf eines
jungen Mädchens
um seine
Identität. Ein auto-
biographischer
Bericht über
die Magersucht

Kösel

248 Seiten. Kartoniert

Diana Saltoon

Bewußter leben

Wie wir durch
Körperübungen,
gesunde Ernährung und
Meditation
zu einem neuen
Lebensstil
finden.

Kösel

›New Age‹ ist schon heute möglich: dieses Buch zeigt uns
ganz praktisch, wie wir ohne ›auszusteigen‹ Bewußtsein und
Lebensstil verändern können. Das Buch enthält zahlreiche
Abbildungen und hat einen Umfang von 160 Seiten.